任兴亮 著

漫谈文稿起草十三篇

长江出版传媒
湖北人民出版社

图书在版编目（CIP）数据

漫谈文稿起草十三篇 / 任兴亮著. -- 武汉：湖北人民出版社，2024. 12.
ISBN 978-7-216-10954-3

Ⅰ. H152.3

中国国家版本馆CIP数据核字第2024XD5717号

责任编辑：李月寒
封面题字：任兴龙
封面设计：刘舒扬
责任校对：范承勇
责任印制：杨　锁

出版发行：湖北人民出版社	地址：武汉市雄楚大道268号
印刷：武汉市籍缘印刷厂	邮编：430070
开本：787毫米×1092毫米　1/16	印张：17
字数：259千字	插页：2
版次：2024年12月第1版	印次：2024年12月第1次印刷
书号：ISBN 978-7-216-10954-3	定价：68.00元

本社网址：http://www.hbpp.com.cn
本社旗舰店：http://hbrmcbs.tmall.com
读者服务部电话：027-87679656
投诉举报电话：027-87679757

（图书如出现印装质量问题，由本社负责调换）

自　序

　　文稿起草，从本质上讲是文稿起草者领导思维能力与文字驾驭能力的综合呈现，绝非世俗认知的"秀才爬格子""文人敲键盘"那么简单，这也是人们常调侃"可坚守、被认可的文秘服务工作者，绝不是一班（般）的同学，肯定是其他班里的学生"的重要原因。认同文稿起草的本质，对文秘服务工作者来说是非常重要的前提，对非从业者来说也应该是十分必要的常识。笔者职场生涯的绝大多数时光实战于文稿起草领域，忙碌之余在不同场合表达过自己的观点，与不同群体交流过自己的想法，得到不少人的内心认同和善意附和，有些领导和同志还发出鞭策激励的响亮声音并以实际行动支持，令笔者非常感动和感激。退休后，有了静心思考的时间和可做想做之事的自由，也想对几十年的职场生涯回望一番，遂把自己在岗工作期间的所思所想、所悟所得、所写所讲、所作所为进行一次系统整理，辑成《漫谈文稿起草十三篇》，为知音献上心灵共鸣的思考，为同行提供可争辩解析的文本靶子，为有机会接触文稿写作的年轻人提供参考。

　　本书是笔者职场工作积存和日常生活感悟的大杂烩，是过往时空淘洗沉淀后一次虚与实之间的辩证转化。有对文稿起草规律的探求摸索，也有关于为人处世个性原则的思索践行；有对"国之大者"的追随发声，也有关于鸡毛蒜皮的解构热议；有公文发布机关的立场表达，也有关于某种社会现象的一管之见；看似是一本专业性工具类书籍，实则极像甚为普通的"大碗茶"。这碗包含着或多或少专业共识和生活常识的"粗茶淡饮"，最适宜

40周岁以下的职场从业者嚼品、润唇，他们浏览后可意会、践行之能收获；而对于刚入职场的年轻人来说，对书中所讲的观点、见述，可能因没有身临其境之经历，难以理解领悟，也难以产生共识；如果超过40周岁的人浏览本书，也或许会觉得所讲内容过于直白，也会感到起而行之为时已晚。尽管如此，作为一本兼有专业性和通俗性的读物，不同年龄段的读者若抱定"开卷有益，无关功利"之心态，在意不在意地浏览之，"远近高低各不同"之感受或许油然而生，"无心插柳柳成荫"之景观或许令人喜出望外。

"一千个观众眼中有一千个哈姆雷特。"对文稿起草所蕴含规律的认知、对文秘服务中所得到的感悟，也是见仁见智，多姿多彩，只要是一个扎实的文秘服务工作者，都会有相同的酸甜苦辣、不同的心得体会，就像人们常说的那样，"文无定法，水无常形"。文稿内容包罗万象，题材分类也五花八门，绝不限于本书所谈的这些方面。笔者从十三个方面漫谈文稿起草的想法，纯粹是一名长期从事文稿起草工作的工作者从实战角度与同行交流文秘服务中最常遇到的文稿题材，以及自己把握这些题材时的所悟所得，虽然谈不上是对文稿起草规律的准确把握，但肯定是对文稿起草实践的一种感性回味和理性思考。将十三篇漫谈汇集成册，只是个人关于文稿起草的一家之言。本想在每一篇体会之后，选若干篇例文，类似数理化辅导读本那样，以例示法，让读者陪伴笔者体会其中的要点，方便那些或主动或被动的身体力行者快捷地查阅参考相关实例。但由于有些专题或过于敏感，或难处权益事宜，例文选取只好作罢。在平衡了可行与管用关系后，尽量对多数专题选取了例文，并根据本次出版需要进行微调。例文中有些是2011年到2018年间笔者带领服务团队耕耘劳作的收成，也是想用实例说明，同一题材反映出不同的行文行事风格，不同风格的文稿遵循着共通的行文规范、服务于应有的工作使命。

在拟定成书、资料收集、初稿校对等过程中，得到一些老领导、老同事、老朋友的真诚鼓励，得到襄阳市人大常委会研究室黄李昆及其他同志的热情帮助，得到妻子宋惠英及其他亲属的鼎力支持，在此一并表示衷心的感谢！

目 录

第一篇　如何起草文稿　　　　　　　　　　　　　001

　　作为公职人员，会写文应是必备素质、必要条件，更是个人的内在硬实力和核心竞争力。在很多单位，会写文的人很稀缺。对公职人员来讲，精于写文不失为一条走向成功的优势之路。

一、文稿写作很重要　　　　　　　　　　　　　　001
二、文稿写作要力求"四要素"有机统一　　　　　003
三、文稿是回答"为什么、是什么、怎么办"的文字建筑，
　　是观点、事例、数据的有机体　　　　　　　009
四、文稿写作要力求讲好"四句话"　　　　　　　012
五、文稿写作要用心修好"四门课"　　　　　　　015
六、文稿写作要勇闯"怕""骄"两道关卡　　　　017

第二篇　如何写好调研报告　　　　　　　　　　　019

　　调研报告是客观情况的理性反映，调查研究的最后结论，领导决策的重要依据。各级各类组织，包括各类市场主体，无不高度重视综合性或专题性的调查研究，无不为做好相关工作、实现所期望的目标去精心撰写各类有质量的调研报告。

一、要以经世致用的态度，去调查研究，去撰写调研报告　　019
二、要依据客观实际和工作之需，走经验导向路线或问题
　　导向路线来行文　　　　　　　　　　　　　021

三、要在时代大背景、实践大课题中选准小切口、作出好文章　　023
四、要深度掘进、精心制作，为受众提供鲜美味足的精神食粮　　025
五、要以极富穿透力、极易实操化、极能见成效的对策建议，
　　来提升调研报告的价值成色　　027
◎ 例文　　029

第三篇　如何写好汇报材料　　075

汇报材料在工作中使用频率极高，是一个地区、一个部门、一个单位的领导特别是主要领导极为看重的文字工作。文秘服务工作者要把写好汇报材料当作工作的重中之重，当作让本地区、本部门、本单位出彩的重要舞台，拿出生花之妙笔，撰写出让汇报者心里满意、让读者拍案叫绝的汇报材料。

一、熟悉撰写汇报材料的一般规范　　075
二、吃准汇报听取者的真实意图　　076
三、下足开场白与材料骨架提炼、搭建的功夫　　077
四、科学布局，反映经济社会发展中的各项内容　　078
五、精选极具穿透力的精彩故事　　079
◎ 例文　　080

第四篇　如何写好典型发言材料　　093

典型发言是介绍工作经验、表明思想立场、提出真知灼见的常见工作模式，实践中典型发言材料使用极为频繁、地位也极为重要、作用有时还出其不意的好。对职场从业者来说，某次的典型发言可能是当下的意外机遇，也可能是自己进入决定自己前途命运者之视野的重要起点。

一、紧扣发言着重点不跑偏　　093
二、心领神会、积极呼应会议主持者最看重的事项、
　　最鲜明的要求　　095
三、用别人可以做到但没有做到的观点表述自己的

　　　　所思所想、所作所为　　　　　　　　　　　　096
　　四、力求使工作及思维成果传得开、留痕迹　　　098
　　◎ 例文　　　　　　　　　　　　　　　　　　099

第五篇　如何写好领导讲话稿　　　　　　　　　　106

　　领导讲话是领导工作的重要内容和重要方式，是每个领导个性化宣示施政方略、指导日常工作的重要形式。写好领导讲话稿，既是文秘服务工作中的大活、硬活、常规活，也是体现文秘服务团队及文秘工作者服务质量和水平的要件、硬件、关键件。

　　一、学会领导思维是写好领导讲话稿的前提和基础　　106
　　二、找准"天线"与"地气"的结合点是写好领导讲话稿的
　　　　关键和保证　　　　　　　　　　　　　　　　109
　　三、把握好领导者的个性特点是写好领导讲话稿的帮手和后盾　111
　　四、提升自身素养是写好领导讲话稿的底气和资本　　113

第六篇　如何整理好领导讲话录音　　　　　　　　116

　　整理领导讲话录音，是常见的文秘服务工作之一，也是时政记者报道好领导活动的必备职业素养。从某种角度讲，整理比起草难度更大、要求更高，更能考验文秘服务工作者的能力和水平，很多文秘服务工作者起草的领导讲话稿勉强能用，但整理的领导讲话录音却十有八九难以过关，就充分说明了这一问题。

　　一、重原汁原味，求尽善尽美　　　　　　　　　　116
　　二、变口语化语言为规范性文字　　　　　　　　　　117
　　三、心领神会，提炼、锤炼　　　　　　　　　　　　118
　　四、润色、打磨，完美呈现　　　　　　　　　　　　119

第七篇　如何写好会议报告等重要文件　　　　　　120

　　会议报告是在回顾总结阶段性工作的同时，对会后一个时期发展作出战略谋划和工作安排的工作报告，其内容全面，体量

庞大，地位特殊，意义重大。驾驭会议报告写作，是文秘服务工作者的精修课和研修班，也是锤炼和提升文秘服务工作者政治洞察、战略谋划、逻辑思维、文字驾驭、宣传鼓动等能力的重要平台。

一、根据形势和上级意图确定会议主题或报告大标题　　120

二、充分反映主政者的施政意图　　122

三、高瞻远瞩地研判形势、描绘愿景　　124

四、正确处理守正与创新的辩证关系　　127

五、夯实着重点，盯紧新焦点，找准均衡点，不留空白点，设计兴奋点　　129

六、把集思广益、从善如流、循循善诱、凝聚共识贯穿于报告起草全过程　　131

第八篇　如何写好会议纪要　　134

会议纪要是政务活动的伴生物，与其他政策性文件一样，具有同等的行政约束力。会写会议纪要是文秘服务工作者的必备职业素养，写出高质量的会议纪要才能更好地以文辅政。

一、提要记录会议主持人的总结讲话　　134

二、不要忘记会议纪要的政治性、政策性　　135

三、工作要求要十分明确，绝不能含糊其词　　135

四、规范发文格式，特别要记下参会者的真实姓名　　136

◎ 例文　　137

第九篇　如何写好宣讲材料　　144

理论宣讲或称辅导报告、专题讲座，是宣讲人围绕某一主题，用各种素材制作的一碗"心灵鸡汤"，希望能达到说服听众、凝聚听众之目的。不管是何种理论宣讲，其实都像老师给学生讲课一般，听众是否听得进去，听后是否有共鸣、有启迪、有收获，才是衡量理论宣讲作得好不好的具体标准。

一、准确把握听众的素质和爱好　　　　　　　　144
　　二、输出正能量　　　　　　　　　　　　　　　146
　　三、善于讲好讲透道理　　　　　　　　　　　　147
　　四、讲出真情实感　　　　　　　　　　　　　　148
　　◎　例文　　　　　　　　　　　　　　　　　　150

第十篇　如何写好公务活动致辞　　　　　　　　　211

　　　　致辞是公务活动中使用频率较高的文稿形式，因致辞使用场景多种多样，所以说致辞是较为典型的"在什么山上唱什么歌，见什么人说什么话"的一种文体。就致辞的功能来说，其礼节价值远远高于其实际效用，在许多公务活动中似乎不被重视，但在整个工作实践中却是不可缺少的环节。

　　◎　例文　　　　　　　　　　　　　　　　　　215

第十一篇　如何写好公务信函　　　　　　　　　221

　　　　公务信函是公务活动中的重要文稿形式，是沟通信函发送方与信函接收方的媒介。一般而言，公务信函主要包括慰问信、感谢信、贺信等，信函的发送者、接收者可以是个人，也可以是集体。公务信函谈的是公务，自然有别于私人信函，但以信函形式出现，自然又与私人信函有许多相通之处。

　　一、充分体现信函站位的政治性　　　　　　　　221
　　二、充分体现信函内容的互动性　　　　　　　　222
　　三、充分体现信函语言的亲和力　　　　　　　　222
　　◎　例文　　　　　　　　　　　　　　　　　　223

第十二篇　如何写好评论文章　　　　　　　　　228

　　　　评论文章，是指围绕党委政府的中心工作、配合重要会议、针对经济社会发展中的重大事件、落实主要负责人主要意图而刊发在党报党刊和政府网站上的重要言论。这种言论是代表党委和政府亮明的鲜明立场、发出的洪亮声音、吹响的奋进号角，必须起到引导舆论、指明方向、鼓动激励、裁判是非等重要作用。

一、开门见山亮立场　　　　　　　　　　　　229
二、善于说理传情　　　　　　　　　　　　　229
三、要成能够自圆其说的完整体系　　　　　　230
四、从读者视角去发声　　　　　　　　　　　231
◎ 例文　　　　　　　　　　　　　　　　　　232

第十三篇　如何写好小品文　　　　　　240

这里所说的小品文，是指偶得随想、记事抒情、杂事杂议等方面的小文章。作为公务人员，撰写小品文，仅停留在闲情逸致上是远远不够的，要有较高的政治站位、开阔的宏观视野、深邃的洞察能力，观察丰富多彩的社会生活，感知奔腾不息的时代大势，思考千奇百怪的客观问题，捕捉耐人寻味的细小话题，用短小文字答时代之问，解当局者之惑，聚社会发展之力。

一、胸怀大格局　　　　　　　　　　　　　　240
二、精选小触点　　　　　　　　　　　　　　241
三、变换新视角　　　　　　　　　　　　　　241
四、潜心载大道　　　　　　　　　　　　　　242
◎ 例文　　　　　　　　　　　　　　　　　　243

第一篇
如何起草文稿

作为一名多年从事文稿写作的实践者,在与文稿打交道的经历中,有诸多酸甜苦辣,也有一些体会和感悟,择取几个方面谈一谈,向同行求教,与大家探讨。

一、文稿写作很重要

拿破仑有句至理名言:世上只有两种力量,利剑和思想;从长远而论,利剑总是败在思想手下。文字作为思想的表达形式,是思想力量的象征,可以转化为巨大的物质力量。纵观人类发展历史,一些具象可触及的物质随着时间流逝而灰飞烟灭,而抽象的文字却流传至今;曾经享受奢华物质生活的王侯将相,绝大多数已被人们忘却,曾经秉笔直书、敢于直言的忠臣君子如司马迁、魏徵等,却常常被人们提及。这种辩证转化充分印证了拿破仑的名言,也说明文字的重要性和永恒性。

中国人很讲究文武之道、文治武功,强调文武双全、文韬武略。古今中外,大凡有作为的政治家、领袖人物,既重视"枪杆子里面出政权",也重视"笔杆子里面是乾坤"。

中国共产党第一代中央领导集体的核心毛泽东同志奋斗了一生、思考了一生、书写了一生,他用深邃思想的光辉为中国革命胜利找到了正确方向,他用雄文大道的力量凝聚了同志、征服了对手、惊艳了世界,《湖南农民运动考察报告》《中国的红色政权为什么能够存在？》《井冈山的斗争》等文章，为中国共产党领导革命指明了"农村包围城市、武装夺取政权"的道路。1977年第七届国际粒子物理学讨论会上，科学家们提议将"毛粒子"作为一种粒子命名法，以悼念毛泽东同志并致敬其哲学思想。《论持久战》一出，不仅令白崇禧等国民党高级将领对毛泽东心悦诚服，日本笠宫亲王读完该文后，也为毛泽东对中日战争的精深分析折服。他深刻认识到，有中国共产党的领导，中国军队的战斗力会越来越强，战争胜利的天平最终会倾向中国。辽沈、淮海、平津三大战役后，国民党军队已退守长江以南，国内外多种政治力量都希望国共两党结束战争、划江而治，在党和国家前途命运何去何从的关键时刻，毛泽东同志在为新华社1949年元旦所写的献词《将革命进行到底》中，断然拒绝一切战争调停，号召全国各族人民和一切进步力量用革命的方法，坚决彻底干净全部地消灭一切反动势力。该文用"笔杆子"引领"枪杆子"，为夺取新民主主义革命全面胜利把舵定向。中华人民共和国成立前夕，美国通过各种手段阻止共产党建立新政权、领导新中国，毛泽东同志连续写下了《丢掉幻想，准备斗争》《别了，司徒雷登》等多篇战斗檄文，为追求光明和进步的人们拨开了重重迷雾，为新中国的成立创造了更为有利的社会氛围。在今天，这些文章中蕴涵的光辉思想仍有重大的现实指导意义。

　　在有些场合，仅有"枪杆子"会有力使不上，只有"笔杆子"才能发挥应有作用。古人讲"马上可得天下，但不能马上治天下"，可能就是这个意思。和平年代没有真枪实弹的硝烟，但有舆论、外交等另类战场，"笔杆子"就是这些战场上的枪炮和利剑。乔冠华曾在联合国大会上靠他的文笔和口才，为新中国在联合国闪亮登场作出了重大贡献。毛泽东同志以十分欣赏的口吻赞扬道："他（乔冠华）写的文章可是好啊！有分析，有气魄，文章犹如千军万马，我看一篇他写的文章足足等于两个坦克师呢！"

　　作为公职人员，会写文应是必备素质、必要条件，更是个人的内在硬实力和核心竞争力。在很多单位，会写文的人很稀缺。对公职人员来讲，精于写文不失为一条走向成功的优势之路，虽然此路相较其他路径走起来可能更辛苦些。那些走得远走得高的领导，不少是从写好文章起步的。有位省级领导在与县委书记、县长谈心时曾提出了一个要求，即每年要他们自己执笔写一篇重要会议的讲话稿,这样既能把上级政策吃透,也能把本地的相关工作抓好。他自己讲,从当乡镇党委书记到任职省级领导,他始终坚持做到了这一点。可以说,不重视公务文稿工作的领导是不成熟的领导,不懂公务文稿的领导很难当好领导,如果说完全不懂公务文稿而能当好领导,那肯定是自欺欺人的,绝对是捏着鼻子哄眼睛的谬论。

二、文稿写作要力求"四要素"有机统一

很多刚刚接触文稿写作的年轻同志,在起草文稿的过程中有时会茫然不知所措,有时硬着头皮憋出来后,也往往存在站位不高、深度不够、内容不精等问题,原因就是对发布者意志、接收者需求、主题、时代背景这"四要素"的有机统一了解不够、理解不深、把握不准。社会上通常把起草文稿仅理解为文人"爬格子",这是一种极为片面的认知,殊不知起草文稿是模拟领导工作与驾驭文字组合的有机融合,领导思维能力和文字表达能力缺一不可。从这种意义上讲,起草文稿既是培养领导思维、间接从事领导实践的具体过程,也是提升洞察研判能力、统筹规划能力、总结概括能力、查漏补缺能力、组织动员能力、督查督导能力的实践操练,既是人们常说的"爬格子""敲键盘",更是不为很多人理解的在为领导当参谋。

有了这些认知,起草文稿时,就要首先弄明白公务文稿究竟是为谁起草、起草给谁看、希望达到什么目的、想表达的主题是什么、处于什么样的时代背景等要素。简单地讲,公务文稿就是发布者意志、接收者需求、主题、时代背景"四要素"的有机统一体。理解了这一点,才算真正理解了公务文稿起草工作。对此,一定要揣摩透、把握准、运用好,因为这是写好文稿的基础和前提。2021年5月底,湖北省十三届人大召开第六次会议,选举省长、省监委主任,襄阳代表团审议候选人时的主持词,就是"四要素"有机统一的实证。主持词虽然篇幅很短,但具体包含了个人表态、候选人介绍、政治要求等内容。

首先,我表个态。我坚决拥护党中央提名某某同志作为湖北省人民

政府省长候选人、提名某某同志作为湖北省监委主任候选人。我体会，党中央的人事安排，充分体现了中央对湖北省政府领导班子和湖北省监委领导班子建设的高度重视，充分体现了中央对湖北"建成支点、走在前列、谱写新篇"的强力支持，充分体现了中央对英雄的湖北人民和英雄的武汉人民的亲切关怀，充分体现了中央对某某同志和某某同志的充分信任。

……（某某同志简介）

……（某某同志简介）

同志们，我们常讲坚决做到"两个维护"，投好神圣的赞成票，就是用行动落实"两个维护"；我们要提升"政治三力"，投好神圣的赞成票，就是具体体现着政治执行力；我们要坚持党的领导、人民当家作主、依法治国有机统一，投好神圣的赞成票，就是在实现三者有机统一；我们要展现湖北省北部列阵中心城市的新时代风采，襄阳团64名代表投好64张赞成票，就是此次会议期间襄阳团代表的政治自觉、政治担当。

选好省人民政府省长和监委主任，是本次大会圆满成功的重要标志，是回报习近平总书记和党中央对湖北关怀的重要行动。希望襄阳团的每名代表投好神圣的赞成票。下面，请各位代表依次发表审议意见。

（一）体现发布者意志

公务文稿姓"公"，必须代表发布机关的意志，其所要体现的内容、格式、个性等，绝不是起草者个人的喜好、观点，而是站在发布机关的立场上，表达其主张和声音。换言之，公务文稿是为发布机关代言，是为发布机关主要负责人代言。写公务文稿既不能像创作文艺作品那样随心所欲，也不能像做学术研究那样天马行空。比如，某单位主要负责人安排某同志起草一份公务文稿，这份文稿要呈现出的不是起草人个人的想法意愿，而是以该单位主要负责人为首的领导班子的集体意志，尤其是要体现主要负责人的思维习惯、个性气质等特点。某种程度上说，评判公务文稿是否合格、质量高低的最高标准，就是发布者是否认可。发布者不认可的文稿，不管起草者付出了多少辛苦，都是此时此地关于此事的不合格文稿，也无缘进入公务文稿行列。

所以说，在公务文稿起草中，起草者要真正成为发布者"肚子中的蛔虫"，不局限于个人的身份地位、职务职级，而是要有开阔的视野、宽广的胸怀、宏大的格局，认真揣摩发布者的角色、定位、意向等，自觉养成"身在兵位，胸为帅谋"的意识，始终站在大局高度、领导角度，把"天线"接好，把"地气"吸足，把发布者的意图领会到位、表达到位，使文稿充分体现发布机关特别是其主要负责人的所思所想、所作所为，与发布者的身份、角色等相匹配、相吻合。

顺便强调两点，一是要知道公务文稿的最高境界是得体。要注意根据发布者的角色和发布时所处的场景去行文达意，让所发布的文稿与发布者身份相符合、与发布的环境相协调。否则就显得不得体，甚至不合时宜。例如，正职与副职的行文内容及语气是不同的，此场景与彼场景的用语是不同的，如俗话所言，在什么山上唱什么歌，是什么角色说什么话。比如正职以副职的口吻讲话，受众可能觉得此人水平不够高；副职以正职口吻讲话，则容易使人觉得讲话人有非分之想。又如，"一府一委两院"的领导包括主要负责人，在人大的相关法定会议上发言，准确地讲是报告工作、表态发言，而不是讲话。二是要善于在整理领导讲话录音的过程中，用心参悟其中门道，在领悟讲话中把握发布者意志，提升水平和能力。特别是领导即席讲话、谈话，是他自己最真实的思想表达，文秘服务工作者要用心记、细心悟，这是了解领导、理解领导、做好工作的重要途径。在整理领导讲话录音时一定要铭记，所有人都喜欢最美好的东西。整理讲话录音，既要保留讲话的原有风格韵味，又要恰到好处地增扩删减。其中的学问不少，难以言传。

（二）力求引起接收者的思想共鸣和行动认同

公务文稿是经世致用的公共产品，不是装腔作势的花拳绣腿。写文件、做报告、发表文章，都是为了解决问题。也就是说，起草文稿就要奔着解决问题、实现最希望达成的目标、追求最想要得到的效果而去。能否做到这一点，关键要看文稿能否引起接收者的共鸣，看主题指向、措施办法等是接收者的所需所盼还是发布者的自说自话、对牛弹琴。通俗地讲，如果发布者与接收者对上眼了，粗茶淡饭就如同山珍海味；对不上眼，绫罗绸缎犹如破布烂衣。要让接收者对所接收的文稿感兴趣，起草者需要换位思考、知己知彼，摸准接收者的"脉象",投准接收者的"所好",有的放矢地把指令下到最管用的时点,把痒痒挠到最需要挠的地方,把关切指向最容易得到回应的穴位。比如,上行文主要是向上级汇报工作,因此其目的就是希望所汇报的工作能够得到上级接收机关的认可、表扬,争取到想要得到的东西;下行文主要是向下级接收机关发布文件、通知、规定等内容,其目的就是让下级接收者落实好发布者的相关规定与要求;平行文主要是发向没有隶属关系的单位的函件等,目的是想得到对方的支持配合等,这就是发布机关想要得到的结果。

换言之,起草文稿时,一定要弄清楚接收者最想听什么、最想要什么、最容易接受什么,通过文稿,以极强的感染力、吸引力、穿透力、震撼力去打动、感动、驱动接收者,让接收者与发布者同频共振、呼应互动,从而实现文稿意图,达到文稿目的。《红楼梦》中王熙凤说话贾母最爱听,因为王熙凤把贾母的心思摸得很透,知道她想听什么,就说什么。文稿起草者学王熙凤的察言观色、投其所好,这对起草文稿是有帮助的。2017年,审议省政府工作报告时,襄阳代表团一位省人大代表发言,当"我是一名'三民'代表(农民、移民、回民)"的话音刚落,省长就与他对上话了。在这届省人大会上,只要省长到襄阳团,就要与"三民"代表对话,还向省委书记介绍"三民"代表。某年某月,某省分管"三农"工作的省领导,在某市召开相关工作会议。当省领导讲话时,他抛开了已有讲稿,把某市的汇报材料,变换语气变成了讲话稿。此事说明,该市的汇报材料摸准了听汇报者的心思。

(三)突出主题主线

从唐代开始,我国就有"一文一事"的规定,亦称一文一事原则,即一份文稿只叙述一个问题或一件事情,不同的事情写不同的文,以防止行文的紊乱,提高处理效率。韩愈在《进学解》中曾强调,"记事者必提其要,纂言者必钩其玄",就是强调要突出文章的主题主线。主题是一篇文章的灵魂和中心,一定要鲜明集中,让受众一看就知道该文表达的是什么意思,阐明的是什么问题。因此,无论是文章结构还是内容,都要围绕主题主线去设计、组织、展开,如果在素材、数据等方面选取不当,导致文章主题不鲜明、不突出、不集中,不仅写作者自己迷迷糊糊,也会让读者一头雾水,如果是非必要阅览的文稿,一些读者甚至会一丢了之,其预期效果就大打折扣。比如起草一份请示报告，要尽可能集中讲清楚一件事，明确需要解决的具体问题，而不是企图一举多得，让上级机关难以解决、难以答复；又如起草调研报告，要注意主题集中的问题，千万不要东拉西扯、胡拼乱凑；再如起草理论性文章，要用小题目作出大文章，小切口触及大课题，切忌大而化之，泛泛而论。

（四）紧贴时代背景

文稿起草者千万不能做"桃花源"中人，千万不能在写作时"乃不知有汉，无论魏晋"。起草文稿要与时俱进，把时代特征、时代背景贯穿于文稿起草全过程，一定要想方设法把时代新知、时代热词、时代金句在文稿的导语中凸显出来。文稿一旦脱离了时代背景，其政治性、政策性、时代性、时效性就无从谈起。我们常讲，政治站位要高，政治立场要坚定，就是要紧贴时代背景。否则，即便文字再华丽、结构再精巧，也是缺乏政治灵魂的文章，都不能称为一篇好文章。这里所说的时代背景，一是说时事政治，二是说天下大势，三是说专业化的新理论新知识。当前，我们所从事的一切工作，都必须坚持以习近平新时代中国特色社会主义思想为指引。这就是公务文稿的政治性，以及所要彰显的时代气息。各地各部门的公务文稿，除注重时代大背景外，还要注意学习和引用本系统、本部门的最新政策精神、最新专业理论成果，使文稿的时代性、专业性很好地体现出来。比如，在总结2020年新冠疫情防控工作时，各地、各部门都会在总结报告中提到贯彻落实"坚定信心、同舟共济、科学防治、精准施策"的总要求，这样既提高了文稿的政治站位，又充分体现了鲜明的时代气息。

2020年4月20—23日，习近平总书记在陕西考察时强调，党员干部"要自觉讲政治，对国之大者要心中有数，关注党中央在关心什么、强调什么，深刻领会什么是党和国家最重要的利益、什么是最需要坚定维护的立场，切实把增强'四个意识'、坚定'四个自信'、做到'两个维护'落到行动上，不能只停留在口号上"。这里的"国之大者"就是时代气息的集中体现，从事文稿写作的同志要认真咀嚼、反复揣摩、深入思考、努力实践。

紧贴时代背景，有人形象地比喻为"接天线"；联系好本地、本部门、本单位实际，有人形象地比喻为"接地气"。怎样把"天线"与"地气"接得自然、融洽，关键是要融会贯通、灵活运用，如果生硬地堆砌、随意地摘抄，不仅有生搬硬套之嫌，成为"两张皮"，而且会给受众极不好的印象。对于这一点，文稿起草者需要修炼感悟，多看看媒体上刊发的党政主要领导文章的导语和第一部分，逐渐就能熟能生巧、运用自如。2022年1月6日，襄阳市第十七届人大常务委员会向襄阳市第十八届人民代表大会第一次会议所作工作报告的导语及第一部分中的部分内容，是一个很好的实例。摘要如下：

> 五年来，在市委的坚强领导下……深入贯彻中央、省委、市委人大工作会议精神……坚决做到坚持党的领导、人民当家作主、依法治国有机统一，坚决做到自觉讲政治与认真讲法治有机统一，坚决做到守成求是与开拓创新有机统一，高度重视宪法法律在本行政区域内的遵守和执行情况，高度聚焦襄阳改革发展中的大事要事，高度关注市场主体和人民群众急难愁盼事项，高度凝聚"一府一委两院"履职尽职所需的助推力量，以"践行新思想、建功新时代"的使命担当，以"做实再做实、质量再提高"的目标追求，以"统筹兼顾、突出重点、做好例行、守正创新"的工作思路，忠实履行宪法法律赋予的职责，始终奋战在为民代言的一线、监督"一府一委两院"工作的一线、推进高质量发展的一线、法治襄阳建设的一线，交出了一份市委和全市人民满意的答卷。
>
> ……不断提高政治判断力、政治领悟力、政治执行力，深刻认识"两个确立"的决定性意义，增强"四个意识"，坚定"四个自信"，做到"两个维护"，牢牢把握人大工作的正确政治方向。

中央人大工作会议于2021年10月13—14日在北京召开，对坚持和完善人民代表大会制度提出了新要求，"两个确立"是十九届六中全会文件中的新表述，等等这些内容就是在接最新的"天线"信号，而"三个坚决做到""四个高度""四个一线"等，就是从地方人大工作实践中提取的"地气"精华。

紧贴时代背景，实际反映着文稿起草者的站位、视野、胸怀、格局。只有在这些方面修炼得到位，才能有"会当凌绝顶，一览众山小"的功夫，才能有"世事洞明皆学问，人情练达即文章"的造诣。"初唐四杰"之一的王勃夺东道主风头而作《滕王阁序》，都督阎公对其从恼怒、震撼、钦佩向爱怜的心态转换过程，全仗王勃的眼界和才气。

三、文稿是回答"为什么、是什么、怎么办"的文字建筑，是观点、事例、数据的有机体

仔细分析不难发现，文稿想表达的意思无非是在回答"为什么、是什么、怎么办"，任何主题和形式的文稿都是围绕这"九字三么"搭建起来的文字建筑。比如一些讲话中关于提高认识的内容，就是想方设法把"为什么"讲清楚、讲明白，讲得叫听众思想上认同、行动上跟从；经验材料、发言等，都是在讲"是什么"，通过条理化的观点和鲜活的实例把所思所为讲生动、讲精彩，让受众知道自己的作为及效果；部署工作、分派任务的文稿，是在讲"怎么办"，要求干哪些事情，用哪些措施保证干好这些事情。毛泽东同志在中共七大上的闭幕词《愚公移山》，就是一篇范文。

我们开了一个很好的大会。我们做了三件事：第一，决定了党的路线，这就是放手发动群众，壮大人民力量，在我党的领导下，打败日本侵略者，解放全国人民，建立一个新民主主义的中国。第二，通过了新的党章。第三，选举了党的领导机关——中央委员会。今后的任务就是领导全党实现党的路线。我们开了一个胜利的大会，一个团结的大会。代表们对三个报告发表了很好的意见。许多同志作了自我批评，从团结的目标出发，经过自我批评，达到了团结。这次大会是团结的模范，是自我批评的模范，又是党内民主的模范。

大会闭幕以后，很多同志将要回到自己的工作岗位上去，将要分赴各个战场。同志们到各地去，要宣传大会的路线，并经过全党同志向人民作广泛的解释。

我们宣传大会的路线，就是要使全党和全国人民建立起一个信心，即革命一定要胜利。首先要使先锋队觉悟，下定决心，不怕牺牲，排除万难，去争取胜利。但这还不够，还必须使全国广大人民群众觉悟，甘

心情愿和我们一起奋斗，去争取胜利。要使全国人民有这样的信心：中国是中国人民的，不是反动派的。中国古代有个寓言，叫做"愚公移山"。……现在也有两座压在中国人民头上的大山，一座叫做帝国主义，一座叫做封建主义。中国共产党早就下了决心，要挖掉这两座山。我们一定要坚持下去，一定要不断地工作，我们也会感动上帝的。这个上帝不是别人，就是全中国的人民大众。全国人民大众一齐起来和我们一道挖这两座山，有什么挖不平呢？

昨天有两个美国人要回美国去，我对他们讲了，美国政府要破坏我们，这是不允许的。我们反对美国政府扶蒋反共的政策。但是我们第一要把美国人民和他们的政府相区别，第二要把美国政府中决定政策的人们和下面的普通工作人员相区别。我对这两个美国人说：告诉你们美国政府中决定政策的人们，我们解放区禁止你们到那里去，因为你们的政策是扶蒋反共，我们不放心。假如你们是为了打日本，要到解放区是可以去的，但要订一个条约。倘若你们偷偷摸摸到处乱跑，那是不许可的。赫尔利已经公开宣言不同中国共产党合作，既然如此，为什么还要到我们解放区去乱跑呢？

美国政府的扶蒋反共政策，说明了美国反动派的猖狂。但是一切中外反动派的阻止中国人民胜利的企图，都是注定要失败的。现在的世界潮流，民主是主流，反民主的反动只是一股逆流。目前反动的逆流企图压倒民族独立和人民民主的主流，但反动的逆流终究不会变为主流。现在依然如斯大林很早就说过的一样，旧世界有三大矛盾：第一个是帝国主义国家中的无产阶级和资产阶级的矛盾，第二个是帝国主义国家之间的矛盾，第三个是殖民地半殖民地国家和帝国主义宗主国之间的矛盾。这三种矛盾不但依然存在，而且发展得更尖锐了，更扩大了。由于这些矛盾的存在和发展，所以虽有反苏反共反民主的逆流存在，但是这种反动逆流总有一天会要被克服下去。

现在中国正在开着两个大会，一个是国民党的第六次代表大会，一个是共产党的第七次代表大会。两个大会有完全不同的目的：一个要消灭共产党和中国民主势力，把中国引向黑暗；一个要打倒日本帝国主义和它的走狗中国封建势力，建设一个新民主主义的中国，把中国引向光明。这两条路线在互相斗争着。我们坚决相信，中国人民将要在中国共产党领导之下，在中国共产党第七次大会的路线的领导之下，得到完全的胜利，而国民党的反革命路线必然要失败。

讲话通篇是在讲"怎么办"，就是要发扬愚公移山精神，宣传大会路线，执行大会路线，团结并率领全国人民下定决心，不怕牺牲，排除万难，去争取建立新民主主义中国的胜利。其中穿插了一些讲"是什么""为什么"的片段。第一自然段讲"是什么"，就是讲做了几件事，以及对大会性质的定义。第二至第五自然段，主要讲具体"怎么办"，第二段管总"怎么办"，第三段的"怎么办"就是要发动人民、组织人民贯彻大会路线，其中愚公移山的故事，是在讲"为什么"能够这样办，第四段的"怎么办"是说美帝国主义不能破坏本次大会的路线，第五段是讲美帝国主义的破坏"为什么"必将失败。最后一段以"是什么"开头，讲当时正在开两个大会，接着讲"为什么"一个大会把中国引向光明，一个大会把中国引向黑暗，最后作出"怎么办"的结论，点出"我们"坚信的内容。

搞清楚"九字三么"方向后，就可以用观点、事例、数据等材料来建筑文稿实体了，也就是动手起草文稿了，具体可用以下两个公式来概括：

公式一：文稿主题＝观点1＋观点2＋观点3＋……

公式二：每个观点＝观点释义＋支撑观点的事例＋支撑观点的数据

比如，《中共中央关于党的百年奋斗重大成就和历史经验的决议》＝序言＋夺取新民主主义革命伟大胜利＋完成社会主义革命和推进社会主义建设＋进行改革开放和社会主义现代化建设＋开创中国特色社会主义新时代＋中国共产党百年奋斗的历史意义＋中国共产党百年奋斗的历史经验＋新时代的中国共产党＋结束语。

再如襄阳市委、市政府曾经向省委常委会作的一次汇报，汇报内容＝坚决用省委、省政府的重大决策统一思想、凝聚共识＋坚持改革创新，培育经济跨越的比较竞争优势＋坚持以国际化视野规划都市襄阳，提升中心城市能级＋坚持开放引领，增强跨越赶超的驱动力＋坚持人民至上，努力提高市民的幸福感和满意度＋坚持正风肃纪，培养坚强有力的战斗集体＋请求省委、省政府解决的两个问题。这便是践行了第一个公式的含义。如，在"坚持改革创新，培育经济跨越的比较竞争优势"这一观点中，又分为三个小观点阐述。第一个小观点是系统推进经济组织工作的专业化改革，一是坚持有所为、有所不为，确立有比较竞争优势的产业体系。根据资源禀赋、区位条件和城市发展定位，发挥比较优势，确立了"一个龙头、六大支柱"产业体系。二是坚持专业人做专业事，提高经济工作的专业化领导水平。三是坚持把优质资源匹配给优秀企业，促进骨干企业做大做强。第二个小观点是着力提升吸纳聚焦发展要素的能力。第三个小观点是努力增创产业发展的比较优势。其他各条也基本都是这一写作模式。这就是运用了第二个公式。

其实，文稿写作很像堆积木、办酒席、盖房子，根据可选的素材，选取不同的词句，形成不同的段落，组成不同的部分，集成有机的整体。一篇文稿如同操持一桌饭菜，需做几个凉菜、几个热菜、几道汤，之前有所谋划，操作时精挑细选、精工制作，而后将精心制成的七碟八碗组合到一起，一桌盛宴美餐就出来了。

四、文稿写作要力求讲好"四句话"

写文，要引用政策法规，要讲群众语言，要遵循公文格式、套路，等等这些都是必需的，但要真正把文稿写出个性、写出价值、写出水平，还要讲好以下"四句话"。

（一）要讲"别人想说却又说不出来"的话

如果能写出别人想说却不知道怎么说的话，写出让人看后眼前一亮、恍然大悟的话，写出让人精气神为之一振、从灵魂深处自觉认同的话，就会使文稿的品位大大提升，使文稿的效用大大增加。文稿尤其是重要文稿要想写得好，最为抢眼的是对形势的研判，这也是文稿能否上台面、能否有高度深度的关键所在，也是对文稿起草者写作功力的巨大考验。

比如党的十九大报告中第一部分指出："经过长期努力，中国特色社会主义进入了新时代，这是我国发展新的历史方位。"这就是对形势的科学研判，报告用了"三个意味着"阐释了"新时代"的意义，用了"五个是"阐述了"新时代"的内涵，深刻揭示了"我国社会主要矛盾已经转化为人民日益增长的美好生活需要和不平衡不充分的发展之间的矛盾"这一"新时代"的主要特征，并提出了"两个必须认识到"，可以说，这些对形势进行研判的内容是整篇报告中最难写的部分，也是最精华的部分，说出了大家想说却说不出来的话，能引起广泛共鸣，为中国的发展指引了前进方向。

每年全国两会期间，很多代表、委员的意见建议之所以能够引发全国的轰动，发言人之所以能够迅速走红网络，就是因为他们说出了别人想说却说不出来的话，说出了很多人还未意识到但对经济社会发展又非常重要的话。因此，大家在日常文稿写作中，尤其是在起草重要文稿时，一定要用心思索、系统思考、抽丝剥茧，把别人想说却说不出来的话用最精准、最简短、最有力的语言表达出来，让人有醍醐灌顶之感、有豁然开朗之得。襄阳市人大常委会办公室内刊《民情·民声》发表过的《庞公新区6条断头路何时通》《工程尾巴了不了、何时了》等相关文章，既反映了民意，也引起了市委、市政府主要领导的注意，还推动了相关问题的解决。

（二）要讲"知其所以然"的话

鹦鹉学舌的文章是难以让接收者重视的。当前文稿写作中存在一种很不好的现象，就是很多人在起草时喜欢拾人牙慧，讲大家都"知其然"的话，如焦裕禄所言"吃别人嚼过的馍没味道"。文稿写作就是要学会讲别人还不知道的故事，不仅要讲出故事背后的"花絮"，还要有真知灼见、独到见解，真正把事物的本质、规律揭示出来。想做到这一点，要善于运用数据分析和典型事例分析的方法说理说事，以此来突出文稿的主题、印证文稿的观点。比如，2018年8月，时任襄阳市教育局局长受市政府委托向市人大常委会报告高考工作时，不是简单罗列几组全市高考成绩数据，而是把这些数据与全省的大数据放在一起进行比较分析，从一本线人数、全国十大名校录取人数、清华北大录取人数等指标在全省的占比，看襄阳的教育质量。襄阳人口约占全省10%，而衡量教育质量的指标，最低的约占全省20%，最高的约占全省35%。大家一听，就知晓襄阳高中教育质量很高，主管部门工作做得很好，不需要教育局自我表白，却远胜过自我炫耀。又如，在2018年襄阳市委"落实年"活动中，曾编发了一期关于解决烂尾楼、拆除50多座石灰窑等13个抓落实的典型案例，用"知其所以然"的实战方法，教会了不会抓落实的干部，让其触类旁通，效果甚好。

（三）要讲"百姓盼、工作需、领导急"的话

写作的文稿要想资政辅政、经世致用，绝不能脱离实际、虚头巴脑，而摸清基层群众最关心、最感为难的是什么，本地区、本部门、本单位发展最为重要的是什么，领导最想抓的是什么，始终坚持问题导向、目标导向、结果导向，从实践中来、到实践中去，成为解决发展中的问题、推动事业发展的项目书、施工图。否则，起草的文稿极有可能南辕北辙，甚至出力不讨好。不论是身处哪一个单位、哪一个科室，起草文稿都要秉持"围绕中心、服务大局"的思想意识，跳出辖区看辖区，把本地区、本部门、本单位的工作及事业放到国际国内两个大局中去审视，放到党委政府工作的全局中去思考、去谋划，把群众所盼、工作所需、领导所急作为调查研究的重中之重，作为工作安排的重中之重，找准解决实际问题的切口和办法，通过文字表达，推动问题解决，促进事业发展。

（四）要讲"可操作、能落地、有实效"的话

在起草文稿中，要尽量少讲或者不讲语焉不详、大而化之的话，尤其最忌讲好听好看、十分正确、永远不错却毫无用处的"废话"。定政策，要切实可行，便于操作；表经验，要让人可信、可敬、可复制；提建议，要切中要害、对症下药，切忌假大空，切忌理想化。比如有些地方、有些单位出台惠企利民的相关政策，看起来很好、说起来也很好，但就是无法操作、无法落实，如同镜中花、水中月。起草文稿的目的，绝不是为了起草而起草，绝不能玩文字游戏、搞形式主义，绝不能闭门造车、脱离实际自说自话，要始终坚持实事求是、求真务实，使文稿要求变成很具体的工作，能取得看得见、摸得着的效果。如人大审议政府部门专项报告意见书，提出的意见建议要有针对性、实操性，让接收者按图索骥，而不是茫然不知所措。保康县人大常委会主任

曾说，精准扶贫的驻村工作队员要"四上门"：对无产业的家庭，上门帮着谋划；对困难户，上门排忧解难；对有病人的家庭，上门关心慰问；对没有特殊情况的家庭，上门聊天交流。这是驻村工作中很实用的群众工作方法。写成文字，就是可操作、能落地、有实效的语言。例如，襄阳市委、市政府针对中小微企业现金流困难曾制定16条政策，如以政府担保形式，将企业的水电气付款时间由月初变月末，企业解渴、政策有效。

五、文稿写作要用心修好"四门课"

（一）"储备"功课

储备既指理论政策上的知识储备，也指实际工作素材的储备。前者决定着文稿的"天线"是否接得准，后者直接影响到文稿是否言之有物，"地气"是否接得足，是否鲜活生动。曾经有文稿写作行家说过，写好文稿的阅读量应是其写作量的30倍，也就是"1∶30"，这或许有些夸张，但它充分说明了储备和积累对于文稿写作的极端重要性。要想写出一篇高质量的文稿，必须进行大量阅读、搜集大量素材、储备大量知识，同时要力争到现场、看实景、查实物，掌握尽可能多的第一手资料、鲜活事例、精彩故事，真正把"读万卷书、行万里路"落到实处，如此方能"下笔如有神"，"落笔能出彩"。此外，还要注重借鉴别人的好经验、好方法，避免少走弯路、提高效率。

（二）"构思"功课

做任何事都要学会思考，文稿写作亦是如此。有人曾用"十月怀胎，一朝分娩"作比喻，形象地说明了文稿构思、起草、完成的过程。很多年轻同志总觉得文稿写作很难，难就难在构思方面还存在进步空间，有时还存在急于求成、急于下笔的现象，缺乏"磨刀不误砍柴工"的认知和定力。构思犹如准备一桌接待客人的酒席，要先想清楚接待什么客人、做成什么档次、弄出多少花样。构思首先是立意，确定一篇文稿的灵魂，或称作主题。而题目就是发布者所要表达的中心思想，希望达到的目标任务。其次是布局选材，可以依材料分类去布局，也可以布局结构后寻找素材。再次是提炼、萃取观点，以支撑主题、表达主题。最后是施工，在此过程中，要善用数学中"微分"和"积分"的思维去构思文章，由整体到单元、到元素，再由元素到单元、到整体。无论多么宏大的一篇文章，它都是由最基础的段落、词句集成的，在写作时，可以运用"切西瓜"的方式对文章进行分解思考，最终再按照"堆积木"的方式，将文章串成整体。

（三）"修改"功课

俄国作家契诃夫说，写得好的本领，就是删掉写得不好地方的本领。从这个角度说，好文章都是修改出来的。正所谓"米淘三遍沙粒少，文改数遍质量高；千锤百炼出好钢，再三修改出华章"。文稿只有经过千锤百炼的推敲打磨，才能使认识由浅入深，让材料去粗存精，令语言化繁为简，最终达到古人所说的"语不惊人死不休"的效果。在这方面不能偷懒，不能怕否定自己，不能怕舍弃既有，要耐心、细心，下真功、下苦功。韩愈在《进学解》中也讲到"沉浸醲郁，含英咀华"的学习方法和治学态度，对做好"修改"功课具有很强的启迪意义。实践中，当我们把一篇文章的初稿起草完成之后，不妨先把文章放一放，再翻阅一些相关资料，回过头来再对文章进行修改和打磨，往往很能提升文章质量。

（四）"审读"功课

"读书百遍，其义自见"，是说书要熟读就能无师自通，真正领会书的精神实质。对公务文稿而言，同样如此。很多同志觉得"读"与"写"的关系好像并不是很大，这是一种认识误区。汉字具有音韵美的特点，尤其是文稿写作中，有些词语的增删虽不影响意思的表达，却关乎文章抑扬顿挫的音韵之美，所以但凡经典的、高质量的，特别是涉及公开讲话类的文稿，不仅看起来让人赏心悦目、心旷神怡，读起来也铿锵有力、朗朗上口、韵味十足。《新闻联播》主持人在宣读中央会议通稿时，但凡仔细聆听，就会觉得很享受，一个重要原因就是蕴涵在这些文稿中的音韵之美。《岳阳楼记》中有一句"予观夫巴陵胜状，在洞庭一湖"，从文字洗练的角度来讲，一湖的"一"是多余的，应该删去；但从音韵角度来看，这个"一"就非要不可。要养成对自己所起草文稿的诵读习惯，在反复审读中启迪智慧、激发灵感，不断修改完善，力求经手多是精品力作。

六、文稿写作要勇闯"怕""骄"两道关卡

作为公务人员,许多人年轻时因为"怕"写文,中年后极易成为"鸡肋";许多会写文的人因为"骄",阻碍了自身聪明才智的充分发挥。

(一)"怕"

文稿写作是公务人员必备的基本素养之一,但实际工作中,很多年轻同志在文稿写作伊始,会感到很难、害怕动笔。客观来讲,对于初涉文稿写作者而言,这是正常现象:一方面是因为年轻同志受限于思想认识和理论水平,存在想写好但又因功力不够而写不好的困难;另一方面是因为文稿写作既是"脑力活",也是"体力活",想要写好,需要长期不懈地学习和艰苦地修炼,有的人不肯动脑筋、下苦功,存在思想惰性和畏难情绪。解决"怕"的问题,首先要清醒认知、善于转化,要知道会写文、能写文,是公务人员的硬核竞争力,跑腿打杂谁都能做,唯有具备一定文稿写作能力的人,才是相对稀缺的资源,绝不能因"怕"而退缩,而是要把"怕"转化为内生动力,增强直面困难、直面压力的勇气,珍惜每一次起草文稿的机会,并将之作为一种习惯、一种状态坚持下来,力求尽快实现由"怕写作"变成"不怕写""写不怕""怕不写"。克服了"怕"写文的心态,基本上就算是入门了、上道了。在此基础上,勤于学习、善于积累,多攒"下锅米"、勤练"手中笔",唯有艰苦付出、勤学多练、厚积善累、训练有素,写作时才能做到文思奔涌、驾轻就熟、臻于完善,写作能力才能在日积月累之中厚积薄发、水到渠成,早日迈进"会"的门槛。

"会"写文稿后,还应向精通奋进。精通文稿写作的人,往往具有很强的思维能力,文章观点、立意都很精辟。要想达到这种效果,需要坚持问题牵引学习,始终带着问题去学习,盯着问题去思考,努力在学习中思考,在思考中完善,在完善中提高,学会把自己的思想、掌握的素材转化为系统性的书面语言,这样写出的文稿才更具理论深度、全局高度,才更有生命力。

(二)"骄"

戒"骄"即为"谦"。"谦"是文稿写作的最高境界,是成为文稿行家、

大家最难能可贵的品质和状态。文学大家、经典名作，都与"谦"密切相关。"唐宋八大家"之一的欧阳修，写好《醉翁亭记》初稿后，将文章张贴出去征求意见，并听从樵夫建议，把文章原来开头的25字（"滁州四面皆山，东有乌龙山，西有大丰山，南有花山，北有白末山"），浓缩成"环滁皆山也"5个字。如果欧公不谦，也可能就不会有《醉翁亭记》这一千古名篇了。毛泽东同志是文章大师、诗词大家，他作为人民的领袖，却能谦逊地放下身段，虚心地听取并采纳别人对他诗词的修改建议，《沁园春·雪》《七律·长征》等都有相关生动的故事。文人相轻、文人清高自古而然，文稿写作同样如此。现实中，很多写作高手多少有些文人清高的禀赋和气质，往往自负、自信，总认为自己的文章最好、自己的观点最独到，不愿意别人对自己的文章发表意见，听不进别人的不同意见，长此以往，就形成了限制自身能力提升的"天花板"，堵住了向上攀登的阶梯。古人讲，文无第一，武无第二。要想成为一名文稿写作的行家里手和大家名家，一定要在文稿写作中始终保持谦逊、谦虚的态度，勇于把自己的文章拿出来让别人品头论足，善于把别人的批评意见当作补齐短板、改正不足的宝贵财富。文稿写作的能力和水平是没有上限的，正如一句广告词所言：只有更好，没有最好。

第二篇
如何写好调研报告

调研报告是客观情况的理性反映，调查研究的最后结论，领导决策的重要依据。各级各类组织，包括各类市场主体，无不高度重视综合性或专题性的调查研究，无不为做好相关工作、实现所期望的目标去精心撰写各类有质量的调研报告。毛泽东同志曾指出："没有调查，就没有发言权。"江泽民同志说："没有调查就没有决策权。"习近平同志进一步阐发："调查研究是我们党的传家宝，是做好各项工作的基本功。"从这个意义上讲，注重调查研究，写好调研报告，事关话语权、领导权，事关事业的兴衰成败。换言之，深入调查研究、写好调研报告，对反映民意、科学决策、指导实践、推动发展、造福社会具有重要意义。

一、要以经世致用的态度，去调查研究，去撰写调研报告

经世致用是中国几千年来有社会责任感、有功名追求的读书人共有的行为准则，是中华优秀传统文化的重要精华。在当代中国，要建设人人参与、人人尽力、人人共享的美好社会，所有具备行为能力的公民都应该以经世致用的态度履职尽责，立足职业岗位去服务社会、报效国家、回馈人民。一个职场从业者，当接受工作任务后，一旦有了经世致用的态度，必然会产生强烈的责任感和使命感，一定会期望在某个领域、某项工作中自己扇动"第一次翅膀"进而引发该领域该工作的"蝴蝶效应"，期待自己的行为成为引发

该领域该工作"多米诺骨牌"效应中被推倒的"第一张骨牌",以这样的价值追求去对待调查研究工作,去撰写调研报告,就会认真对待而不是敷衍应付所接受的工作任务,就一定能由外行变内行、生手变高手,就一定能写出高质量、有价值的调研报告,而不是浪费资源、空耗时光地自说自话或提交一些无用的答卷。

经世致用需要时时处处留心,更要有愿操看似非本岗职责的淡心、闲心。2019年春,笔者在陪同进行调研乡村振兴工作时,看到襄阳市下陈岗村充分发动群众积极参与、低成本高效能解决困扰千家万户的生活污水问题的做法后,心中油然而生出要把下陈岗村的这一好做法、好经验推广出去的想法。随后组织襄阳市人大和枣阳市人大的同志,共同撰写了近3000字的调研报告,得到省、市主要领导的高度重视,全省、全市相关工作会议在该村召开,下陈岗村的做法成为国家农业部向全国推广的12个经验案例之一。

多一些经世致用的态度去履职尽责,工作作风就会在无形中变得更扎实,创新创造的举动就会应运而生,落实上级指示精神就能更加到位,为人民服务的水平和质量也会更高。襄阳市老旧小区加装电梯等工作走在全国大中城市前列,市民受益很直接很现实。其实还有城区居民冬天供暖等造福于民的工作,都始于襄阳市第十三次党代会。2016年下半年,在筹备党代会、起草党代会报告过程中,我们按照书记的指示,抱着"要看得见、摸得着、有质感地改善民生"之信条,问需于民,献策辅政,在民生领域梳理汇总了老旧小区加装电梯等6项民生改善工程,并写进了党代会报告。这些内容与中央财经领导委员会会议强调的7个方面民生事项高度契合,为增进襄阳民生福祉和市民获得感发挥了重要作用。

一旦抱定经世致用的态度去做事,从小处说,可以为团队、为组织做些有益的工作;往大处讲,可以成长为社会、国家、民族的栋梁之材,有时甚至改变社会发展的历史进程。在经世致用上,毛泽东同志是我们学习的楷模。在写《湖南农民运动考察报告》时,他自己并不是中共领导集体核心层的决策者,也不是在完成党组织分派给他的硬性工作任务,而是想改变那时中国人民悲惨的命运,想为中国共产党找到一条成功的道路。抱着这样伟大崇高的理想,毛泽东笃定经世致用之行动,上下求索中国共产党如何领导中国革命、中国革命如何才能成功等命题，广泛深入地考察了湖南农民运动，得出了农民是中国革命的依靠对象、中国革命必须走农村包围城市的道路等正确结论，为中国共产党领导中国革命取得成功指明了前进方向。伟人的实践也印证了一个真理：人微言轻又何妨，真知灼见闪金光！毛泽东同志终身笃行经世致用原则，特别重视理论联系实际，非常鄙视"言必称希腊"、研究现状和历史的空气不浓厚之做派，坚决反对本本主义，在他参与和领导中国革命、建设的峥嵘岁月里，在决定党和国家前途命运的历史关口，他都有深入的调研、深邃的思考，他一生所写的调研报告，没有一篇不是与中国前途命运紧密相连的，没有一篇是脱离实际、无病呻吟的。

有无经世致用态度，会直接影响调研报告的质量和价值，进而也反映出职场从业者超凡脱俗、脱颖而出、出类拔萃的动力强弱。拿破仑曾说，不想当将军的士兵不是好士兵。推而广之，不想成为管理者的从业者不是一名优秀的从业者。一个职场从业者，一般都有当"将军"的想法。而要把梦想变成现实，首先要有"天下兴亡，匹夫有责"的意识，带着责任去研究工作、去撰写调研报告，静下心、沉下身，钻到相关工作中，发现问题、寻找规律，找到解决问题的好办法，找到推动工作提质增效、提档升级的硬招实招。这样一次次的认真实践，经年累月之下就能不断积累经验，提升自己的素质，逐步形成个性品牌，为个人在职场上的进步奠定坚实的基础。反之，以"打酱油"的心态对待工作任务、游戏人生，是永远写不好调研报告的，终其一生，与行尸走肉、尸位素餐无异，成为"将军"只能是伴随终身的黄粱美梦。

二、要依据客观实际和工作之需，走经验导向路线或问题导向路线来行文

撰写调研报告的目的只有一个，就是要寻求良策、推动工作、促进发展、造福百姓。撰写调研报告没有固定格式，可以这样写，也可以那样写；可以一气呵成、不分具体板块，也可以分多个部分并拟定二级三级标题。这完全依据调研的主题内容以及起草者的兴趣和习惯而定。不过，任何调研报告都必须把调研的主题内容陈述清楚，把相关对策建议表达鲜明。调研报告的内

容不能是"一盆糨糊",对策建议不能含糊其词,这是调研报告最基本、最重要的两个要求。

从操作层面看,撰写调研报告有两条技术路线,一条是经验导向,另一条是问题导向,也就是说,要有的放矢地把调研报告或写成总结经验类的,或写成剖析问题类的。为了给某项工作引路开道,可写出经验推广类调研报告;为推动某项工作爬坡过坎,可写出问题剖析类调研报告。经验导向或问题导向,不是绝对的,只是侧重点不同而已,总结经验可顺带指出需要解决的问题,剖析问题也应该充分肯定已做的工作、已取得的成绩。本篇例文中的《右玉归来说植树》《尧治河村的脱贫致富经》等基本上属总结经验类调研报告。《关于对鄂北岗地(汉江襄阳段东北岸区域)农田水利设施建设情况的调查及建议》等基本上属剖析问题类调研报告。

写总结经验类调研报告,要把规律性的东西揭示出来,把精神层面的东西挖掘出来,要写得可敬、可信、可复制,使读者读后从心底感佩,认为是真实的不是虚假的,起而行之可拿来实操,见贤思齐后必见成果、必有收获。如《右玉归来说植树》,一开始就概括出被领袖光辉思想、被右玉和塞罕坝精神所震撼而产生的共识,并希望把这种震撼和共识传递给每位读者。文中写到考察组成员通过考察,深切感到:党和国家重视生态文明建设,这是国运昌、民族兴、人民幸的千秋大计;襄阳人民真幸运真知足,植树的自然条件不知比右玉、塞罕坝要好上多少倍,如果不把植树管好,有违良心,有背天理。从可查阅的资料中显示,习近平总书记对生态保护工作的批示中,对右玉的工作表扬较多。2021年9月,笔者所在的团队考察右玉、塞罕坝后,从"将植树造林当作生命生存之需,更作为生态文明建设之本;纵有困难千千万,植树造林头不回;共同福祉集众力创造,无价之宝必精心守护;不畏浮云遮望眼,生态优先计得失"四个方面,介绍了两地的经验,这些经验是各地都能做到而且也应该做到但没有做到的好做法。比如,右玉县所有财政供养人员要拿出"镢头+窝头、义务+觉悟、实干+苦干"的劲头,每年捐献300元义务植树费,冬季要完成100个树窝,第二年春天栽下的树苗成活率要达到90%以上。其他地方只要照这些经验去做,一定能把国土绿化工作做好。再如发表于中共湖北省委主办的《政策》2015年第6期上的《尧治河村的脱贫致富经》，总结了尧治河村"变哀叹苦熬为齐心苦干，奋力迈出告别贫困的第一步；变生态资源为致富产业，积极探索靠山吃山的新路子；变共同创造为共同富裕，踩稳公平与效率的平衡点；变党建力量为发展保障，努力建设'中国山区幸福村'"四条经验，与许多报道尧治河村的经验材料相比，更加凸显了尧治河村的精神内涵、科学方法、价值取向等。尽管因为尧治河村有磷矿，是其个性，卖矿致富的做法其他村是学不成、学不到的，但尧治河村艰苦奋斗、科技创新、共同富裕等精神和做法，是所有先进村的共性，是所有村级组织可学可践的。调研报告所总结的经验，应该是既平凡而又不平凡的，平凡在于经验做法不是高不可攀的，而是大家都可为的；不平凡在于大多数地方没做到，而产生经验的地方做到了。

写剖析问题类调研报告，要抓本质、见症结，击准要害、突出重点，提出切实可行的对策建议，通过针对性措施的实施，真正把工作中的拦路虎消灭掉，把发展中的绊脚石铲除干净，让相关工作从"山重水复疑无路"的迷茫状态，进入"柳暗花明又一村"的崭新境界，或实现"百尺竿头更进一步"之目标。关于鄂北岗地农田水利设施建设的调研，指出了五个尖锐而急迫需要解决的问题，一同参与调研的水利人都说报告比他们看得更准、分析得更透。关于庞公片区"断头路"的调研报告指出的问题，一针见血，直刺痛处，已被相关部门列为改进工作、提高效率的突破口。

总结经验也好，剖析问题也罢，都需要有敏锐的政治直觉，努力练就聪耳，先人一步地收集到重要信息；努力练就慧眼，先人一步地观察到重要情况；努力练就理性善思的头脑，先人一步地得出让人交口称道的真知灼见。

三、要在时代大背景、实践大课题中选准小切口、作出好文章

调研报告是为现实工作服务的，撰写者希望咨政辅政，因而必须紧扣时代脉搏，将"围绕中心、服务大局"落到实处，使调研报告具有鲜明的时代特征，具有很强的现实针对性；必须洞悉决策者所思所想，使调研报告成为决策者求法问计的可选之源，成为帮助决策者施政显能的唱和之作；必须紧盯老百姓所期所盼，在回应群众关心的热点难点问题上发声呐喊，在增进老

百姓民生福祉上献计献策，切不可像"桃花源中人"那样，对当下的大事要事毫不知情、漠不关心，老是惦记、纠缠过去的事项话题，去搞与时代大课题挨不着边的所谓调研，写与时代大课题挨不着边的调研报告。

就当前经济社会发展来讲，"国之大者"有很多，诸如高质量发展、新发展理念、国内国际双循环新格局、乡村振兴、共同富裕、社会治理现代化、全面从严治党等。就一个地区、一个部门、一个单位来讲，还有许许多多个性化的重点工作。选择调研主题时，需在这样的背景下考虑，结合本地区、本部门、本单位的大事要事去发力，否则就不是社会现实需要的调研报告，而是与社会实践关联度不大的学术研究论文了。一些公务人员工作中时常被动接受调研任务，但更多的时候应该充分发挥主观能动性，主动出击，做好调研工作。对此需要注意的是，完成命题作文时，需要明白调研主题是哪一类的"国之大者"；做自命题作文时，首先要考虑所做的工作是否合时宜，切忌做出力不讨好的蠢事，更不能干引火烧身的麻烦事。

在紧扣时代脉搏、研究具体工作的基础上，操刀撰写调研报告时，应将主题定得小而又小，努力写出以小见大的好报告。城市的规划、建设、管理是一项庞杂的系统工程，现实工作中需要解决的问题也很多，我们曾以"打通断头路"这个极小的切口入手，写了篇很短小的调研报告，随后，文字建议变成了实践行动，促进了相关工作大改进、大丰收。2019年，使用世行贷款修建的凤雏大道因工期拖延多年，受到世行追责，省、市人大代表以此为聚焦点，对庞公片区6条"断头路"做了全面细致的调查，形成调研报告，提出"打通断头路"的具体建议。报告很快引起市委、市政府主要领导的高度重视，市政府分管领导不仅组织相关地区和相关部门仅用100天时间就打通了这6条修了8年的"断头路"，而且促进中心城区当年打通了62条"断头路"，畅通了城区道路微循环，成为当年城建工作的一份靓丽成绩单，赢得了广大市民的交口称赞。

怎样在大背景、大课题中找到备受关注的小主题、小切口？不能瞎猫去碰死耗子，而是要关心时政，善思善谋，顺势应时，精准发力。2011年底，襄阳市委决定开发东津新区，省委、省政府将建设东津新区确定为省级战略。这项决策实施之初，有些市民特别是有些领导干部的不同声音很多很大，市委组织新闻媒体刊发了《洛阳建设新区的启示》等引导性文章,还通过会议、组团考察、专家讲座等方式来统一大家的思想,但各种不同的声音仍然没停下来。笔者写了《在东津新区建设现代化区域中心城市行政中心的三个理由》一文,在阐述综合效益这一理由时,用大白话开头:"在能见度较高的天气,登上虎头山顶,不管有没有城市规划专业知识的人,鸟瞰襄阳全城后,会有共同的感觉:尽快启动东津新区建设,是拉开城市骨架,优化空间布局,完善功能结构,扩大容量规模的最佳选择。"文中以一个普通市民的身份思考城市的发展,从城市行政中心功能定位的历史性转变、区域中心城市新建行政中心的综合效益、现阶段城市新区建设的规律和实践三个维度,去考察和思考襄阳城市建设的现状和未来,得出"必须把行政中心建到东津去"的结论。文章刊发后产生了意想不到的效果,许多人浏览、推荐此文,认为道理讲得入情入理,建设东津新区势在必行。由于调研报告理性深入分析"润物细无声",使一些开始不理解决策的人慢慢地理解了,非议之声随之快速消退,为凝聚建设东津新区的广泛共识发挥了积极作用,较好地服务了市委、市政府决策。

四、要深度掘进、精心制作,为受众提供鲜美味足的精神食粮

好的调研报告,在观察分析问题的角度、提供新信息新知识、谋篇布局行文修辞、提炼观点引用素材、表达意见吸引眼球等方面,都应该有独到之处、过人之处。写好调研报告,就需要做到深度调研、深度思考、深刻表达,要在吃透上情、外情、内情上狠下功夫,把与调研主题相关的政策法规吃透,做到行文方向正确,不误入歧途;既要看资料,又要察现场,对调研主题所涉及的内容要了然于胸,做到既能把握调研主题大局,又能讲清细枝末节。

好的调研报告,一定是让人耳目一新的东西,而绝不是嚼别人嚼过的馍馍;一定是经过起草者深入思考后表达出来的独到见解,而绝不是对以往素材或别人劳动成果的剪剪贴贴,甚至侵权抄袭。

鲜美味足的精神食粮是深度掘进、精心制作的结果,绝不可能走马观花、蜻蜓点水就可以轻松获得。就常规工作而言,要写出让读者眼睛一亮的调研

报告，就必须把吃透上情、外情、内情融会贯通起来。

所谓吃透上情，就是要对中央的大政方针非常清楚，对调研主题相关的法律法规非常清楚，对国家相关部门、省内相关部门的工作要求非常清楚，从而使调研报告所提的建议对策有政策法规依据。比如农村安全饮水工作，国家对农村每人每天用水量等都有具体定量规定，熟知了相关政策法规，才能保证调研时方向正确、路子明确，最后提出的建议对策可落地、办得到。

所谓吃透外情，既包含相关主题的外地情况，也包含本次调研以外有关调研对象的情况（即以往相关主题的调研情况及成果）。要围绕调研主题，从线上线下查阅大量相关的资料素材，知道相关主题已有的研究成果，启发自己不重复劳动，不做尚且达不到前人高度的无用功，站到别人的肩上，力争有新发现、新创造，把相关主题的研究向纵深推进。搞调查研究要努力做到承前启后、继往开来，切忌坐井观天、夜郎自大。比如，尧治河村是个"老典型"，相关新闻报道、调研报告很多，全国、全省类似尧治河村的先进典型也还有许多，再写以尧治河村为主题的调研报告，就必须对以往的资料认真研读，对全国、全省其他先进典型村的材料认真研读。又如，《对中心城区绿化的粗略观察及粗浅建议》，用一个部分专门介绍了其他城市的绿化经验，就是为了拿外情为我所用。

所谓吃透内情，就是要把与调研主题相关的客观现状、素材细节、社情民意等搞得清清楚楚、明明白白，既要掌握各类数据，也要掌握典型事例；既要掌握调研对象的情况，也要了解社会对调研对象的评价；既要以上情为指导研究具体工作，又要寻求好上情与下情的结合点、内情与外情的共通性，从而找到推广经验、解决问题、推动工作的最佳办法。

在注重上情、外情、内情"三情"融会贯通，注重深度调研、深度思考的同时，还要运用定量分析的方法，善于用数据、表格说明问题，为定性表达观点提供强力支撑。在调研庞公片区 6 条"断头路"过程中，我们把企业投标与 8 年后筑路所需的钢材、水泥、砂石、民工工资等情况列表呈现，既凸显解决此类问题的紧迫性，也为解决此类问题诱发的其他矛盾提供了可参考的资料。2008 年，省委、省政府拟出台进一步扩大开放的政策性文件，要求各市州政研室、商务局做好前期调研。在全省召开相关工作座谈会时，由于襄阳的调研比较深入,对宏观政策、职能部门服务、企业自身能力、社会环境等方面影响开放的问题讲得比较透彻,有观点、有数据、有案例、有分析,与会者听得津津有味,当讲到出口退税时差对外贸企业流动资金的影响时,服务部门和外贸企业都感到吃惊,想不到我们这些外行能把外贸工作研究得如此深入细致。晚餐时,应邀参会的外贸企业代表特意感谢,说我们为他们讲出了心里话。

五、要以极富穿透力、极易实操化、极能见成效的对策建议,来提升调研报告的价值成色

撰写调研报告是为了解决实际问题。所以说,调研报告的着力点也好、出彩点也好,全在对策建议上,调研报告的价值大不大、成色亮不亮,关键在对策建议提得好不好,进而言之,关键要看所提的对策建议是否抓住了事物的本质、关键,是否符合客观实际,是否能引起决策者的关注、重视,是否对实操者有用、好用。

对策建议不是坐井观天的随想,而应是高屋建瓴、高瞻远瞩地谋划;不是头痛医头、脚痛医脚的率性手术,而是管根本、利长远的大方略;不是争取小团体利益的小伎俩,而应是以利于全局发展的大实话。2005年,省委、省政府提出,在襄阳、十堰、随州、神农架、宜昌、荆州、荆门、恩施等八市州(林区),建设鄂西生态文化旅游圈战略。在前期调研论证过程中,我们提出最紧迫的任务是打通十堰—神农架—宜昌—恩施的畅行通道,该建议得到会议主持者的高度关注。参加完市州相关座谈会后,我们被留下来参加省直部门相关工作座谈会,受邀参与相关文件起草讨论。很欣慰的是,曾经的许多建议已变成现实,正造福于社会。

对策建议不是花拳绣腿,也不能为了沽名钓誉,而是内行佩服有门道、外行看后很热闹的战略举措,是不用则已、一用必然见效的高招妙招。2011年,笔者就鄂西北农田水利设施建设问题进行了专题调研,写了《关于对鄂北岗地(汉江襄阳段东北岸区域)农田水利设施建设情况的调查及建议》,得到时任省委书记和省委常委、襄阳市委书记的批示,不仅使数千万元的丹

渠清泉沟隧洞衬砌经费快速拨付到位，保证了在丹江口大坝加高蓄水前完成衬砌工程，所提 6 项建议也成为当年全省冬季农田水利设施建设工作会议文件的主要内容。

对策建议不要停留在面上就事论事，也不要附势跟风、人云我云，而要由表及里、由此及彼，去伪存真、去粗取精，要刨根问底、抽丝剥茧，力求开出对症祛疾的良药，最好是药到病除的灵丹妙药。襄阳空气质量问题是影响高质量发展的问题之一。为解决好这一问题，市人大在 2017 年组织专题调研，聘请环保专家对污染源进行了量化分析，也提出了一些解决办法，全市上下付出了巨大辛劳，但在全省考核中，襄阳空气质量数据垫底的窘境好几年都没有大的改变。2019 年初，襄阳市人大常委会党组向市委汇报，连续三年将大气污染防治作为市人大的专项监督工作重点。汇报中提到，通过现场察看和深入思考可以发现，襄阳市区北边是平原，南有岘山，冬天受北方输入性污染很难消除，这是影响襄阳空气质量的重要原因。未抓准这一原因，其他治理措施可能事倍功半，而加大对国土绿化力度，特别是加大对地处城区北部的古驿、伙牌、石桥、黄集等乡镇的国土绿化力度，将事半功倍。后者既是改善襄阳空气质量的治标之策，更是治本之策。遂写出一篇短小的调研报告，将此建议向市委提出，得到高度认可。在市委的高度重视下，多次市委全会都对"绿满襄阳再提升行动"持续作出安排部署，全市范围特别是重点地区的树越栽越多，襄阳的空气质量也越来越好。

对策建议要勇于突破思维定式，敢于打破传统习惯，高度重视客观规律，积极借鉴成功经验，拿出运用规律、顺应趋势、先人一步、可见效出彩的实操规程。如在作于 2022 年 5 月的调研报告《对中心城区绿化的粗略观察及粗浅建议》中，提出"以建成高品质生态之城为目标抓好城区绿化；以让市民和游人便捷享用绿化成果为目标抓好城区绿化；以生态功能最大化为目标抓好城区绿化；以提高投入产出比为目标抓好城区绿化"四点建议。市政府有关负责人看到建议后，指示襄水源工程指挥部多吸收相关可行意见。令人十分感动的是，决策者如此重视草民微言，真了不起；笔者无意间为故乡建成高品质生态之城尽了份绵薄之力，甚是欣慰。襄水源竣工后，笔者去过多次，每次去都看到在增植高大乔木，遂询问植树工人，不是已竣工了吗，怎么还在补栽？工人回答说："领导说有人建议，要少留白多植被，少草坪多森林。"

例 文

对中心城区绿化的粗略观察及粗浅建议

（2022年5月）

襄阳城之美，美在厚重的历史人文，美在丰富的物产资源，美在优越的交通工商，而这一切之美都建立在美好的宜居宜业生态环境之上。从孟浩然的"春眠不觉晓，处处闻啼鸟，夜来风雨声，花落知多少"，到"一江碧水穿城过，十里青山半入城"，襄阳城宜居宜业的生态环境之美都被描述得出神入化、引人入胜。而宜居宜业的生态环境之美，基础支撑是林木花草和鱼虫鸟兽，本质特征就是大自然的生态绿色，以及人与自然的和谐共生。巩固升华襄阳城宜居宜业的生态环境之美，必须深入贯彻习近平生态文明思想，坚定落实"五位一体"总体布局和新发展理念，高度重视、全力抓好中心城区绿化工作，为"加快建设美丽襄阳、率先实现绿色崛起"增添更浓更艳的鲜明底色。

一、众口称道的绿化精品及其共性

襄阳作为国家园林城市和国家森林城市，中心城区绿化是卓有成效的，不仅在森林覆盖率、人均绿地面积等指标方面达到甚至超过了国定指标，而且创造了许多众口称道的绿化精品。

在城区道路绿化方面，诸如建华路、前进路、邓城大道、檀溪路、大庆东路、大庆西路、长征路、人民路等，落叶树与常青树相辅相成，高大乔木与低矮灌木错落有致，乡土树种与引进树种交相辉映，木本植物与多种花草搭配适当。置身其间，看到的是绿色屏障和多彩花廊；若从空中俯瞰，所见便是绵延壮观的城中林带和四季皆景的多彩长廊。

在城中公园、小游园方面，诸如阳春门公园、紫贞公园、月亮湾公园、老龙堤二桥至龙堤滨江园段林园、文荟园、岘山广场等，特别是华侨城奇趣童年乐园、襄阳公园中的动物园，林木花草绝对是园中主角，"林"的感觉很充分，"野趣"的味道很浓郁，硬化部分和休闲设施占园比例较少，高大乔木很有规模，满眼绿色、四季有花，能与繁华商业街区形成较大的反差，能让入园人享受到自然生态带来的福祉。

在商住小区方面，富春山居是一个典型代表，建设方主动要求调高绿化率、降低容积率，以森林理念实施小区绿化，以花园标准建设小区生态，实现了房在林中、居民生活在花园中的目标。东津颐和华府等小区也是商住小区绿化美化的佼佼者，小区的绿化很有档次、很有特色。

在城中水系岸线方面，诸如襄水源、护城河、浩然河等，以人与水系可亲近的理念进行设计，以近乎浑然天成的生态建设去淡化人造工程的痕迹，让每一寸可绿化的土地都林木茂密、花草繁盛，让水系为城市增灵秀、添生机，形成了一大批市民休闲时的好去处、待客时的游览地。

品味这些绿化精品，让人心旷神怡之余，也会发现它们共同具有如下几个特点。一是都有"林"的味道。要么是林带，要么是林块，即便是最难成林的道路绿化也多少有点"林"的感觉。如让众多园林专家赞叹的建华路、前进路两边，基本是以三排以上的高大乔木为骨架形成的绿植空间，极有纵深感，似乎与较好的疏密度和郁闭度还沾得上边，为"路在林中、房在林中、城在林中"奠定了基础，为提升城区绿化覆盖率等指标作出了贡献。二是都有较好的生态功能。在可用植绿土地上，襄阳的高大乔木比例多，常青树种比例多，植物混交形式多，在10米高的空间内充满了茂密的植物枝叶，在已绿化的范围内形成了有利于植物生长的微型生态群落，增加了人与自然和谐共生的街头实景，单位绿化空间有着较好的固碳释氧、调温增湿和滞尘降噪等生态功能。三是都有较好的投入产出比。在上文提到的绿化精品中，多数是公共财政投资建成的，所种植的高大乔木，有很大比例是法桐以及襄阳乡土树种，欧庙麦冬遍布城区树下，同样的绿化资金栽种了更多的树木花草，打造了更多的绿化景观，成就了更多的绿化精品。很难想象，如果壮观的檀溪路绿带没有数百棵参天法桐支撑，即使再投入更多绿化资金，能否成为绿化精品？四是都是守成添绿的结果。以守住现有绿化成果，做好新增绿化文章为原则，开展各项改扩建工程，避免了只顾其一不及其余、建设性破坏生态环境的简单做法，既让建成的相关工程更好地服务了城市发展和市民生产生活，也在工程建设中为城市增添了更多绿色和生态文明建设成果。襄樊大道、檀溪路、大庆东路等城市道路曾经过多次改造，但都在植绿增绿的基础上把长了几十年的行道树保护了下来，才有了我们今天还能看得到的数万棵50年以上树龄的城中大树，才留住了老襄阳人对城市发展的记忆根脉。

二、需与时俱进改进的城区绿化惯性动作

伴随着工业化、城市化发展，城区绿化形成了较为系统的建设与管理方式方法，也成为相关工作推进过程中的习惯性动作。但随着习近平生态文明思想更加深入人心，随着全社会对生态文明建设规律认识的深入深化，有些绿化方式方法在过去特定时期看是先进的、必需的，而放在今天来看就显得落伍且不合时宜，急需作出调整和改进。

一是弹性化对待绿化项目的做法急需改进。由于对生态文明建设认识不够到位，建设资金相对紧张，许多市政工程、公共服务设施等建设项目注重主体功能，忽视生态功能，项目所涉及的绿化工作往往是软指标而不是硬任务。在规划阶段经常把项目建设的绿化内容弱化了、忘记了，在施工阶段绿化工程往往是滞后的甚至是敷衍的，在工程竣工验收阶段绿化是否达到设计标准无关紧要。在商业开发中，政府相关部门对工程质量监管严格到位，但对绿化效果监管有时流于形式，只验收了绿化面积而不注重绿化品质，有的工程甚至在通过验收后不久就侵占绿地。在城区的一些市政道路建设中，常出现路通了很长时间，而路旁无行道树、无绿植的现象。有些商住小区，商品房已售罄，而小区绿化还只是象征性的。某中学新校区建设中，为把预算控制住，就牺牲校园绿化投入，植大树改种小苗，乔木5米间隔改为10米间隔，新校区建筑获得了中国建设工程"鲁班奖"，但校园绿化显得不足。汉江路以与人民路交叉口为界，北边改造后，基本无行道树，路是宽了，但总给人以莫名的遗憾，而从人民路口到江边的南段，景象就完全不同了。类似状况还有不少。

二是洁净化处理林下枯枝败叶的做法急需改进。把保持洁净的习惯错误地拓展到公园、小游园等林下空间，投入大量的人力、物力修剪间伐茂密的植物，清扫搬运林下枯枝败叶，把林中葱郁的"秀发"变成稀疏的"谢顶"，使林下出现大片裸土。这既减少了林下自然循环的可用肥力，也增大了夏天暴雨时刻的水土流失。这一习惯在城区绿化管理中很有普遍性，过度修剪、过度保洁行为在各城区随时可见。一方面笔者钦佩环卫工人认真负责的工作态度，另一方面对这种违背自然规律的做法及后果深感惋惜和不安。

三是园林化实施城区绿化的做法急需改进。在城区绿化中搞一些园林景点是必需的，但要树立低碳化、集约化理念，坚决克服设计炫技心态，绝不能将雕刻化园林泛化到城区全部绿化中。在一些可用的绿化地块中，工程硬化面积占总面积比重过大，灌木花草占绿化面积比重过大，需特别养护植物数量占绿植总量比重过大，这反映了设计者总是想用园林化方式对待所有绿化项目，耗费建设成本不低的同时，也弱化了绿化投入的产出效益和绿化产品的生态功能，还加重了后续日常绿化管理成本。这一现象在公园、小游园、商住小区绿化中很是普遍。一方面总说可用于绿化的钱少地少，另一方面对可用绿化的钱和地又毫不珍惜，造成无谓浪费。襄城老龙堤0—1公里的迎水面和背水面绿化，在现有基础上如以"林"的理念补绿增绿，不知还能补植多少棵高大乔木，不知还能把该片生态功能放大多少倍？在"三江五岸"已建成或准备建设的工程中，过分追求园林化的问题都或多或少地存在。从汉江一桥至凤雏大桥间襄城岸线，很多可栽树的位置总在"留白"。长门遗址公园草坪面积不小，但乔木栽植得太少。四面环水的鱼梁洲作为城市生态绿心，最宝贵的资源是那17平方公里多的土地，最理想的效果是让洲岛林木茫茫、郁郁葱葱、遮天蔽日，但在中央生态公园建设中却反其道而行之，挖出几片水不能循环的水坑，再架上10多座造价不菲的拱桥，本可栽植林木的资金和土地无谓地浪费掉了，还潜藏着城市生态绿心中将产生黑臭水体的巨大风险，真让人很惋惜、干着急、直跺脚！

四是情绪化落实绿化任务的做法急需改进。对中心城区绿化工作科学研究不够，总体把握不够，落实以人为本理念不够，经常出现率性而为、跟风而动的现象，面对城区绿化南北区域严重不均衡这一主要矛盾，夯基破题式绿化明显不足，锦上添花式绿化相对较多，扭转不均衡局势的举措不够硬，以林固碳附尘、防外部污染输入的效果不够理想。高新区、襄州区、樊城区是冬季直面北方地区大气污染物输入的前沿阵地，但森林覆盖率较低的状况多年来改观程度不大。对绿化与强化生态功能关系、绿化与城市美化关系的认识有偏差，热衷于搞这树大道、那树大道，忽视了常青树与落叶树、高大乔木与低矮灌木、木本植物与各类花草的科学搭配，轻视了"独木难成林"规律，很多城区道路只有落叶树，没有常青树，习惯性地把行道树僵化成"单排树"，夏日有绿无荫，冬日光秃萧瑟。在公园、游园等工程建设中，注重绿化工程的景观设计，忽略绿植福利对人的直接惠及，步道边少有高大乔木，也就难有给人遮阴挡雨的实惠。

三、可拿来实操的其他城市绿化经验

他山之石可以攻玉。国内很多城市的城区绿化工作也在与时俱进地改进，许多好做法好经验很直观、可复制、易操作、效果好，对我们具有很好的示范作用，完全可以拿来实操、即学即用。

一是先建林后建城，把生态建设放在城市建设的优先地位和重中之重。雄安新区是最典型的代表，规划中的生态用地面积和位置绝不因人因时而随意改变，连片数十平方公里的"千年秀林"是最先启动的建设项目。该项目按照"复层、异龄、混交、全冠、多彩"理念植绿建林，以林荫道标准绿化城市道路，铺陈绿色一马当先，城市建设有序推进，雄安新区建成后，想来肯定是高品质的生态之城。内蒙古赤峰市新区建设，对沿河两岸最值钱的土地，没有拍卖变现去赚钱，而是投入真金白银先花钱，按100米标准建成林带，用良好的生态环境去赚更多的钱，那气魄令人钦佩，那气势让人震撼。

二是以生态功能最大化为标准，用好绿化投入的每一分钱。杭州、南京两市的做法给人的启示很直观、很具体。杭州市城市道路绿化基本是林带式、林块式的，从道路到楼房之间，少有灌木丛或草坪，多是林带林块，且很有原生态林地的味道，即使在城中的重要节点，园林式绿化也是星星点点，仅做点缀之用；对城市公园、小游园的建设标准，杭州市也有严格规定——

500元/平方米，在建设范围内最大限度地增加植被空间，最大限度地减少硬化面积。南京市引以为傲的是在全国城市中他们拥有最多法桐，10万株左右，他们觉得法桐作为世界行道树之王，虽有落絮扰人、落叶期长等缺点，但却是城市绿化中同等投入可取得最大生态功能的最佳选择，因此在城市绿化中坚持以法桐为主体树种，用既有的城市绿化投入，建设更大容量的城市"碳库"，并以此方式持之以恒推进"林荫道"建设，让城市绿化最大限度地直接造福市民和外地游客。

三是遵循自然规律，实施绿化成果的维护和管理。北京、深圳等城市明确规定，要以尊重自然、顺应自然、保护自然的态度，改进城市绿化工作，在保洁城市公园、游园的工作中，不得过度修剪绿植，不得随意清理林下枯枝落叶，让林木花草成为昆虫及小动物的栖身之地，让各类植物园地可自我滋养、能良性循环，逐步形成稳定的微小生态系统，把"落红不是无情物，化作春泥更护花"的诗意，变成绿意盎然、星罗棋布的城市胜景。北京通州等地则在城市绿化中多种"花果口粮树"，为鸟类及小动物建设更多口粮地。

四是把大树古树和原生态林当作城市根脉，虔诚礼敬、悉心保护。黄山市黄山会堂前一条大道上有棵数百年的老樟树，在扩建城市道路时，城市建设者对其敬而避之，分成两道，不仅没有移树、砍树，还为古树保留了很大的空间，让古树继续讲述城市历史文化的厚重。有些连接深圳市各区的道路旁，修路时没"折腾"，不是先伐再植，而是只做加法，提升林相，在原有的林地中增植树木，努力消除人工改造痕迹，车行其中犹如漫游原始森林，让原生态林地标识还原当年边陲小渔村的风貌。

四、提升城区绿化质量的几点浅见

面向未来，在巩固好襄阳城区现有绿化成果的基础上，要深入贯彻落实习近平生态文明思想，按照"五位一体"总体布局的要求和新发展理念，学习外地先进经验，跳出惯性思维局限，调整宏观思路，改进微观行为，百尺竿头，更进一步，推动城区绿化高质量发展，让襄阳城底色更绿、形象更靓，让襄阳人的生活更为舒心、更为幸福。

第一，以建成高品质生态之城为目标抓好城区绿化。襄阳要"五城共建",奋力打造湖北省中西部非省会龙头城市和汉江流域中心城市,建成高品质生态之城是应有之义,拥有更好的宜业宜居生态环境是坚实基础。为此,一是深入落实市委全会决定,加快建设重大绿化工程,系统化、工程化、项目化推进岘山城市中央公园建设进程;栽树栽树快栽树,用两至三年实现鱼梁洲"绿满"目标,使沙洲全域有"林海"范儿,让城市生态绿心名副其实;以中心城区汉江岸线生态建设为龙头,规模化植树造林、景观化建设治理,带动195公里汉江襄阳段两岸早日成为生态绿廊和风景画廊。二是强化政府及其部门审批、监管权威,坚决把生态建设与城市中各项建设同步规划、同步施工、同步验收落实到位。以"三同步"为硬杠杆,倒逼各类建设业主自觉重视生态文明建设,共同推进城区绿化,使生态绿色在城市建设和发展中越来越浓、越来越靓。三是加大补短板力度,把破解城区绿化主要矛盾作为近几年城区绿化的重中之重。在持续抓好鱼梁洲、岘山等重点区域绿化的同时,以超常规力度抓城区北部的植绿增绿,力争三至五年,高新区、襄州区、樊城区森林覆盖率在现有基础上提高5个百分点以上,增强抵御北方地区冬季空气污染输入能力,早日消除城区冬季空气质量不优这一痛点。尽早启动襄阳城市植物园建设,以"一园两区"的方式在高新区建设生产区,在鱼梁洲建设观赏区,尽快补上城市植物园功能短板。

  第二,以让市民和游人便捷享用绿化成果为目标抓好城区绿化。一是加大老旧小区小林园建设。站在居民生活角度审视城市老旧小区,结合旧城更新、老旧小区改造等工作,以壮士断腕之魄力,拆除个别单体建筑,建成小林园,因地制宜增建小林园,力争使中心城区600个左右的老旧小区服务功能现代化,居住环境多绿色、添生机。二是实施林荫道建设行动。颁布林荫道建设操作规范,要求城区新建道路必须达到林荫道标准,从今年起每年改造建成100公里林荫道,争取三到五年后城区一半以上的街区人行道、园内步行道达到"小雨不用伞,夏日路成荫"的目标。三是加大保护大树古树及名木力度。在襄阳,几乎所有的三线军工企业和一些城中村有一大批树龄在80年左右的雪松、香樟等古树名木,而且很有面积规模,如原襄阳轴承厂、原三五四二厂等厂址,在原厂址改变用途、城中村改造过程中,需把保护大树古树及名木工作做早做实。这是留存城市记忆、延续城市根脉的重要内容。像之前废掉制造业"武功"实施房地产开发、毁掉植物森林建成水泥森林的蠢事，一定要想方设法杜绝和避免。

第三，以生态功能最大化为目标抓好城区绿化。最为关键的是把"林"的概念贯彻落实到城区绿化工作之中，努力实现固碳、释氧、滞尘、增湿、调温、降噪等基本生态功能的最大化，以及成为鸟类、昆虫、小动物栖息地等延伸生态功能的最大化。一是按照"复层、异龄、混交、全冠、多彩"原则，实施一切新开工的城区绿化工程，着力提高栽种植物占建设面积的比重、高大乔木种植面积占植物面积的比重、常青乔树占乔木总量的比重、花果口粮树占植物种植总量的比重；改造现有已绿化的地块、路段，补种各种高大乔木，让现有绿化地块、路段尽快改变生态功能极弱状况，从而使林带林块伫立城市之中，让容量不一的"氧吧""碳库""蓄水池""吸尘器""消音器"布满大街小巷。二是迅速修订城区保洁规定，彻底改变惯性认知，学习北京、深圳等地做法，除道路外，对林中树木不再过度修枝间伐，对林下枯枝败叶不再清扫转运，使其自然分解成肥、持续保墒护林，让更多林带林块成为小松鼠、小刺猬等大自然小精灵的栖身之所，在城市中真正形成众多人与自然和谐共生的园地。

第四，以提高投入产出比为目标抓好城区绿化。一是修订城区绿化建设投入标准，学习杭州市的做法，对公共财政投入的市政道路、公园、游园等绿化投资，规定投入强度，保证有限的资金投入产出最好的生态产品，形成最好的生态环境。二是加大乡土树种的种苗基地建设，提高苗木种植成活率，凸显城区绿化地域特色。三是做实全民义务植树工作，依托市委、市政府已确定的位于尹集乡的市直机关义务植树基地，引导市民、企业、社会组织积极参与义务植树活动，凝聚全社会的人力、物力、财力投向城区绿化，不断推动襄阳城的生态品质向更高水平迈进。

右玉归来说植树

（2022年3月）

资料显示，习近平总书记曾先后多次批示，充分肯定山西右玉精神，这在习近平生态文明思想中格外醒目。

为学深悟透做实习近平生态文明思想，经市委批准，市人大常委会党组书记、主任带领鄂北生态防护林带所在区、市的同志，于2021年9月下旬到右玉、塞罕坝等塞北地区学习考察，接受精神洗礼，汲取精神力量，融化思想坚冰，坚定"绿满襄阳再提升行动"，助力绿色崛起和美丽襄阳建设。所有参加学习考察的同志有三点共识：一是党和国家重视生态文明建设，这是国运昌、民族兴、人民幸的千秋大计；二是襄阳人民真幸运真知足，相比右玉、塞罕坝等塞北地区，襄阳植树的自然条件不知要好上多少倍，但面对空气质量不高的残酷现实，仍有"种树无用论"等杂音，如果不重视种树、不真心种树，不重视造林、不真心护林，有违良心，有背天理；三是右玉人、塞罕坝人真坚韧真英雄，他们骨子中散发出来的植树造林情结和情怀，笑容中流露出生态美好生活幸福的喜悦和自豪，令人肃然起敬，也催人起而行之。

一、将植树造林当作生命生存之需，更作为生态文明建设之本

右玉毗邻毛乌素沙漠，历史上是农耕文明与游牧文明交往交流交融的重要地区，也是人们常讲的"走西口"的必经之地。新中国成立之初，右玉已极不适宜人类居住，近2000平方公里的面积，森林覆盖率仅有0.3%，年降雨量300毫米左右，"一年一场风，从春刮到冬"，基本是一片不毛之地，曾有环境专家建议举县搬迁。第一任县委书记张荣怀面对右玉人如此艰难的生存环境，带领县委一班人苦苦思索，寻求对策，当发现因有树木庇护、生产生活较好的零星村落时，既兴奋又沉重，既犯难又坚定，集思广益，下定决心，广泛凝聚"种树，生存下去；种树，建设家园"的共识，组织动员全县人民拉开了"哪里能栽哪里栽，先让局部绿起来"的高寒风沙地区植树造林序幕，之后的20任县委书记都把植树造林当作为右玉人民服务的第一要

务，心无旁骛地开展植树造林接力赛。70多年来，右玉男女老少都把树作为生命和家园的守护者，积极主动地投身于植树造林马拉松。序幕拉开后的植树造林篇章持续不断、异彩纷呈，20世纪60年代"哪里有风哪里栽，要把风沙锁起来"，70年代"哪里有空哪里栽，再把窟窿补起来"，80年代"适地适树合理栽，再把三松引进来"，90年代"乔灌混交合理栽，绿色屏障建起来"，到如今"提升增效持续栽，金山银山富起来"。天道酬勤，金石为开。到2020年，右玉全县森林覆盖率达57%，近10年来年降雨量500毫米左右，年空气优良天数连续多年在95%以上，经济社会发展主要指标高于山西省平均水平。

塞罕坝，蒙语意为"美丽的高岭"，距北京直线距离仅300公里左右，与北京海拔高差达1500米左右，在20世纪60年代初，森林覆盖率仅有11.3%，曾是冬春季节北京乃至华北平原频繁沙尘暴的最近发源地。为锁住这近1000平方公里的大沙场，国家在1962年决定建设塞罕坝机械林场。近60年来，三代塞罕坝人铭记"为华北平原锁沙源，为京津两地涵水源，为国家建设蓄资源，为周边百姓开财源"的政治责任，一棵接着一棵栽，一年接着一年种，一片连着一片绿，终使沙场变林海，造出了世界上最大面积的集中连片人工林，2017年获得联合国环保最高荣誉"地球卫士奖"。

在山水林田湖草沙这个生命共同体中，右玉和塞罕坝因地制宜地抓住"林"这个核心，埋头苦干，久久为功，改善了生存环境，走出了生产发展、生活富裕、生态良好的路子，成为"两山"理论的生动实践注脚。

二、纵有困难千千万，植树造林头不回

植树造林中，除钱、地、管等共性难题外，右玉、塞罕坝还处于海拔1500~2000米，年降雨量曾小于400毫米，年无霜期少于100天，年均气温低于5℃，在林学中属植树造林的艰难区域或临界区域，再加上整体沙化土壤，可种的树种仅有杨、柳、樟子松等5种左右，大规模连片植树造林近乎不可能。但他们硬是踏平坎坷成大道，变不可能为可能。从卫星图上看，右玉的绿色曾比周边地区淡许多，而今的秀美山川却在方圆上万平方公里中分外抢眼；塞罕坝人把近1000平方公里的风沙地区变成了茫茫林海，森林

覆盖率由1962年的11.3%提高到目前的82%。右玉70%以上的面积曾沙化，目前成林的三分之一面积都是靠客土改良才把树种活的，有多苦多难就可想而知了。20世纪五六十年代，右玉县无钱买树苗、育树苗，县里组织多支民工队到山西中部和内蒙古邻近地区帮工，主动要求要杨树枝条不要工钱，运回右玉当种苗。塞罕坝机械林场60%以上的土地为山地，坡度缓一点有30～40度，陡峭的达70度以上，每种活一棵树，都需凿树窝送客土。他们像养孩子一样，精心种活了数亿株乔木，使它们长成了参天大树，连成了绵延林海。

几十年来，两地植树并非一帆风顺，但无论受多大挫折，他们都没趴下，更没停歇，而是泪眼模糊、坚韧不拔地往前走。右玉县黄沙洼防沙治沙战役中，一冬种下9万株树，第二年夏天被一场狂风连根拔起，损失巨大。时任县委书记甘愿降职为县委第二书记，也要参与到再战黄沙洼植树绿化战役中。塞罕坝机械林场第一任场长王尚海，面对建场之初植树效率低、苗木成活率低的困局，带领工程技术人员，在数九寒天连续3个多月驻扎在施工现场，查原因、摸规律、寻对策、求突破，一次种植近万亩，成活率达90%以上，为日后林场发展积累了难得经验。如今这片"尚海纪念林"亩平木材蓄积量已达10立方米，为襄阳的8倍左右。

三、共同福祉集众力创造，无价之宝必精心守护

右玉人、塞罕坝人都把绿水青山看成无价之宝，他们当下的生态资源和奋斗精神，无不是千百万人自觉奉献和艰辛付出的结晶，无不是一代又一代人坚守和护卫的结果。仅就公民义务植树而言，很难见到哪个地方比右玉做得更实了：所有党政机关和事业单位都包有一片荒山，并要求限时绿起来；所有拿财政工资的人每年都捐献300元以上，用于植树造林。每年冬季，公务人员都以"锹头+窝头""义务+觉悟""实干+苦干"的劲头，竞相完成100个以上长宽深为80厘米×80厘米×100厘米的树窝，第二年春天植苗浇水，保证当年成活率达90%以上。随着国家"三北"防护林建设的深入实施，越来越多的地方实行工程化、项目化植树造林，但右玉县172个行政村从未间断村民义务植树。右玉县的两个煤老板，把赚来的钱"比赛式"

地投资家乡，建旅游景区、建康养设施、建国际马场、建小杂粮生产基地等，助力右玉的绿水青山更多更快地变成金山银山。

几十年驻守在塞罕坝月亮山望海楼的瞭望员刘军、王娟夫妇，是2021年8月23日习近平总书记实地看望的望海楼护林代表。这些瞭望员每年9月15日至来年6月15日，长时间与世隔绝地在野外工作生活，连过春节都不能与亲人团聚，其中的单调寂寞难以想象。这种无怨无悔的坚守，正是一代代塞罕坝人不懈奋斗的缩影。无论是右玉，还是塞罕坝，他们造林护林已成自觉的生活习惯，像爱护自己的眼睛、珍惜自己生命那样，想方设法地增添绿色、保护生态。比如他们的森林防火意识强烈到让外人难以置信的地步。

四、不畏浮云遮望眼，生态优先计得失

在右玉、塞罕坝的发展历程中，也常有长远生态效益与眼前现实利益的博弈，但他们都以生态优先、绿色发展的笃定，守住了绿水青山。20世纪80年代，在商品经济大潮的裹挟下，右玉办起了一批板材加工厂，税收占全县财政收入三分之一。在赚钱与保树的矛盾中，县委却坚决地关闭了木材加工厂，县委书记在全县大会上自我检讨，向全县人民致歉。右玉遍地有"小老杨"，40年左右树龄仅有碗口粗、几米高，南方人觉得像武大郎，但右玉人尊称它们为右玉绿起来的先锋、功臣，对它们呵护有加。塞罕坝火了后，很多企业家要与之合作，林场领导班子对有损生态环境的项目一律拒之门外，不仅不要到手的利益，还投资3000多万元，在林区道路两侧加装防护栏。

或许是建设绿水青山的艰辛，或许是与老百姓苦在一起、干在一起的情感，净化了建设者的灵魂，警醒着为官者的良心。在右玉、塞罕坝有个有趣的现象，21任县委书记、10多任林场场长都不敢违背民心、忽视造林，更不敢违法乱纪、肆意妄为，良好的政治生态保障了自然生态的持续改善，改善的自然生态也印证着政治生态的长期向好。

尧治河村的脱贫致富经

（2015年6月）

保康县尧治河村，而今的富裕享誉全省、全国，曾经的贫困也闻名襄阳市、保康县。方圆33.4平方公里的村域，与神农架、房县毗邻，95%的面积在海拔1650米的崇山峻岭之上；全村164户、649人，过去70%的村民常年靠政府救济生活。到2014年底，村民人均拥有固定资产338.9万元，人均向国家纳税7.03万元，人均纯收入3万元以上。先后获得全国先进基层党组织、全国文明村、湖北省农村党建"十面红旗"等荣誉称号，跻身湖北500强村。

一、变哀叹苦熬为齐心苦干，奋力迈出告别贫困的第一步

"挂起来的地，竖起来的路"，仅靠"铁杆庄稼"的传统套路，憧憬富裕成了奢望，哀叹苦熬曾习以为常。保康县委、马桥镇委把选准致富开路人、建强村党支部，作为改变高寒边远极贫村面貌的突破口，1988年任命村小学教师孙开林为村党支部书记。孙开林上任后带领全村父老乡亲，拧成"齐心苦干、追求幸福"的一股绳，点燃了向贫困宣战的"三把火"。

一是迈过"第一道坎"，从精神状态上摆脱贫困。村党支部组织村民学报纸、学典型、谈心得、谋出路，使大家明白：幸福不会从天降，贫困不会自己走；靠外援、吃救济，永远拿不到富裕门楼的"金钥匙"；只有坚决摒弃"等、靠、要"的思想，豁出身子干起来、走出去，才能斩断穷根、走上富路。精神脱了贫，人人干劲增，"用双手改造山水、用劳动积累财富"成为全村男女老幼的共同意志。

二是开出"第一条路"，从地理空间上追求富裕。曾经与世隔绝是尧治河村贫困的原因之一。1990年秋收刚完，村党支部组织全村164户人家，按每户36.6米的长度，在千仞绝壁上拦腰凿出能跑汽车的公路。在110多个日日夜夜，岩石嘴上攀的是人，岩石缝里钻的是人，岩壁之前吊的是人，开山炮声代替了过年的炮仗，踏冰卧雪代替了围炉烤火，互助挖石方代替了拜

年的话语祝福,尧治河人硬是靠蚂蚁啃骨头的韧劲,凿出了一条6000米长的出山路、希望路。

三是掘出"第一桶金",从心理感觉上让小康不再遥远。山外精彩的世界,既让村里人羡慕,也驱使着他们加快致富步伐。村党支部组织村民决心把蕴藏量4000千瓦的水能变成全村人的现金收入。1995年冬春,尧治河人开始拦河筑坝办电站,全村200多名男女劳力靠肩挑背驮把近万吨砂石、水泥、钢筋等建材,从2公里外运到坝基处,60天时间,每天人均负荷上百斤货物,在没路的河汊中行进20多公里,看着一天天长高的石坝,再苦再累,村民们都咬紧牙关。1996年6月22日,即将建成的坝体被一场特大洪水冲得七零八落。全村人呆了、哭了,这一天成了尧治河村最悲伤的一天。痛定思痛后,尧治河人更卖劲了,全村倾巢出动,在坝基附近的山崖上安下了160多个临时新家,连续奋战300多天,一座高27米、坝体2.3万立方米、可蓄水28万立方的拦河坝,巍然屹立于马面河上,年发电量378万千瓦时、综合效益达71万元的发电站建成了。尧治河人迎着小康社会的曙光,脱贫的速度更快了,致富的路走得更稳了。

二、变生态资源为致富产业,积极探索靠山吃山的新路子

崇山峻岭、深涧溪流,若以种粮致富的角度看,就是"穷山恶水",脱贫致富完全是天方夜谭;若以生态资源的角度看,就是"金山银山",全面建成小康社会肯定能变成现实。在消除贫困、建设小康的过程中,尧治河村创新思维、变换角度,把曾经"吃不饱"肚子的生存环境变成"吃不完"的财富源泉。

一是依托保护绿水青山,建设"金山银山"。尧治河村抓住鄂西生态文化旅游圈建设机遇,根据所处的区位优势、气候条件、山区民俗特点、历史文化积淀等条件,把发展旅游业作为转型跨越、富民兴村的主导产业,聘请华中科技大学、湖北大学等校的专家学者,以"中国山区幸福村"为旅游形象定位,科学编制尧治河村旅游发展规划,先后投资建成中国磷矿博物馆、太极养生馆、尧帝神峡景区、老农窟景区、尧文化传播研究院等项目。坚持在保护中开发,在开发中保护,从2000年开始,同步恢复矿山植被2600多亩,

退耕还林1800多亩,人工造林7700多亩。5年来,先后建成了3个4A级景区,成为全国休闲农业和乡村旅游示范点、神农架大景区中的新亮点。2014年,共接待游客60万人次,实现旅游经济综合收入4000多万元。

二是充分利用村内外资源,建设"金山银山"。凭借一定的资本原始积累和专业化经营经验,尧治河村人彻底破除村级经济等同于村域经济、等同于农耕经济、等同于"三农"经济的概念,把眼光投向村外、镇外、县外,采取收购、参股、租赁等形式,网络发展资源,开拓发展空间,不断转型升级,壮大集体经济。先后投资1.2亿元收购了县域内5个中小型水电站;出资1.5亿元购买白竹、九里川、六柱垭等4处矿山开采权;投资收购了房县天源公司、保康楚翁泉酒业公司、枣阳兆丰公司等10多家企业;一次性买断毗邻的房县野人洞、野人谷两个景区50年经营权,并斥资建设提档升级,两景区随后获批为国家4A级景区;2009年投资3亿元在马桥镇周湾工业园兴建尧治河工业园,初步形成了以磷化工、水电开发、生态旅游、农产品深加工四大支柱产业为支撑的村级经济。全村水电站装机容量由当初的4400千瓦、年发电量378万千瓦时,增加到2014年的2.47万千瓦、年发电量1.2亿千瓦时;磷矿开采能力由1988年的3000吨/年增加到2014年的200万吨/年;企业数量发展到22家,固定资产达22亿元。2014年,全村工农业总产值28亿元,村集体经济纯收入1.6亿元。从2008年起,整合所有村属企业成立尧治河集团和尧治河股份公司,并积极筹划运作上市工作。

三是注重依靠科技力量,建设"金山银山"。尧治河村把科技人才作为转型发展的向导,把"第一生产力"作为致富奔小康的先导,全力推进村级经济由粗放增长向集约发展转变,由一业为主向多业并举转变,由自己使劲向借力发展转变。2014年,与中国工程院院士裴荣富、中国科学院学部委员赵玉芬等科研团队合作,组建了全省唯一的村级院士专家工作站,致力"5R"矿业循环经济的研究、运用和推广。目前,在PM2.5治理、黄磷尾气净化、次磷酸和窑法磷酸工艺等方面,取得了突破性的科研成果,其中有3项获得国家专利。通过建设化工园区,运用新兴工艺,延伸磷化工产业链条,有力地推动了磷化工产业的精细化、绿色化、高端化,村内磷矿被评定为全国绿色矿山。

三、变共同创造为共同富裕，踩稳公平与效率的平衡点

从走向富裕的第一天起，尧治河村党组织就始终思考，如何避免因分配上的平均主义而牺牲发展效率，如何避免因富裕程度的平均数掩盖了贫弱的个别人，努力走出一条共同创造、共同富裕的两全之路。

一是始终坚持党管企业和集体控股两条基本原则，保公平。全村下设1个企业党委、1个党总支、15个党支部，所有村属企业都建有党组织，12名村党委成员中8人兼任村属骨干企业负责人和党支部书记，确保每个企业都在村党组织的领导和监管之下，确保每份企业资产都是村民的财富来源。在集体控股的前提下，吸引村外投资者入股村属企业、开发本村资源，鼓励村民以资金入股、劳力入股、物资入股、资源入股等多种形式，共同创办新企业，不断增加持股额度。采用资本投入股、企业经营者股、村集体股、村民个人股四种股份，确定企业股本构成，保证村集体经济实力随着企业发展壮大而壮大，保证村民利润分红随着企业股份增多而增多。目前，100%的农户持有企业股份，100%的村民都是企业股东，100%的劳动力就业创收不离家，每户持有企业股份均在2万股以上、拥有家庭资产100万元以上，全村拥有私家轿车150多辆。

二是坚持重金引才与持续育才两手并重，求效率。随着村集体资产快速增长，技术人才和管理人才跟不上发展步伐的问题日渐突出。尧治河村一方面不惜重金，引进创新人才和团队，引进高端管理人才和团队。目前，全村引进具有中高级专业技术职称的科技专业人才60多人，聘请高层次经营管理人员40多人。同时，出台政策，激励本村农户招贤婿、娶才女30多人，服务村属企业发展。对于各类人才实行干股派送、绩效分红等方式，激励各类人才人尽其才、为村所用，确保了村属企业越办越好、越办越多。另一方面高度重视本村人才培养，把企业中的技术骨干、管理骨干送到清华大学、华中科技大学、湖北大学等大专院校进行阶段性培训，并在村里开办这些院校的远程教育基地。近3年来，先后送出学习培训人员50多人，通过远程教育基地培训员工800多人次。经营管理团队及劳动者素质的同步提高，为提高企业效益打下了坚实基础。

三是坚持民主商议和集体决策双向互动，兜底线。尧治河村固守"家家富才算共同富，人人小康才是全村小康"的理念，发挥集体经济优势，重点从衣食住行业教保医八个方面提供公共服务产品和服务，不让一户不富裕，不落一人不小康。2006年，拿出4000多万元新建了龙门社区和滴水岩社区，164户村民全部住进造价30多万元、面积达260多平方米的乡村别墅；经全体村民议定，其中1067名特困户免去6万元入住费。投资60多万元兴建福利院，集中供养孤寡老人。专门成立了集扶弱、福利和服务等功能为一体的尧治河三福公司，将11名智障劳动力统一组织起来，实行公司化管理，承担全村植树、改田、护路、保洁等公益劳动任务。投资2000多万元建成村党员群众服务中心和企业集团办公大楼，实行村党务、村务、企务、事务、服务、财务"六务一体化"。设立村奖学金制度，对村中考上大学的孩子，按学校类别给予数额不等的奖励。

四、变党建力量为发展保障，努力建设"中国山区幸福村"

尧治河村在全面建成小康社会的征程中，始终把党建作为"第一抓手"，努力把党组织的战斗力、凝聚力和创造力转化成社会生产力、群众向心力和发展推动力。

一是与时俱进不停顿，当好村民的主心骨。多年来，孙开林带领村党委不断解放思想，始终保持艰苦奋斗的创业精神，始终跟上时代发展大趋势，始终秉持"实干就是解放思想、干好就是科学发展"的理念，发挥领导核心作用，发挥党员先锋模范作用，带领群众致富兴业不停步。在艰苦创业期，立下了"要苦先苦党员、要死先死干部"的铮铮誓言，党员干部冲在修路、架电、筑坝等工程建设最前面，其家庭分担的任务也最多、最险，第一条6000米的出山路，伤残5人、死亡2人中，共有2人是党员干部；在转型发展期，村党委以"吃祖宗饭、想子孙碗"的责任感，推动转型发展，实施二次创业。党组织的与时俱进保证了全村事业发展的提质竞进。

二是增强实力不务虚，当好发展的开路人。村党委把壮大党的力量、提高干部能力，作为不断创造新业绩，不断攀升新境界的基础性工程，全面推行以"把优秀人才培养成党员，把优秀党员培养成企业管理人才，把优秀企业管理人才培养成村干部"的定向培养模式,把骨干队伍建强,把党建力量放大,保证全村发展当前有活力,未来有潜力。5 年来,全村共培养入党积极分子 167 人,发展新党员 81 名,培养后备干部 4 名,这些人才全成为村集体经济发展的顶梁柱。

三是规范用权不任性,当好家园的守望者。尧治河从创业之初就高度重视建章立制,扎紧制度笼子,真正实现用制度管人、管钱、管事,在工程项目建设中实行决策、验收、结算三分开,让干部轻装上阵、干净干事。先后制订了《党委工作绩效管理评价体系》《村干部责权结合管理制度》《村干部工资待遇管理办法》以及村规民约等相关制度,将每一位党员干部的工作目标,同村集体的目标联系在一起,联责联利、连股连心;探索完善"新三三制"模式,大力推行党委会议事、村民大会定事、村民委员会理事"三会治事",切实保障村民民主权益;全面实行党务、村务、财务公开,成立村民监事会,建立完善监督约束机制,对村里重大决策和实施情况进行监督。2014 年,全村通过"三会治事",研究决定办理重大事务 43 件,群众满意率达 100%。

这些年来,村党委始终把老百姓的事当自己的事,老百姓没想到的,村党委帮他们想到;老百姓想到了的,村党委把它做到、做好、做得老百姓满意。目前,全村成了"六通七无村":户户通公路、通电、通安全用水、通电视信号、通互联网、通客车;无群众负担、无重大刑事治安案件、无黄赌毒现象、无群众上访、无失学儿童、无封建迷信、无非法传教。"中国山区幸福村"成为一个名副其实的和谐文明新山村。

在东津新区建现代化区域中心城市行政中心的三个理由
(2011 年 12 月)

襄阳"南城北市",千百年来形成的城市格局,也是襄阳人难以割舍的历史情结。当今不少襄阳人希望维持这一现状,完全在情理之中。这充分反映了襄阳人挚爱襄阳的赤子情怀,值得敬重,令人钦佩。

然而，在经济全球化的时代背景下，现代经济社会活动规模日益扩大，生活节奏不断加快，开放程度越来越高，在鄂豫陕渝毗邻地区竞相发展中，襄阳要脱颖而出，拥有区域中心城市综合实力，获得相应能力地位，发挥领航带动作用，需要慎重考虑襄阳行政中心的迁址问题，需要理性割舍"南城北市"的历史情结。当年美国石油大王洛克菲勒对市场进行全面分析后，决定从农产品加工领域转向新兴的石油业领域时，他痛下决心，毅然决然地与不愿转向的合作者分道扬镳。理性诀别后，他感慨万千地说："与克拉克先生分手，付出了高昂的代价……但我赢得的却是自由和光辉的未来。"

目前，襄阳与周边兄弟城市相比，仅有相对优势，尚无绝对实力。在东津新区建行政中心，必将在城市骨架规模、特色功能、品位形象等诸多方面，使襄阳立足新起点、开启新征程，迎来再铸新辉煌的重大历史性契机；必将成为由"把襄阳建成区域中心城市"到周边城市公认"襄阳是区域中心城市"的一次华丽转身和惊人跨越。

理由之一：从城市行政中心功能定位的历史性转变中看，必须把行政中心建到东津去

（1）农耕社会、冷兵器时代，行政中心等同于军政中心。行政中心的核心功能是军事上的战略防御与战略进攻，决定行政中心建址的最重要因素有两个：一要易守难攻；二要交通便利。相对于外部环境，行政中心形成相对封闭、自我闭合的通道机关和运行系统，行政中心的空间形态，或以高墙绝壁来防护，或以深水宽池为屏障。

历朝历代统治集团为巩固政权的需要，都十分注重在具有战略地位的区域建城置镇，设立行政治所，驻扎军队把守。山海关、嘉峪关等关隘，关系国家安危和政权存亡，即使在缺乏客观条件的情况下，中央政府都不惜代价地建镇屯兵。像嘉峪关，历史上最早就是在茫茫戈壁上建起的一座孤城。越是一夫当关、万夫莫开的地方，越适合建军政治所；越是封闭难攻的重镇要邑，军政功能作用就发挥得越充分、越显著。

（2）历史上的襄阳，兼备战略地位特别重要和易守难攻两大特点，代为重镇。军政中心治所依山傍水，"铁打的襄阳"固若金汤，南船北马，七省通衢，几乎把冷兵器时代的军政功能发挥得淋漓尽致。襄阳古城屡扬威名，彪炳千秋，始终是区域性行政、经济、文化中心。

襄阳地处秦巴山区与大别山区相夹的"马鞍"底部，基本上处于中国陆地版图的几何中心，攻守兼备，事关全局。对襄阳的经营图治，已超出了局部地域性，具有全局性的战略意义。正如古人所说："天下之腰脊，襄阳实握之。"从春秋战国起，襄阳的军事战略地位声名渐隆，地位日重，周天子封中山甫在樊地建城，楚国在襄阳置北津戍，始为军政要邑。西汉初年置襄阳县，开始形成重要行政中心。汉献帝初平元年（公元190年），刘表为荆州刺史；随后将州治从汉寿（今湖南常德）迁至襄阳。此后1800多年中，这里作为一级行政区治所达270多年，历经了6个朝代、28位帝王、48个年号。虽然封建王朝兴废更替，行政区划设置和名称历经嬗变，但襄阳始终是州、郡、府、道、路的治所，为历朝历代皇亲国戚和朝廷要员把守的重镇要邑。

襄阳古城有天然屏障岘山和难越天堑汉江的护卫，既有行舟之便，又坚固难取，往往成为没落政权苟延残喘的最后屏障或新兴政治力量登上历史舞台的重要阶梯。三分天下、三国归晋、南梁建立、宋元之战和元兴灭宋、李闯王北伐和明王朝覆灭，等等，都是具有全局战略意义和历史纪元意义的战事，都与襄阳密切相关。张公祠公园门口的李曾伯纪功铭摩崖石刻，记载了南宋淳祐十一年（公元1251年）发生在襄、樊两城的一场意义非凡的战役，石刻将襄阳视为保佑大宋王朝长治久安的战略屏障。

（3）随着时代的发展，行政中心的功能发生了根本性的变化。在工业化、信息化、城镇化、市场化、国际化全面推进的今天，行政中心承担的军事攻守功能几乎荡然无存，行政中心的核心任务已转向服务经济社会发展，决定行政中心建址的最重要因素也不再是易守难攻，而是要拥有综合经济、科技创新、辐射带动、交通通达、信息交流、可持续发展等能力，高效服务经济社会发展。其形态需要更加开放、更加便捷地与外部联系。行政中心所在地必须具备三个基本条件：有丰富水资源等支撑行政中心运行的客观基础；有与时代最主要交通工具相连接的能力；有建设大规模行政服务设施和适应大规模经济社会活动开展的地理空间。

上述客观规律，被国内外大量实事所印证。东、西德统一后，德国将首都重新选定在柏林，曾在欧洲引起一些争议。巴西迁都至巴伐利亚，国民群情振奋，欢呼雀跃。就国内许多城市来讲，随着形势任务的变化，战略地位随之变化；行政中心的建址地点，顺应经济社会发展的潮流也不断迁移。河北省省会从天津转保定，从保定转石家庄。盛极一时的山海关，情随事迁，过去的军政治所，现已人去楼空，昔日的军政中心变成了今天的旅游胜地。山东"威海卫"，曾经的边陲小镇，因现代经济功能已远重于军事功能，遂升格为地级市，变成对韩、日开放的重要桥头堡。

（4）在现代开放经济形势下，襄阳是重点开发的功能区，但已不再有"天下之腰膂"的战略区位优势。以襄城片区为承载空间的行政中心，服务现代开放型、高密度经济社会活动的能力早显不足，理性割舍"南城北市"历史情结，另辟新址建行政中心，增强服务现代经济社会发展的功能，形势所需，刻不容缓。

改革开放以来，国家实施了许许多多的重大经济发展战略，但襄阳没有一次处于战略实施的核心区域，只能打一些相关战略的"擦边球"，争取部分优惠政策的"比照"。现代交通方式的多样化和交通格局的大调整，加剧了这种状况。汉江水运基本荒废，襄阳历史上"南船北马"之景象已无影无踪。全国高速公路网的形成，中东部地区的加密，襄阳交通枢纽地位与历史相比，在发展中已明显呈下降趋势。在中东部地区，京九铁路的修建，铁路南北通道由过去的京广、京沪、焦柳3条，增加到现在的4条，襄阳在南北客货运输中的作用在降低。中东部地区进入四川、重庆，过去只有襄阳这一唯一通道，而今随着沪蓉铁路的开通，大量客货已分流到宜万铁路。襄樊铁路局的撤销，襄阳客运始发车次大量减少，襄阳已由国家重要铁路枢纽下降为一般性区域枢纽。在空中走廊方面，襄阳目前毫无优势可言。面对交通枢纽地位下降客观现实，如果再用"以天下言之，则重在襄阳"来炫耀今日襄阳战略地位之重要，某种程度上就是掩耳盗铃、自欺欺人。

（5）襄阳行政中心能力不足的多种迹象已显露多年，从修建汉丹等铁路时就已开始。但是，有两个因素掩盖了这一事实：一是襄阳地区原以抓农业和农村工作为主；二是在城乡分割的二元结构体制下，服务城市经济（现代经济）的任务，基本上全部由地市合并前的襄樊市承担。地处樊城长征路为核心的行政中心，较好地适应了城区内现代经济社会活动的需要。正是因为具有较强的城区行政服务功能，当时的襄樊市创造了"全国明星工业城市"的奇迹。

1983年地市合并后，城乡通开，城市行政中心的核心部分由樊城转到襄城，又回到"南城北市"历史格局中。因襄城地理条件的限制，以及历史文化资源较多，行政中心应具有的许多基础设施、功能构件等，或严重缺失，或滞后于经济社会发展的需要。随着城市面积的扩大和人口的增加，行政中心不适应现代经济发展的状况更加突出。有四个现象，既反映了行政中心功能不足的内在本质，也记载了城市决策者和管理者力图增强行政中心服务能力的不懈努力。

对此，市民有目共睹。

一是公共服务设施普遍欠账。有其他因素的影响，但主要是缺乏成片承载公共服务设施建设的地理空间，导致城市公共服务能力严重不足。地市合并前襄樊市的科技馆、展览馆等公共服务设施，在全国同类城市中处于领先水平，而今襄阳的这些设施普遍达不到国家规定标准，远远落后于周边兄弟城市。

二是岘山山体一降再降，万山山头一劈再劈，自然景观被严重损坏，广大市民痛心疾首。殊不知，为使城市行政中心的服务功能更加适应现代开放社会的需要，与外界联系更加通畅、通达，城市的决策者和管理者们心急如焚，用心良苦，不得已而为之。

三是南湖宾馆承担政务会务、公务接待的重负，与保护襄阳古城、推动文化旅游业大发展之间的矛盾，成了最头痛的两难选择。自1986年国务院批准襄阳为历史文化名城后，历届党委、政府都倾力保护襄阳古城。但历次城市规划修编总要遇到南湖宾馆拆不拆的难题。20多年来，一边修复古城墙，一边扩建装修南湖宾馆。襄阳行政中心一天不迁离襄城，南湖宾馆就要发挥一天的政务服务功能，打通护城河、贯通古城墙外围的规划就很难实现。

四是"南城北市"的历史情结与襄城地域现实空间承载力有限的纠结，使得做城市发展远景规划左右为难。行政中心发挥行政功能一刻也没停止，但形成相对集中的组群式行政中心计划举棋不定，建设行动举步维艰。据说

2000年前后，曾有过在现在广电中心附近建行政中心的方案；2005年前后，有过将行政中心迁往邓城大道附近的动议；2009年前后，又有在庞公片区建行政中心的设想。不管怎么讲，目前行政机关及公共服务设施分布襄、樊两城，行政服务效率可想而知，特别在交通拥挤、堵车日盛的当下，行政中心担当服务跨越发展的功能和重任，更显力不从心。

（6）襄阳以建成现代化区域性中心城市为目标，跳出"南城北市"的固有格局，另选新址建行政中心势在必行。新建的行政中心，理念要新，起点要高，功能要全，气魄要大，行动要快，不仅要具备服务市域内经济社会发展需要的功能，还要具备服务鄂豫陕渝毗邻地区经济社会发展的功能。

借鉴深圳、厦门、大连、洛阳等区域性中心城市建行政中心的经验，需要重点考虑四个因素。第一，既要成为城市各种交通工具换乘的中转站，更要成为信息交会网络、区域性交通枢纽，必须成为能承载公交、地铁、城际高铁的换乘站。第二，必须具备建设组群式、生活工作一体化功能设施的地域空间，形成承担区域性、全省、全国乃至世界性经济、科技、文化等活动的能力。第三，必须具备建设面向区域服务的金融、研发、咨询等机构的基础条件，能形成覆盖区域的服务能力。第四，要建设教育、医疗、文化、体育生活服务和都市休闲配套设施，形成文化软实力的物质载体。

综合考量这些要素需求，在"一心四城"（鱼梁洲，襄城、樊城、襄州、东津）中，现代化区域中心城市行政中心，迁离襄城是必需的，建到樊城有困难，移到襄州不合适，最理想的建址是东津新城。

理由之二：从区域中心城市新建行政中心的综合效益看，必须把行政中心建到东津去

在能见度较高的天气，登上虎头山顶，不管有没有城市规划专业知识的人，鸟瞰襄阳全城后，会有共同的感觉：尽快启动东津新区建设，是拉开城市骨架、优化空间布局、完善功能结构、扩大容量规模的最佳选择。把行政中心建到东津去，是这个最佳选择的首要之举，综合效益至少有以下三个方面。

（1）在扩张和积累现实生产力方面，有非常直接、可观的经济效益。在东津建行政中心，走的是一条扩张城市规模、积累社会财富、提高生产力水平的新路,是保护好襄阳历史文化名城的基础性和根本性的战略举措,符合科学发展观要求,有利于"四个襄阳"建设,具有非常直接现实的经济效益。发达国家建筑寿命多在70年以上,英国高达130年,法国巴黎的香舍丽榭大街享有"建筑历史博物馆"之美誉,不足2000米长的大街两旁,错落有致地保留了从14—21世纪各个历史时期的建筑。而中国建筑平均寿命为35年。尤其改革开放以来的30多年间,经济持续高速增长,建筑平均寿命呈缩短趋势。发达国家积累生产力的经验十分值得我们学习。无谓消耗大量物质和精神财富、简单重复原有生产力水平的老路,再也不能继续走下去了。欧洲之经验,是一般不在老城区大拆大建,而是另辟新址建新区。老城区重在改造,主要是对建筑物内部进行现代化"武装"。应将中国人故土难舍的文化,渗透到城市建设中。因习惯于在原址处大拆大建,而不愿意另辟新地建设新区,中国103座历史文化名城中,真正保护得很好的仅有山西平遥、云南丽江等屈指可数的名城,其建设经验对襄阳这座国家历史文化名城来讲,极具参考价值。把行政中心的重心由襄城迁往东津新区,具体经济效益有以下几方面。

一是利用土地级差降低建设成本和带动土地升值所带来的效益。按照国家对土地等级出让标准规定,在东津征地建设,目前每亩最低出让金为9.6万元,其他片区最低出让金是22.4万元。如在东津建行政中心土地总需求量为S亩的话,则将节约成本12.8S万元;如对东津新区实行基础设施全覆盖面积为P亩的话,则将节约征地成本12.8P万元;早日开发东津新区,又将节约一笔因物价上涨造成的成本开支。这三项经费节约之和,少则是数十亿元,多则可达百亿元。建设行政中心后,必然带动东津新区土地的大幅度升值。所以说,在东津建行政中心,投入产出比最高,得到的回报最多,绝不是一句空话。

二是因边际报酬较高,从中获得理想的经济效益。经济学中的边际报酬,是指在既定技术水平下,当其他生产要素投入不变,增加一单位某生产要素投入所带来产量的增量。把建设行政中心的投入设定为R单位,带给城市建筑增量设定为Q单位,若在襄城、樊城、襄州三地建行政中心,都会因拆旧带来T单位的损毁量,城市建设的实际增量为($Q-T$)单位,唯有在东津建行政中心,实际增量是没有损耗的Q单位。

三是考虑机会成本,从而换取更多的经济效益。经济学中的机会成本,是指在资源有限条件下,把一定资源用于某种产品生产时,所放弃的用于其他产品生产可能得到的最大效益。在襄城建行政中心,占用部分历史文化资源(如南湖宾馆)时,必然影响襄城用全部历史文化资源发展文化旅游业可能得到的最大经济效益。这个可能获得的最大经济效益,就是不迁离襄城继续建行政中心的机会成本。历史文化资源是襄阳最为宝贵的财富,不可复制,不可再生,把行政中心迁离襄城,襄城就成了一个完整的大景区,就可以更加自觉自信地进行整体规划,真正从保护古城与扩建南湖宾馆等两难中解脱出来,甩开膀子、挣脱束缚,全方位、大手笔发展文化旅游业。这样,才有可能获得不可限量的文化旅游业发展收益。由此看来,不迁离襄城建行政中心的机会成本太大了,造成的潜在经济效益损失太多了,付出的现实和历史代价太昂贵了。机会成本越高越大,迁离的态度就应越坚决,迁离得越早、越快、越彻底,才越好。从这个意义上讲,以襄阳丰富历史文化资源为荣的襄阳人,希望发展文化旅游业的襄阳人,就能更好地理解在东津建行政中心的经济意义和历史责任了。

(2)在完善城市功能、彰显城市特色方面,有着"四两拨千斤"的关键作用。襄阳是一座山水资源禀赋十分丰富、历史文化积存非常厚重的城市。但城市规模快速扩张中,超前系统的规划不够,使得城市功能分区不够分明,极为鲜明的山水人文城市特色反倒有所弱化。在东津建行政中心,将使襄阳这座组团型城市的功能更加完善,特色更加鲜明,魅力更加彰显。

一是"一心四城"的功能分区定位更加清晰。根据现有的基础和条件,鱼梁洲以生态保护为主,襄州(张湾—油坊岗片区)以发展制造业和生产性物流业为主,樊城以商贸服务业为主,是十分清楚的。行政中心迁往东津后,把襄城从既要承担现代行政服务功能,又要考虑保护文化资源、发展文化旅游业的矛盾中解脱出来;既要完善行政服务功能,行政服务设施在襄城建设又受到诸多方面限制的困局,也迎刃而解了。同时,在东津把多个单体行政设施相对集中地摆放在一起,把各个单项行政功能集成整合,为提高行政指挥效能,降低行政工作成本,提高行政工作效率,提高公共服务水平,提供了一种客观物质基础，必将更好地支撑跨越发展，更好地适应区域性服务对象的需求。动了一颗子，活了满局棋。四城资源利用各得其所，功能定位更为清晰，发展方向更为明确，城市整体优势互补叠加。

二是既有利于改善城市内部交通状况，又有利于提升城市交通枢纽地位。行政中心是汇聚城市内交通流量的重要源地，也是影响交通枢纽地位的重要因素。循环回路网络交通，是防止交通拥堵的重要基础。东津新区的建成，整个城市便有了环形网络化交通骨架，相应地减轻了其他城区，特别是襄阳古城的交通压力。在唐白河加密通往行政中心的桥梁和隧道等设施，远比行政中心在襄城，而要在汉江上加密这些设施的成本造价低廉得多。目前，襄阳的火车站、长途客运站、飞机场等现代交通设施换乘点所处的方位，外界与襄阳行政中心的联系，主要源于东、西、南三个方向。以东津作为行政中心，一方面，实现了行政中心与现代交通运输系统的高效直接对接；另一方面，有利于加强交通运输现代化基础设施建设，提升襄阳交通枢纽地位，提升襄阳在区域经济社会发展中的战略地位。

三是最大限度地把襄阳山水人文之城的特色展现了出来。按照众多城市规划专家的说法，城市中心区一定要面向水面，这是世界城市建设遵循的"铁律"，也是城市规划大师们妙笔生花的兴奋区和灵感地。以岘山和鹿门山为依托的"一心四城"，是以鱼梁洲为圆心的圆形环面，几乎涵括了世界上最美城市所需的全部元素，是天赐襄阳的城市大景观。目前由于东津新区开发建设滞后，造成环面的"四缺一"现状，襄阳城多水有洲的文章基本上没做出来，难以凸显襄阳山水人文城市风情。建好以行政中心为主体的东津新城，可以形成环洲临水城市景观轮廓线，建成环洲景观廊道，打造滨江活力景点，形成"时空隧道"特色，使翡翠般的鱼梁洲"绿心"，飘浮在波光粼粼的 80 多平方公里的湖面上，"天然画屏"岘山山系矗立城中，还可不时闻听鹿门山中的鸟啼声，自然景观和现代化设施交相辉映，襄阳这种无与伦比的江城、山城、历史文化名城、现代文明都市特色集于一身，风光无限，风情万种。环洲漫步，能亲近自然，感悟历史，享受生活，憧憬未来，"景"不因无人观赏而自怜，"观"不因无景致而扫兴。

四是鱼梁洲生态岛的生态效益将发挥更大作用。鱼梁洲是现代都市的绿洲宝地，城市绿心，生态之肺。目前尚未闭合的"C"形环面，生态之洲处于城市边缘地带，生态功能直接造福于市民仅限于三个城区，尽快建成东津新区后，鱼梁洲才从地理概念上处于城市的中心地带，城市绿心才名副其实，生态功能作用的发挥就能够由原来的75%提高到100%。

（3）在转变城市发展方式上，将积累有重要价值的实践经验。在东津新区建行政中心，犹如在一张白纸上绘一幅最新最美的图画。绘出这幅美景，不仅是建好一个新区，而且具有转变城市发展方式、提升城市发展品位的探索性意义。

一方面，积累新区建设牵引城市品位提升的经验。描绘新区建设这幅图画的第一笔，最好是由坚持把社会效益放在首位的公共服务主体及设施项目优先介入，而不是让经济效益第一、不得不服从城市规划的建设主体和建设项目先期入驻。这应该是现实经验教训的昭示。长虹北路诸葛亮文化广场附近，也曾是一片无瑕的白纸，万达广场介入建设，快速地增加了区域建筑体量，但对提升城市品位到底有什么帮助？见仁见智，褒贬不一。这应成为东津新区建设的后事之师。外地新区建设的成功经验也具有极大的启示性。2000年，广西南宁市要扩规模、上档次、塑形象，着手开发20多平方公里的南湖新区。一开始，就先把位于七星路的广西壮族自治区行政中心的所属单位和功能设施整体迁往。有了高标准的标杆参照，南湖新区越建越好。加之后来东盟会展中心等项目的建设，一个欠发达地区首府城市，摇身变为开放靓丽的国际化大都市。

在东津新区建行政中心，就能按照区域中心城市应具备的行政管理和社会服务功能要求，面向国内外招标规划，筛选最优设计方案，一步到位地确定建设规划，一次性完成基础设施建设全覆盖。对有能力建设的项目，及早开工建设，对目前尚无能力或时机不成熟的建设项目，如地铁线路、城际高铁站等充分预留建设空间，组织高水平专业团队规划，再经法定程序审定，以科学性增强规划的权威性，以权威性保障规划的连续性。行政中心设施高水平的建设，将成为后续建设的水平基线线。从设计理念、建设思路、建筑风格、基础设施配套等多方面，更加注重人本化、现代化、形态化、生态化，将形成先进、系统的实践经验，为其他三个城区建设管理的提档升级，提供可资借鉴的模板和效仿复制的模式。通过东津新区高质量、高水平的建设和管理，带动城市品位形象大提升，整体功能大改善，综合竞争力大增强。

另一方面，积累增强城市综合竞争力的经验。在东津打造高品质的行政中心，将成为城市的新亮点、新品牌。不仅使市民耳目一新，而且这一打造过程，就是城市影响力向外传播的过程。建成襄阳市的靓丽点睛之作、规范示范之作、经典精品之作、形象代表之作后，襄阳市美誉度将大幅度提升，服务区域经济社会发展的能力将大幅度增强，形成"强力磁场"，吸引周边城市自然而然地加盟以襄阳为中心的区域经济共同体。

理由之三：从现阶段城市新区建设的规律和实践上看，必须把行政中心建到东津去

第一，在"时空压缩"环境中，扩张城市新区面临的新形势和新挑战。从1979年到2049年，中国将实现"三步走"发展战略奋斗目标。10多亿人口的农业大国要在70年间，走完其他工业化国家几百年走过的历程，这就是中国实现现代化的"时空压缩"环境。在同步推进城市化、工业化、农业现代化的新形势下，建设新城区就等于在二次"时空压缩"的环境中，快速扩张城市规模。这样，必然面临着许多挑战。一是各地竞相发展争先创优，争资源、争投资、争生产要素的态势更趋激烈，明争暗赛将进入白热化状态。二是社会投资者更加慎重理性，生产要素流动性越来越大。随着市场经济的发育成熟，政府与市场主体角色定位更为清晰，社会投资者不讲代价地替政府承担公共服务职能的可能性越来越小，在没有公共服务的区域，市场主体不可能按政府的期望贡献投资、开发建设。进入"刘易斯拐点"区间，"人口红利"开始下降，"用工荒"开始出现，投资者的投资行为更加谨慎。各地优惠政策的比拼拉引，生产要素流动更趋频繁。三是人口向城市流动集中速度加快，对加快城市新区建设提出更紧迫的要求。进入人均GDP3800～6000美元的城市化发展高速推进期，现有城市规模及功能与城市人口快速增加之间，形成了现实尖锐的矛盾。加速建设城市新区是大势所趋、民心所向。如果城市规模扩张滞后，功能改善不力，就会出现南美、印度等地区和国家经历的"城市化陷阱"，形成一些城市贫民窟就在所难免。

面对纷繁复杂的形势,建设城市新区,勇者先,智者胜。只有以"杀出一条血路"的勇气、创新的精神和智取的办法,铸造解难题、破困局之"尖刀利器",才能突破一个个制约新区建设的瓶颈,创造一个又一个城市新区发展的奇迹。

第二,现阶段行政体制特点优势及政治经济学内在规律,决定了新区发展以行政中心建设为先导。西方经济学以市场机制为核心,而在我国,政治对经济的影响力巨大。这一规律与现阶段行政体制凝结在一起,便显示出三个鲜明的特点。一是政府具有调集资源的极强能力和配置资源的极高效率。汶川特大地震灾后重建,三年任务两年基本完成,是对这一体制优势的最好诠释。二是对市场失灵领域的补缺功能极强,刺激拉动经济发展的动力极大。三是政府行为具有极强的公信力和感召力。在许多情况下,政府投入不仅不会产生"挤出效应",反而具有"种子效应",社会投资者极愿积极跟进,以获得相对稳定和规模化的市场份额。

其实,这三个特点也是中国行政体制历史精髓的延续。经济对政治高度依附,政治中心成为经济中心依托的躯体。历史上襄阳始终设置有较高级别的行政治所,加之本地特产的相对丰富和物流条件的相对优越,襄阳成为区域经济中心和物资集散地,商业辐射黄河上下、长江南北,在樊城有20多个全国各地区的商业会馆。

目前,要加快东津新区的开发建设,就要充分发挥行政体制的三个特点优势。在东津建行政中心,把政府开发东津的决心通过实际行动昭示社会,高效调集各种资源,同步建设水、电、气、路、通信等基础设施条件,用政府引导性投入,带动广泛的市场主体快速跟进投资,早日把东津建成现代化新城,建成体现襄阳精神区位、创新能力、开放形象、务实作风的物质载体。

第三,以行政中心为先导,带动新区开发建设,已成为国内众多城市的普遍做法。以行政中心迁址建设带动新区开发,公共财政投入与社会资本跟进投入的比例在1∶9至1∶15之间,这已为当前国内多个城市新区建设的实践所证实。郑州市建设郑东新区,通过国际招标,经过30多位国内外专家反复评审,日本建筑师黑川纪章的方案以先进的理念和独具魅力的设计而中标。起步区建设23平方公里,以机关单位、公益设施、现代服务业的建设和发展为先导，不仅扩大了郑州城区面积，郑州生态城市、环形城市、共生城市、新陈代谢城市、地域文化城市的形象正在形成。长沙市扩城发展，一条重要措施就是，湖南省委、省政府跳出老城区，在城南建新办公区，长沙市委、市政府跳出老城区，在城北建新办公区，分别形成湖南省、长沙市新的行政中心，带动新区的开发建设，南北拉动，创新发展，使长沙市区面积迅速扩大，城市形象大幅度提升。

综上所述，坚决地、快速地在东津建现代化区域中心城市的行政中心，是加快"四个襄阳"建设的重要内容，是增强襄阳产业支撑力、城市综合竞争力、文化软实力、示范带动力的坚实基础和重要捷径。

关于对鄂北岗地（汉江襄阳段东北岸区域）农田水利设施建设情况的调查及建议

（2011年8月）

"鄂北岗地"，也称"三北岗地"，习惯上特指襄阳地区范围内的光北（原光化县北部、现老河口市北部）、襄北（原襄阳县北部、现襄州区和樊城区北部）、枣北（枣阳市北部）区域。这是过去从狭义上对"鄂北岗地"的界定。

根据湖北省的区位指向、地形地貌的相似性和地块的完整性、自然水系的覆盖区域、行政区划的调整等四个原则，统筹考虑南水北调中线工程建设、汉江中下游综合开发战略等重要因素，应对"鄂北岗地"进行广义界定。"鄂北岗地"，就是指襄阳市域内汉江东北岸地区，包括老河口市、樊城区、襄州区、枣阳市、襄阳（国家级）高新技术开发区和襄阳（国家级）经济技术开发区的全部，以及宜城市的南营、王集、板桥店、流水4个乡镇。

我们对广义界定的"鄂北岗地"农田水利设施建设情况进行了调查了解，形成如下调研报告。

一、鄂北岗地的基本情况

鄂北岗地是湖北有名的"旱包子",全省重要的农副产品生产基地。该区域可利用的农地宽阔肥沃,人均耕地面积较多,水资源时空分布极不均衡,人均水资源量严重短缺,适宜规模化连片种植粮棉油等大宗农作物,适宜各类农业机械广泛使用,具有发展现代农业的良好基础和客观条件。

(1)鄂北岗地的总体概况。鄂北岗地面积8416.5平方公里,占全市的42.67%。该区域共有56个乡镇(街道办事处),2个国有农场,占全市的56.86%;1347个行政村,占全市总数的55.99%。目前,人口总量345.4万,占全市的58.43%,其中农业人口200.89万,占全市农村人口的65.93%。耕地总面积432.65万亩,占全市总面积的64.63%。其中,水田188.45万亩,旱地244.20万亩,分别占鄂北岗地耕地总面积的43.56%、56.44%。2010年,鄂北岗地范围内粮食产量322.73万吨,棉花产量3.54万吨,油料产量21.48万吨,蔬菜产量237.28万吨,生猪出栏492.22万头,分别占全市总量的70.25%、81.57%、66.85%、85.21%、86.61%。襄阳是全国夏粮主产区和大型商品粮基地之一,有6个国家重点产粮县(市、区),其中4个在鄂北岗地区域;有4个生猪调出大县,其中3个属鄂北岗地范围。枣阳市、老河口市水果种植面积在10万亩以上,是全省乃至全国桃、梨等水果的重要生产区。

(2)鄂北岗地的自然地理状况。鄂北岗地,海拔高度为85~160米,呈现为连绵起伏的地形地貌,高低落差一般为10~50米;土质为黏性较强、酸碱度适中、有机质含量较高的黄棕壤土类;该区域光能充足,年日照2000小时左右,极其适合优质粮、棉、油、菜、果等大宗农副产品的种植生产。鄂北岗地水资源相对缺乏,区域内流域面积超过100平方公里的河流,仅有唐白河、小清河、排子河、红水河、华阳河、熊河、滚河、沙河、莺河等9条,占全市的13.64%。该区域内56个乡镇和枣阳北部,以及随县的西北部,是湖北最为干旱的地区之一。襄州的方集、枣阳的耿集、宜城的新街三县交界片,方圆300平方公里属地下水断层区。2010年,鄂北岗地区域内人均水资源占有量约为1000立方米,为全国水平(人均2300立方米)的43.48%,全省平均水平（人均 2200 立方米）的 45.48%，全市平均水平（人均 1300 立方米）的 76.92%。鄂北岗地北接南阳盆地，南连江汉平原，处于南阳风口地带，年均降雨量 800 毫米的 80% 集中在 6—9 月间，20% 分布在头年的 10 月至第二年的 5 月。这 8 个月恰逢鄂北岗地少雨期与南阳风口强盛期的叠加期，更加剧了鄂北岗地季节性水资源短缺的状况。

（3）鄂北岗地农田水利设施基本建设情况。新中国成立后，鄂北岗地严重缺水的状况得到了很大改善。20 世纪六七十年代，襄阳人民在各级党委、政府的领导和组织下，不畏艰辛，不怕困难，以感天动地的气概，兴建了"地下长龙"与"人间天河"相连接的引丹灌区，修建了熊河水库等一大批大中型水利工程，新建了一大批农田水利基础设施，对改变鄂北岗地群众生活生产用水，起到了决定性作用。改革开放以来，枣阳市修建了石台寺大型泵站，其他各地陆续修建了零星水利设施。目前，鄂北岗地境内，有引丹、石台寺、熊河、排子河等 21 个大中型灌区工程，设计灌溉面积 299.85 万亩；建有固定泵站 2270 多个，设计年提水能力 5.57 亿立方米，设计灌溉面积 143.47 万亩；大型水库 5 座，设计蓄水能力 5.86 亿立方米，设计灌溉面积 77.2 万亩；中型水库 44 座，设计蓄水能力 6.49 立方米，设计灌溉面积 141.5 万亩；小型水库 541 座，设计蓄水能力 2.59 亿立方米，设计灌溉面积 18.51 万亩；堰塘 4.53 万口，基本蓄水能力 9.98 亿立方米，基本灌溉面积 17.82 万亩；机井 3200 多口，年提水能力 460 多万立方米，实际灌溉面积 30 多万亩；干渠 181 条，长度为 1612.2 公里，支渠 740 多条，长度为 2044.1 公里；斗、农、毛渠等田间末级渠道 2.13 万条，总长度为 12789.6 公里；涵闸等设施 200 多处；江河堤防 152 公里。目前，全市共有 5 个灌溉面积在 30 万亩以上的大型灌区，鄂北岗地有 4 个；17 个灌溉面积在 5 万亩以上的中型灌区全部在鄂北岗地，大型水库数量占全市的 55.56%，中型水库数量占全市的 77.19%，泵站数量占全市的 94.33%。

二、当前，鄂北岗地农田水利基本设施建设及管理面临的主要问题

基层干部说，20 世纪 70 年代前后，千军万马兴水利，农业的"命脉"生机勃勃，水渠互通，水源互补，旱涝不惧；20 世纪 90 年代前后，"三提五统"

管水利，"命脉"明显退化，小修小补维持延缓了日益下降的机能，多数水利设施"带病"尚可运转；进入新世纪以后，千家万户用水利，"命脉"严重老化，部分功能丧失，水利设施效能锐减。当前，在鄂北岗地农田水利设施基本建设和管理中，主要存在着五个看得见、摸得着、绕不过、躲不开的矛盾和难题。

其一，最主要的问题，是主渠道不畅通。在鄂北岗地农业灌溉中，有些地方的确存在输水毛细血管"最后一公里"不通的问题，但承担"动脉"功能的主渠道不通不畅的问题更为突出，可以说是当前鄂北岗地农业灌溉中第一位的主要矛盾。"三提五统"取消后，农村经济社会管理体制发生了变化，基层组织筹资、筹劳能力明显弱化，从2002年至今，部分渠道基本没有疏浚过，干渠、支渠老化损坏严重，大渠变小渠、长渠变短渠、深渠变浅渠的事实，有目共睹，渠系变耕地现象也较为普遍。鄂北岗地干渠1612.2公里，能正常输水的约600公里，根本不能输水的约700公里；支渠2044.1公里，约有500公里的渠段已被农民平为耕地；尚能通水的干、支渠的送水能力仅为当初的50%，鄂北岗地范围内灌溉保证率不足70%，灌溉水利用率只有0.35左右，比全国平均水平0.5低0.15。近年来，国家投入大量资金用于水利建设，加固了大中型病险水库，解决了蓄水能力问题；国土、农发、发展改革委等部门也做了许多小农水工程，为部分田块灌溉打了些基础。但在鄂北岗地，由于干、支渠系损毁严重，涵闸、斗门等相关设施年久失修，水库放出的水走不远、流不快，小农水工程中修起的末端渠系无水源，各项小型水利工程难以发挥效用。目前，该地区因干、支渠"动脉梗阻"，大多数灌区实际灌溉面积仅有设计能力的10%，历史上最大灌溉面积的20%。熊河水库灌区，设计灌溉面积20万亩，历史最高灌溉面积10万亩，现在仅有2万亩。襄州大岗坡泵站灌区，设计灌溉面积12万亩，历史最高灌溉面积6万亩，现在仅有0.6万亩。渠系损毁最终导致水稻种植面积大幅度减少，整个区域平均减少60%～70%，最多的减少90%。老河口市水稻种植面积最多的年份达30多万亩，目前基本维持在11万亩左右。枣阳市太平镇水稻种植最高年份近11万亩，2010年下降到4.5万亩，2011年萎缩到1.6万亩。襄州区峪山镇蒋岗村是熊河西干渠9支渠灌区，从2008年以来，每年水到该村，都比最佳插秧农时晚20天左右，农民每亩水稻减产500多斤，为避免再遭受惨重经济损失，万般无奈之下该村家家预交水费，年年期盼水利条件改善。

其二，最大的瓶颈，是建设维护水利设施的投入少、投工难。国家支农强农的资金逐年增加，但用于水利设施建设的投入比例严重偏低。从鄂北岗地区域的几个县（市、区）的具体数据看，"十一五"时期以来，以县为单位得到的国家支农强农资金约增长了6倍以上，但用于支持水利建设的资金增长不足1.8倍。从2006年到2010年，襄州区得到国家有关农业方面的资金支持从1000多万元增加到近亿元，直接支持水利建设的资金从300万元提高到400多万元，占支农强农资金比例的5.7%。省级财政支持大型灌区改建扩建的资金投入不增反降。引丹工程续建配套和节水改造项目，2009年前，中央、省级投入比例分别占50%、20%；2009年后，中央提高到60%，省里反降至10%。2009年，全省拟拿出专项资金，奖励"当家堰""应急井"建设，时至今日，有政策宣传，无资金到位。引丹灌区续建配套与节水改造2005—2010年计划投资8624万元，需地方配套资金2480多万元，2009年度配套450万元，还有2030万元尚未配套到位。兴修和维护水利，常常跨行政区划，组织农民投工投劳难度大。特别是农村"两工"取消后，农村劳动力结构发生变化，组织农民投工投劳维护水利设施更是难上加难。据统计，从开展"一事一议"以来，襄阳全市共开展10253次，议成的3515次，占议事量的34.3%。如枣阳市七方镇74个村，对开展农田水利基本建设出义务工"一事一议"，结果在72个村遭否决，只有西坡村和安庄村议成了，出了工。过去，以县为单位计算，每年农民投入水利设施建设用工量基本上为农业人口数的3倍以上，出工多的乡镇和村在5倍以上，目前，"一事一议"兴水利搞得好的乡镇和村，投工量也不到镇、村人口数的50%，以县为单位计算，投工量不到全县农业人口数的10%。2010年熊河水库灌区，因暴雨造成塌方，清淤渠道和修复水毁工程项目需投入上亿元资金和300万个用工量，资金无着落，投工难组织，只能作罢。由于投入投工不足，水利设施的岁修和日常管护在多数地方名存实亡。相比20世纪70年代，鄂北岗地水利条件逐渐退化，水库的蓄水能力减少了30%，50%的泵站在正常运行或维持运行，50%的已老化停用；各村的"当家堰"蓄水能力减少60%左右，机井的正常运行比例不足40%，涵闸、斗门等配套建筑物完好率不足35%。年复一年，水利设施损毁程度加快、加重，灌溉面积一片一片地萎缩衰减。

其三，最难啃的"骨头"，是三片水利条件相对较差、干旱较为严重的局部区域。鄂北岗地的大部分区域，水利条件都有了较大改善，但还有三片局部区域水利设施建设相对滞后，长期没能得到较大改善。一片是在鄂北岗地腹地海拔高程在135米以上的区域，面积约120平方公里，人口约70万，全处于引丹灌区范围，但由于地势较高，水利条件一直较为落后。另一片是唐河以东地区，包括襄州区东北部和枣阳市西北部，面积约150平方公里，人口约75万。这一片区虽然建了一些水利工程，但相对不足的灌溉能力仍然是严重制约现代农业发展的主要因素之一。第三片是襄州区、枣阳市、宜城市的三县交界处，面积约300平方公里，人口约13万。这里是水利设施条件较差的连片岗地，地上无水源，地下水是断层区，安全饮水工程的造价几乎是鄂北岗地其他地方的2~3倍，农业生产基本上是"望天收"，新建大型泵站济水工程迫在眉睫。除三块"硬骨头"外，处于渠尾堰末的村组，也是农业生产用水的特困点。整个鄂北岗地，约有90多个村处于用水特困地。枣阳市吴店镇新庄村11组，靠三级提水吃水、种地，每亩水稻仅用电提水的成本就高达160~180元，是其他村农业用水成本的3倍。堤防治理也是鄂北岗地水利建设中一个值得关注的问题。由于对河流堤防建设投入不够，沿汉江、唐河、白河、唐白河等流域500多公里岸线，每年汛期溃堤溃岸现象十分严重，造成土地、泵站、农民住房等多方面损失。老河口、樊城、襄州、枣阳四地沿岸的近60多个村，每年损毁土地，每村少则几亩，多则几十亩，2010年夏，因唐河崩岸，近10户民房受损，30多亩土地损毁，一座灌溉1.2万亩、5000瓦功率的泵站被冲毁。

其四，最棘手的矛盾，是水费的收取及水价的确定。鄂北岗地区域内80%的水库、堰塘，基本是各灌区干、支渠长藤上结出的"瓜"，是与干、支渠相连的"蓄水池"，因此，库、堰、塘所蓄的水是货真价实的商品。在供、用水关系中，一是水费收取难。农民说，国家不仅为农民废除了几千年的"皇粮国税"，还对农民种地补这补那，为什么供水单位要收费？农民潜意识抵触交水费。目前，乡镇农水站基本是"一人站"，短缺的经费和孤单的人力，面对几十个村的千家万户，难以直接收取水费，只能依靠农民用水者协会收取。而协会基本上是按行政区划成立的，协会间缺乏必需的协作责任和硬性的追责手段，在看水管水、收取水费等方面协会负责人常常是跑断腿，磨破嘴，效果差。供水单位作为提供"商品水"的经营主体，只能见钱发货，收钱放水，中下游提前交水费急用水，上游用水户拖交、不交水费抢水，跨行政区域的用水矛盾和纠纷时有发生。二是水价问题时常成为供水者与用水者间产生矛盾的焦点。中转供水单位，先向灌区管理单位买水，再向农民卖水。水价高了，农民不答应；水价低了，中转供水单位贴不起。目前，用水者所付的水费价格，是2005年襄阳物价局按自流灌溉水价核定的，每亩60元。抽水电价已从2005年的每度0.23元涨到0.308元，仅电费一项，供水成本上涨了33.9%。中转供水单位，买水计量付费，现款现货，供水包用包灌，定额收费，正常供水无钱补贴，减少供水还会引发矛盾，中转供水单位在夹缝中越来越难以生存。老河口市竹林桥镇王湾泵站，2010年因买卖水价倒差，亏损8000多元，今年天旱太久，每亩水稻用水量将超过1000立方米，几乎是常年的2倍，供水单位无力供水，立马引起群体上访，镇政府不得已从办公经费中为泵站垫付了4万元供水亏损。

其五，最急需研究的专题，是如何做到多部门投入兴水效益最大化。多部门兴水利是好事，但要把好事办好却很难。国家支农强农力度不断加大，有近20个部门能开展支持"三农"的项目建设，其中，发展改革委、国土、农业、烟草、移民等6个部门，实施的项目与农田水利建设有直接联系。各部门在鄂北岗地实施的项目建设约占全市总量的75%以上。2008年以来，发展改革委等6个部门积极向中央、省相关部门争取资金，在鄂北岗地实施农业综合开发、土地综合整理、扶贫开发、以工代赈、优质高产农田建设、丹江移民点建设等项目100多个，总投资近20亿元。其中，兴建农业综合开发项目39个，投资4577.6万元；土地整理项目45个，投资14.7亿元；万亩标准良田项目4个，投资4000万元；新增千亿斤粮食生产能力规划田间工程及农技服务体系建设项目4个，投资4290万元；烟草生产基地5个，投资2.6亿元；建移民点60多个，安置移民2万多人，投资10亿多元。这些项目中，约有30%的资金投入在农田灌溉系统建设上。3年多来，共投入6亿多元用于小农水建设。这些工程项目的资金来源和主管单位分属省以上相关部门，工程项目建设实际上是系统内部封闭运行，从规划设计、招标建设，到竣工验收，县、乡政府统筹力度极为有限。工程项目多修在水系的末端地块，县、乡政府部门又缺乏治水的专业技能，做出的水利工程部分，使用效益不高，不少是无水源的"晒太阳渠"，有些是农民根本用不成、工程验收不能少的"观赏渠"，还有些是1年用、2年破、3年废的"短命渠"。从水利建设方面来看，国家投入的巨额资金，浪费可惜。投资 2700 万元的襄州伙牌镇土地整理工程，由于没有干渠输水，水利工程部分成了农民吃不到嘴的一盘"看菜"。老河口市槐树湾村 4 组，农业综合开发整修的渠道共 400 多米，支渠比田低，台渠比支渠高，原来凑合能用的渠反倒不能用了。农民痛惜地说："国家的钱再多，也不是这个花法呀！"

三、近年来，鄂北岗地区域内加强农田水利基本建设的有益实践

长期生活在鄂北岗地区域的人们最清楚，从历史上的荒岗野地变成目前的鱼米之乡，全得益于水利条件的改善。因此，他们对"水利是农业的命脉"理解格外直观深切。近些年来，面对国家把水利建设的重点放在治理大江大河、除险加固大中型水库的政策大背景，尽管 80% 的乡镇水利设施的建设和维护难以得到更多的国家投入，但鄂北岗地区域内的各级党委、政府和广大干部群众，不等不靠埋头干，边干边要寻外援，在加强农田水利基本建设中，进行了不懈的努力，积累了有益的经验。

一是始终坚持把灌区续建配套工程建设，作为进一步改善鄂北岗地水利条件的战略举措来抓。按照市委、市政府的安排部署，各地抓住国家政策机遇，全面完成 45 座中型水库的除险加固任务。发展改革委、水利、农业等部门围绕提高农业综合生产能力建设，联合选定了鄂北岗地区域内 21 个大中型灌区和其他相关水利设施建设配套工程建设计划项目，正积极向国家、省有关部门申报。从 2000 年开始，引丹灌区纳入国家大型灌区续建与节水改造规划，概算总投资 15.66 亿元，建设 8.31 亿元骨干工程，7.24 亿元田间工程，0.12 亿元管护设施。目前实际完成投资 5410 万元，衬砌总干渠和三干渠 30.6 公里，涵闸、斗门等配套建筑物 93 座，保证水田面积能力由改造前

的70万亩扩大到100万亩，浇灌旱地能力由改造前的30万亩提高到70万亩，轮灌周期由20天缩短到13天。特别在今年这一特大旱年份，引丹灌区管理局共筹资500多万元，其中，省、市拨付140万元，自筹360万元，在清泉沟架设二级提水泵站，20天应急提水4500万立方米，充分发挥了引丹工程防灾减灾的骨干作用，为保证粮食生产8连增作出了重要贡献。

二是始终坚持多渠道、多方式融资聚资，倾力增加水利建设投入。鄂北岗地区域内的各级党委、政府把多筹资兴水利，花好钱增效益作为做好"三农"工作的重要环节，采取多种办法筹措水利建设资金。（1）想方设法用有限的本级财政投入作"种子资金"，引导更多的民间社会资本，投入建设"当家堰""备用井"。枣阳、襄州、樊城等地，在加大本级财政投入建设公益性水利设施的基础上，出台了小型水库除险加固"以奖代补"资金管理使用办法、小型农田水利基本建设民办公助暂行办法、村级公益事业财政奖补试点工作实施方案等激励政策，以政府投入引导，带动社会投入跟进，放大政府投入产出效益，加强塘、坝、堰、窖、井等五小水利工程建设。近3年来，鄂北岗地区域内的各县（市、区）建设纯公益性水利设施140多处，投入2.7亿元；支出"种子资金"5.3亿元，带动21.2亿元社会资本投入水利建设，整修新建五小水利工程2.3万个（次）。樊城区投入1000多万元，对大李沟进行了防洪综合整治，从根本上解除了困扰牛首、柿铺等镇10个村的水患。2010年，枣阳市政府拿出专项资金，推动各村"当家堰"扩容工程建设，投入300万元，带动了4500万元社会资本投入，整修堰塘4800多口，新增蓄水能力50亿立方米。在奖补政策的激励下，襄州区朱集镇杨岗村30多户村民共同出资50多万元，入股打井25口，增加灌溉面积3000多亩，解决了1000多人的饮水安全。（2）想方设法争取更多政策投入，积极探索提高水利建设资金使用效益的办法。鄂北岗地区域内的各级党委、政府大力支持部门跑部进厅，争取项目，积极参与支农强农大合唱。同时，成立以县（市、区）长为组长的农业项目建设领导小组，统一协调项目布点，统一审核项目规划，统一衔接工程建设，从一定程度上改善了投入建设中多部门各自为政的状况，提高了小农水建设资金投入使用效率。去年，枣阳市要求各部门把争取的项目集中摆放在吉河水库干渠沿线的5个村，完成渠道整治185.19公里，渠系建筑物配套1210处，新建和整修堰塘33口，新建和改建泵站12座，平整土地3000多亩，恢复改善灌溉面积5万多亩，在今年大旱之年，这5个村夏粮大幅度增产，秋粮水稻种植面积比去年净增1.2万亩。（3）想方设法用优势农业资源和有形固定资产招商引资，引进更多外部资金投入水利建设。鄂北岗地区域内的县、乡、村广泛开展农业项目招商引资，通过农业产业化项目建设，带动农田水利建设上水平。近3年来，共引进外商企业投资农业项目130多个，投入水利设施建设资金达2.2亿多元，建成较为完善的农业灌溉小系统170多处。

三是始终坚持依靠基层组织，依靠广大群众，探索新形势下社会兴水的路子。兴修水利打人民战争，是鄂北岗地干部群众的一笔宝贵精神财富。鄂北岗地的各级党委、政府认真研究农村经济社会的新变化，以新的思路、新的措施，发扬传统，聚集民力，开展新形势下规模化、群众性的治水兴水工作。一方面，强化乡、村两级基层组织的责任。把兴修水利、管护水利设施等内容纳入乡镇党政领导班子及其成员年度实绩考核内容，作为基层党组织评先表模的重要依据，促进基层组织加强水利建设和管理。另一方面，通过资金奖励、项目补助等办法，唤起农民投工投劳建设水利的热情和干劲。3年多来，鄂北岗地区域内，共支出用于小农水"一事一议"补助资金达1.56亿元，带动农民投工180多万个，投入各类施工机械1.5万多台（套），完成各类水利工程项目9600多处，土方量5200多万立方米，新增蓄、引、提水能力1.8亿立方米，恢复扩大灌区面积37万多亩。龙王镇党委、政府在去冬今春连续干旱的情况下，通过强有力的宣传动员、组织领导，及时把农民缺水盼水的焦急心情转化成投工投劳疏渠修泵的巨大热情，筹集资金100多万元，组织9个村4500多名男女老少，打了一场几十年来罕见的兴办水利的群众战争，清淤整治境内引丹工程、红水河水库的3条支渠5500多米，修复杜冲等5个泵站，灌溉面积由过去多年的5000亩左右，一举恢复到1.68万亩。

四是始终坚持兴水与节水并重，建设水利工程与提高水资源使用效率并举。鄂北岗地区域的各级党委、政府顺应"两型"社会建设要求，兴水、节水两手抓，进一步改善水利条件，广泛推广节水措施，使短缺的水资源发挥更大的效益。（1）强化农民节水意识，促进农民自觉节水。通过宣传教育、科技指导、计量收费,逐步改变农民大田漫灌等粗放用水习惯。据大中型灌区反映,目前实行计量收费的用水户约占总用水户的8.7%,多数用水户的用水量比3年前节约20%以上。(2)推广农业规模化经营,发展节水农业。截至去年年底,通过多种形式的土地流转,形成50亩以上的土地规模化经营基地170多个,涉及土地面积6.1万多亩。这些基地普遍建设了节水设施,用水量大幅度减少,收益大幅度提高。襄阳乾兴农业有限公司,在襄州区双沟镇的陶王岗、陶岗、赵寨等村组租赁4000亩土地,建设出口蔬菜基地,公司投资2000多万元,埋设了近亿米的滴灌水管,用水量仅为常规大田种植的40%,每亩土地农产品产出价值达2.2万元,为原来的8倍多。(3)一水多用,充分利用,多途径提高水资源利用效率。目前,区域内13个有水位落差的大中型灌区,普遍建设了多级小型水电站,水电站总数达40多个,装机总容量5.2万千瓦;利用水资源条件发展水产养殖业,年提供水产品3.7万吨。引丹灌区结合灌溉,充库蓄水,城镇供水,以水养水,多种经营,抓住外国政府发展清洁能源低息贷款的机遇,利用法国开发署清洁能源类贷款2100万欧元,规划新建或改扩建小型水电站9个,总装机达2.41万千瓦。

五是始终坚持用改革的、创新的、市场的办法,处理好供水、管水、用水的关系。(1)以产权主体人格化为方向,探索创新农田水利设施管护办法。对五小水利工程,采取承包、租赁、拍卖、股份合作等形式,民办公助,民管民营,建立管护常态化机制,保证小型水利设施管得好、长受用。目前,改制小型水利工程达2.1万处,其中承包7600多处,租赁6300多处,股份合作3300多处。石桥镇石庙泵站过去因提水能力与灌溉面积不匹配,水价高,泵站亏损。该镇农水站职工王帮超买断泵站10年经营权后,投入5万元,改造泵站,保证了1500多亩水田用水,每亩水价降低了20多元,泵站与用水户由"双亏"变"双赢"。(2)以构建和谐用水关系为目的,建立供水用水双方联合管理机制。以供水单位为主导、用水户为主体,组建农民用水者协会,公开透明水价,加强水费管理,调解矛盾纠纷,密切供需联系。目前,鄂北岗地区域内共成立农民用水者协会1300多个,会员达80多万人。随着协会的健全完善,用水纠纷大幅度减少。(3)以提高服务质量为重点,不断深化供水单位内容改革。大中型灌区管理单位推进竞争上岗、持证上岗等办法，精减了管理人员，开拓了生产领域，提高了服务质量，增加了单位效益。21个大中型灌区直接管理人员比3年前减少60%以上，各单位除水费外，多种经营收入占年度总收入30%以上，占比呈逐年上升趋势。

四、对进一步加大投入改善鄂北岗地水利条件的效益测算及评估

当前，湖北省正在实施33亿斤粮食增产规划，襄阳市计划增产20亿斤，建成百亿斤粮食生产大市。按照规划安排，鄂北岗地肩负着全市新增粮食生产规划中72.37%的重任，占全省新增粮食生产规划43.85%的份额。良好的水利条件和丰富的土地资源是提高农业综合生产能力的两大基石。水利对粮食生产的贡献率在40%以上。水利问题解决与否将成为决定鄂北岗地在全市、全省粮食增产计划中能否挑起大梁的关键。南水北调中线工程建设、实施汉江中下游综合开发战略，不仅与鄂北岗地有着地缘上的外部联系，而且存在着内在本质上的关联，进一步改善鄂北岗地水利条件，关系发展大局，战略意义重大，综合效益显著。

其一，直接效益大。根据鄂北岗地的地理条件和土质状况，进一步加大投入改善水利条件后，一是增收益。区域内430多万亩耕地可全部建成旱涝保收的"两高一优"（高产、高效、优质）良田，鄂北岗地水到渠成地成为湖北省内高产稳产的粮仓、棉库、油缸、果盘、菜篮、肉行。农业灌溉条件全面改善后，区域内秋季水稻种植面积将净增350万亩，每亩可增粮食500～800斤，每年直接增产粮食20亿斤左右，农民直接增收20亿～25亿元。二是降成本。南水北调中线工程将于2014年调水，丹江口水库蓄水超过150米高程，抓住客观条件有利变化的时机，建成东西高干渠、唐东补水等工程后，老河口、樊城全境，襄州区绝大部分乡镇，枣阳市部分乡镇，共约620多个村将全部实现自流灌溉，涉及面积160多万亩，每亩节约用水成本25%左右，直接节约水费达3.9亿元。三是减支出。随着引丹灌区续建配套工程的建成和鄂北岗地农业灌溉体系的健全完善，不少地方因水源与地块之间相对位移，由过去提水灌溉变为自流灌溉，有些地方因新的干渠覆盖，由过去高成本取水变为以低成本用水，约有1.3万处泵站、机井等其他水利设施将被高效的灌溉系统所替代。综合算账，每年减少设备维修费用、抽水电

费及人员工资支出约为 4.8 亿元。

其二，综合效益多。加大投入改善鄂北岗地水利条件，将获得"四个更加有利"的综合效益。（1）对保障城乡饮水安全更加有利。引丹灌区续建配套和节水改造完成后，在丹江口大坝至襄阳中心城市间，引丹主干渠就如同与汉江平行的另一条大河流，襄阳、老河口等地 250 万多城镇人口有了新的安全优质备用水源。在唐河东岸高氟水地区，约 75 万农村人口全面彻底告别苦咸水，饮水安全水平将得到新的提高。（2）对保障区域内国家机器正常运转更加有利。鄂北岗地区域内，驻有襄北监狱、襄南监狱、中国人民解放军军事经济学院（2015 年与武汉该学院总部合并——笔者注）等肩负国家机器职能的单位。过去因水资源制约，这些单位的建设发展受到不同程度的影响。进一步加大投入，改善鄂北岗地水利条件，将更好地支撑这些单位的现代化建设，更好地保障他们履行好国家机器的职能。（3）对保障南水北调中线工程建设顺利推进和全面发挥作用更加有利。丹江口水库大坝加高后，襄阳共接收库区外迁移民 22800 多人，其中 20700 多人移居鄂北岗地，占全市移民安置总人数的 90.79%。加强鄂北岗地水利建设，将更多地接收移民，更快地富裕移民，更好地稳定移民，为南水北调中线工程顺利实施作出应有贡献。（4）对保障武汉和江汉平原的生态安全，巩固汉江中下游地区及江汉平原作为国家粮棉重要生产基地的战略地位更加有利。目前，在全国 100 个产粮大县和 100 个产棉大县中，有 9 个产粮大县和 15 个产棉大县集中在汉江中下游地区及江汉平原。鄂北岗地地处秦岭与大巴山系之间的风口地带，与武汉和江汉平原的直线距离 200～300 公里，鄂北岗地作为北沙南侵的重要地理屏障，生态环境的变化，直接影响武汉及江汉平原生态环境，进而影响农业综合生产能力。20 世纪，鄂北岗地水利设施的兴建，生态林带的形成，极大地削减了风速，减少了起风扬沙天数，基本上阻断了北方沙尘长驱直入武汉和江汉平原的路径。进一步提高鄂北岗地的水利灌溉覆盖率，有助于鄂北岗地区域生态环境的保护和建设，完善增强阻截北沙南侵的屏障功能，使武汉和江汉平原彻底摆脱北沙南侵的威胁，提升汉江中下游地区和江汉平原维护国家粮食安全的重要作用。

其三，边际报酬增。经济学中的边际报酬，是指在既定技术水平下，当其他生产要素投入不变时,增加一单位某生产要素投入所带来产量的增量。边际报酬递增,犹如集邮爱好者收藏一套某一历史时期的系列邮票,收集邮票投入所产生的价值,后期高于前期,越到后来产生的价值越大。就鄂北岗地当前的情况看,投入到水利建设上的资金,所带来的经济、社会、生态效益的增量,随着投入的增加而增大,呈现边际报酬递增状态。(1)从水利设施效能发挥方面来看,投入的边际报酬递增。目前,鄂北岗地具备一定的水利条件,新增加投入加强水利建设,属于配套完善性投资行为,就是加长鄂北岗地水利设施体系中的"短板",激活启动已经投入建设、尚未发挥作用的项目和设施,使已沉淀多时的投入产生效益、发挥作用;使比"短板"长的长板闲置部分进入工作状态,一分投入将收获多分回报,续建配套越趋完善,灌区实际灌溉面积越接近设计能力。(2)从农业灌溉系统的综合功能来看,投入的边际报酬递增。增加对鄂北岗地的水利建设投入,新建高干渠、补水工程、济水泵站,消灭鄂北岗地水利死角,改善三片水利薄弱区域的农业灌溉条件,鄂北岗地就实现了农田水利灌溉全覆盖,单体水利工程局部孤立的功能就被整合集成为系统化的整体功能,单纯的生产效益就互补叠加出集经济、社会、生态效益于一体的多重效益。

五、对加强鄂北岗地水利建设的几点建议

根据中央、省委、市委今年一号文件的要求,结合贯彻落实中央水利工作会议精神,通过与水利专家、基层干部、农民群众等多方面人员的交流探讨,经过调研组成员的初步思考,综合调查对象的迫切愿望,就加强鄂北岗地水利建设工作,向市委、市政府提出以下建议。

第一,加快推进引丹灌区续建配套和节水改造。引丹工程曾是改变鄂北岗地"旱包子"面貌的控制性工程,也是进一步改善鄂北岗地水利条件的关键性工程。目前,已列入计划的 8264 万元首期续建配套工程,完成投资 5410 万元,占工程量的 65.5%,距 2014 年丹江口水库向北京调水,有效施工期不到 30 个月,其间,完成投资 1.7 亿元的清泉沟隧洞衬砌工程计划极为关键,极为紧迫。其中,南水北调补偿资金 4775 万元全部到位。节水改造资金中,中央已拨付 862 万元;按照投资比例,中央 6473 万元、省级 1223

万元、地方3668万元的改造资金尚未到位。要力争在今明两年使1.14亿元投入资金尽快到位,保证在有效施工期内完成阶段性续建配套任务,为引丹灌区今后的续建配套、扩建升级提供前置条件。

第二,启动实施鄂北岗地东西高干渠、唐东补水、长山泵站等三项大型水利工程建设。一是尽快启动东西高干渠工程建设。丹江口水库运行水位抬高后,清泉沟隧洞过水由无压自流变为有压快流,建设两大干渠,将恢复改善灌溉面积89万亩,彻底解决老河口、襄州、樊城境内135～165米高程范围的农业灌溉问题。二是加快启动唐东(唐白河以东的襄州东北部和枣阳市西北部)补水工程。三是尽快兴建长山泵站灌区工程。这一工程在20世纪90年代已作过初步论证,从汉江取水,建二级三站三渠(总干渠、襄州干渠、宜城干渠),总装机容量22810千瓦,渠道改扩建256.06公里,衬砌209.98公里,建筑物配套改造129座。设计灌溉面积42.07万亩,有效灌溉面积29.7万亩。力争在2012年底前上马该工程,3年内建成投入使用,发挥效益。

第三,以疏浚和修复干、支渠为重点,全面恢复各灌区灌溉能力。鄂北岗地区域的灌区设计科学,布局合理,体系完备,覆盖农田面积的69.31%。干、支渠破损老化是影响灌溉能力的关键因素。从现在到2013年底,要把疏浚修复1600多公里干渠和2000多公里支渠中的毁损区段,作为冬春农田水利建设中的重中之重。将每年的第一个月确定为"渠道修复疏浚月",广泛筹资,集中投劳,以县为单位完成干渠疏浚和修复,以乡镇为单位完成支渠疏浚和修复。做出干、支渠硬化衬砌规划安排,力争用3～5年时间完成,使干、支渠的完好率保持在95%以上,输水能力达到90%以上,灌溉水利用系数由目前的0.35左右提高到0.65左右,灌溉保证率由70%提高到85%以上,使鄂北岗地秋季水稻种植面积稳定在400万亩以上。加强"当家堰""应急井"建设。以县为单位,加大政府引导资金的投入力度,吸引社会资金投入小农水建设,保证1340多个村,村村有2口3万～5万立方米容量的"当家堰",有10～15口"应急井"。加强江河堤防治理工作。

第四,建立多元化投融资体制机制,改进完善投入管理办法,加强农田水利基本设施建设和管护。(1)加大各级财政对水利的投入。充分发挥各级政府投资建设水利设施的主导作用,严格执行襄发〔2011〕1号文件规定,确保市、县财政从土地出让收益中提取10%用于水利建设。按照"以钱养事"新机制的要求,加强乡镇水利管理站建设,以3~5名公益性服务岗位为基数,核定财政拨付基本工作经费;每供水5000亩增拨1万元补助工作经费。(2)健全完善多元化水利建设投融资体制。继续鼓励各部门向上争取建设项目,积极参与农田水利基本建设,强化县级政府的统筹协调,整合资源整块推进,提高资金使用效益。继续搞好农业领域招商引资工作,探索完善小农水设施管理办法,吸引更多的农村资本、社会资本、外埠资本投入鄂北岗地水利设施建设。(3)建立水利设施维护基本制度。对所有公益性水利设施建设,不管投入资金源于何地何人,都提取工程项目投资总额的2%,预存到县级财政部门专门账户,集中用于小农水项目后续维护。(4)改进完善水管组织。把行政区划与水系、渠系情况结合起来,调整完善用水者协会,更好地管水用水。

第五,强化基层组织责任,教育组织农民群众,全民兴水,全面节水。加大对县、乡、村兴办水利事业的实绩考核力度,明确责任,强化领导,带领组织广大群众兴办水利事业,严厉打击破坏水利设施的犯罪行为。教育农民,强化水是国家管控资源,自觉服从水利行政主管部门的管理;强化水是商品的意识,自觉交纳水费;强化节水观念,自觉改进粗放型用水方式;强化兴水人人有责的观念,自觉维护水利设施,积极参加水利建设。积极引进推广节水技术和设备,大力发展节水农业,力争在"十二五"末,万元农业产值用水量下降15%左右,大田用水降低到每亩500立方米以下,滴灌面积达到鄂北岗地耕地面积的1%。

第六,请求省委、省政府把鄂北岗地水利设施建设列为全省水利建设的战略重点。(1)把鄂北岗地纳入汉江中下游综合开发战略之中,作为湖北省增产33亿斤粮食的主力骨干区,在全省水利建设中优先重点扶持,从项目建设、资金投入等方面加大对鄂北岗地的倾斜力度,对重点工程的资金支持比例提高到2009年调整之前的水平。(2)加快对引丹灌区各项工程的资金安排进度,帮助襄阳在丹江口水库向北京送水前,完成清泉沟隧洞衬砌等续建配套工程建设任务,帮助襄阳争取丹江口水库用水计划指标达到12

亿~15亿立方米。(3)早日批准唐东补水工程、长山泵站灌区工程实施计划，并给予资金等方面的支持。(4)加强与国家环境局、河南省的沟通协调，加强唐白河上游水污染治理。在鄂北岗地境内唐河流长73公里，白河流长37公里，两河交汇后的流长23公里，由于唐河与白河在河南境内污染极为严重，对鄂北岗地区域内襄州区和枣阳市的部分乡镇影响极大，农民饮水安全受到直接威胁，农业生产用水受到极大影响。希望省委、省政府加大协调力度，尽快改变这一状况，保护好河流沿岸水环境，更好地保障鄂北岗地生态环境安全。

第三篇
如何写好汇报材料

汇报材料在工作中使用频率极高，是一个地区、一个部门、一个单位的领导特别是主要领导极为看重的文字工作。就各级领导干部来说，汇报材料犹如自己的脸面，是上级组织、外部社会了解自己德、能、勤、绩、廉的重要途径，了解本地区、本部门、本单位统筹推进"五位一体"总体布局、协调推进"四个全面"战略布局等工作状况的重要窗口，也是领导干部向外发布自己统揽伟大斗争、伟大工程、伟大事业、伟大梦想实践，投身构建以国内大循环为主体、国内国际双循环相互促进新发展格局的功劳、苦劳、辛劳之重要时机。文秘服务工作者要把写好汇报材料当作工作的重中之重，当作让本地区、本部门、本单位出彩的重要舞台，拿出生花之妙笔，撰写出让汇报者心里满意、让读者拍案叫绝的汇报材料。那么，怎样才能做到这一点呢？

一、熟悉撰写汇报材料的一般规范

实践中，可粗略地把汇报材料分为笼统全面的汇报材料和专项专题汇报材料两大类。上级组织和领导到一个地方、一个单位视察调研时，地方和单位会提供一份全面系统的汇报材料，以便视察调研者了解掌握总体情况，这就属于第一种类型。上级组织和领导专门听取一个地区、一个部门、一个单位的专项工作汇报，了解专项工作推进的效果、遇到的困难、怎样才能向纵深推进，此时的汇报材料就属于第二种类型。不管是哪一类汇报材料，内容按写作顺序大致都包括基本情况和取得的成绩、所做的主要工作、存在的问题和今后努力的方向、请求上级组织和领导解决的问题和支持的事项（工作建议）等四个方面，其中所做的主要工作是汇报材料的主体部分，要系统展开，且浓墨重彩，其他三个方面的内容属于陪衬性绿叶，点到为止即可。写第一个方面内容时，如果是一个地区，就介绍人口、面积、历史沿革、行政区划、地区生产总值、产业结构特点、公共财政收入、城乡居民收入，以及获得的各项荣誉称号等；如果是一个部门、一个单位，就介绍人员编制情况、内部机构体系设置及运行情况、生产经营情况、职能发挥情况，以及获得各项荣誉称号等。写第二个方面内容时，如果是一个地区，就围绕"五位一体"和"四个全面"等内容写，就是写经济社会发展情况和党的建设情况；如果是一个部门、一个单位，就按照职能职责要求写，写出履职尽责的时代感和个性化。写第三个方面内容时，要浅层思考、谨慎落笔，但表态语言一定态度坚决、高声高调。写第四个方面内容时，视情况而定，可深可浅，以本地区、本部门、本单位最需要的东西为要，以利于为后续发展争取更多资源、更多支持。

二、吃准汇报听取者的真实意图

这主要是针对专项专题性汇报材料而言的。一般来说，汇报听取者会提前发出通知，说明是就某个专题听取汇报，对汇报内容有大体要求。如中央督导组就疫情防控与经济发展情况、环境保护和生态文明建设、精准扶贫工作等，听取某地区、某部门、某单位汇报。撰写这类汇报材料属命题作文，既要对照汇报提纲要求去写，更要换位思考，猜测汇报听取者最想听取什么，最想了解什么，有的放矢地给出答案，使汇报听取者听后清清楚楚，知道宏观决策的实践效果，知道社会民众的真心期待，提供完善政策的意见建议，消除汇报听取者心中可能产生的担忧和疑惑。2011年，在中央支持下，湖北省委对襄阳、宜昌两市实行了"省官治市"领导体制，即市委书记由省委常委或其他副省级领导兼任，一年后，省委特别是省委书记很想了解一下实行新体制后有哪些新变化,如何进一步深化完善这种体制机制。2012年8月17日,湖北省委常委会决定听取襄阳市委工作汇报。撰写这一汇报材料,就不能按部就班地总结相关工作,在书记的带领下,襄阳市组织方方面面的力量,紧扣"新"字,把新思路、新变化、新进展、新成就充分展示出来,把新体制特有的新优势充分展示出来,力图使社会各界看到新体制的好处,支持新体制的运行。汇报材料从工作总体思路、经济发展、城市规划定位、开放路径和创新实践、保障和改善民生、全面从严治党特别是干部素质提升和作风建设等方面,进行全面汇报,把"新气象"写得很实,把"好效果"写得很准,与会者听取汇报后深切感到,"省官治市"确实比常规的市(州)领导体制有太多的优越性,省委很满意,省委书记很高兴,社会各界也纷纷叫好。

三、下足开场白与材料骨架提炼、搭建的功夫

汇报材料的开场白要尽可能短小精悍,尽可能提纲挈领,尽可能把"天线"与"地气"衔接得自然顺畅,提炼出政治站位有高度、理性分析有深度、语言表述有精度、反映情况有力度、展示形象有亮度的导语,就像备受瞩目的内容提要一样,起到引人入胜、一睹为快的效果,让汇报听取者一听或一看就觉得有格局、有特色,值得听、愿意看。在襄阳市人大常委会制作、介绍襄阳立法点情况的专题片中,市人大常委会主要领导主持讨论解说词提纲框架,解说词把"以习近平法治思想为指导,坚持党的领导、人民当家作主、依法治国有机统一,坚持讲政治与讲法治有机统一,坚持人民主体地位与扩大人民有序政治参与有机统一,坚持依法守正与改革创新有机统一,充分利用襄阳的潜能和优势,创造性做好全国人大常委会法制工作委员会立法联系点工作"作为导语开场白,牢牢抓住观众的注意力,大大激发了观众看下去、听下去的兴趣。有了好的出场亮相,汇报材料就成功了三分之一,接下来就要想方设法把实体部分写精彩。其实,各地区、各部门、各单位的工作大同小异,要把工作写得比其他地方新、比其他地方好,关键是要搭建出新颖的材料骨架,提炼出新颖的语言表述。具体地讲,在撰写主要做法的部分,要

以独特的眼光去搭建汇报材料的四梁八柱，以逻辑严密的分类方式，呈现出五彩缤纷、亮点频现的工作全貌，让受众感到既没脱离"五位一体"总体布局和"四个全面"战略布局的"框"，又富有本地区、本部门、本单位之"特"；要以时事政治中最新的名词去涵盖所做的工作，以新颖的观点去表述展示，以最时髦的理念、最时尚的词语去指代，充分体现汇报材料的时代性和引领性，尽力给人一种耳目一新、眼前一亮的感觉。如在党的十八届四中全会之前，主要用"法制"一词，强调社会管理而很少用社会治理；而如今，主要用"法治"一词，"社会管理"基本淡出人们的视线。汇报材料涉及相关内容时，不要墨守成规，一定要用新语、说新话。再如关于发展问题，曾讲"兼顾速度与效益的发展"，接着讲"又好又快发展"，之后讲"更高质量、更有效率、更加公平、更可持续、更为安全的发展"，根据不同的时代背景，与时俱进地给发展加上了不同的定语，在撰写汇报材料时，涉及发展的内容，就要按最新提法去总结工作、提炼观点、精准表达，穿"新鞋"走"故道"。如果思维跟不上形势发展，或不愿理性地思考分析，用时过境迁的提法、话语表述当下的工作，或以记流水账的方式反映所作所为，那是很难把汇报材料写好的。

四、科学布局，反映经济社会发展中的各项内容

从大的方面讲，汇报材料的主体部分要包括"五位一体"总体布局和"四个全面"战略布局中的各项工作，要突出部门和单位的职能职责，具体撰写时要注意扬长避短，把握好轻重缓急，兼顾好重点和一般，对拿得出手的、引人注目的事情重点写、详细写，同时不遗漏应该出现在汇报材料中的内容，使汇报材料整体上面面俱到，经济建设、政治建设、文化建设、社会建设、生态文明建设，以及改革开放、创新发展、法治建设、社会治理、党的建设等内容，一点也不少。细看汇报材料又要特色鲜明，从哪几个方面来呈现，完全是本地区、本部门、本单位的特有样貌，而不是千篇一律、千城一面的"克隆图景"。在写好主体部分后，最好可以根据视察领导分管工作内容，赘上一个"小尾巴"，就其分管工作专门写一段较为详细的文字，回应视察领

导的特别关注。如 2016 年 4 月，全国人大常委会主要负责人率领相关人员到襄阳检查食品安全法实施情况。襄阳市委、市政府汇报材料的主体部分，写了贯彻落实党和国家政策法律法规的坚决态度、推动高质量发展、深化改革创新、增进民生福祉、建设生态文明、全面从严治党等内容后，专门增写了市委如何高度重视人大工作的内容。

五、精选极具穿透力的精彩故事

要使上级组织和领导对本地区、本部门、本单位留下深刻印象，仅靠大同小异的汇报几乎是不可能的，因为他们看多了、听多了，早已司空见惯了，如有生动鲜活的故事穿插在汇报材料之中，就有可能提起上级的兴趣，加深他们的印象。汇报材料中，无论是哪个观点、哪个部分，在定性语言描述的基础上，最好用翔实的数据和精彩的故事作注脚，既改变汇报材料生硬的形象，也使汇报材料更加生动、可信。如在精准扶贫工作中，襄阳不仅认真落实中央、湖北省各项政策，还拿出专项财政资金，为 364 个重点村各培训一名全科村医、一名种养殖业能手。这是我有人无的举措。把这一事例写进关于精准扶贫汇报材料中，上级督查组当场就给予了充分肯定。

汇报材料中的数据一定要合常理、合规律，故事一定要有出处、能复核。其实，有时汇报材料中的数据是统计加估计得来的，因为有些数据很难专门统计，只能根据基本数据加以测算，这也就是俗称的"估计"。关键是估计得靠谱，经得起复核，否则就可能是自找麻烦。2014 年，襄阳开展"假如我是服务对象"大讨论活动，社会影响很大，汇报材料中的数据有统计出来的，也有估算出来的，但都经得起复核，《人民日报》采访稿也用了相关数据。几年前，曾有个地方为了说明本地发展速度快、效益好，汇报材料中的地区生产总值增速达 20% 以上，公共财政收入达 30% 以上，明显高得离谱，存在虚报浮夸之嫌，不仅没能达到预期效果，反倒被上级相关部门调查问责。

例 文

工作情况汇报

（2014 年 11 月）

一、基本市情

襄阳市地处汉水之中、鄂之西北，是国务院较早公布的中国历史文化名城之一，也是湖北省委、省政府确定的省域副中心城市。全市面积 1.97 万平方公里，户籍人口 590 万，中心城区建成区面积 145 平方公里，人口 147 万，辖 3 县（南漳、保康、谷城）3 市（枣阳、老河口、宜城）3 区（襄城、樊城、襄州），包括 2 个国家级开发区（襄阳高新技术开发区、襄阳经济技术开发区）和 1 个省级开发区（鱼梁洲经济技术开发区）。先后获得全国精神文明创建先进城市、国家园林城市、国家森林城市、全国优秀旅游城市、全国绿化模范城市、全国科技进步示范城市、全国双拥模范城市、全国社会治安综合治理优秀市、中国魅力城市等数十个荣誉称号，并被确立为国家创新型试点城市、全国可持续发展试验区、国家公共文化服务体系示范区。

襄阳历史悠久。襄阳位于"江河淮汉"四大河流之一的汉江中游，是华夏文明最古老的源头之一，也是中华民族最早开发的区域之一。枣阳雕龙碑遗址为 6000 多年前人类活动的重要区域，地处樊城区的邓城遗址是 3000 多年前分封诸侯国邓国的都城，襄阳古城有着 2800 多年的建城史。这片热土孕育了汉光武帝刘秀、中华智圣诸葛亮、东晋史学家习凿齿等杰出历史人物，"千古帝乡、智慧襄阳"的城市品牌享誉海内外。

襄阳文化灿烂。襄阳是汉水文化核心区、三国文化发源地。《楚辞》的主要作者宋玉也为襄阳人；三国历史源于襄阳，《三国演义》120 回中有 32 回故事与襄阳有关。境内现存古隆中、襄阳古城等名胜古迹 1700 多处。以襄阳古城和三国文化、汉水文化为主要内容的"一城两文化"是襄阳最鲜明的文化底色。

襄阳区位重要。襄阳素有"南船北马，七省通衢"的美誉，为历代兵家商家必争之地。古人曾言，"天下之腰膂，襄阳实握之"；汉、唐、明、清等多个历史时期，襄阳都是区域性物资集散地和商业贸易中心，商业文明延绵2000多年，辐射黄河上下、长江南北。襄阳市区至今保留山陕、抚州等20多个会馆遗址和30多个码头遗址。全市高速公路通车里程273公里，在建399公里。襄阳机场改造升级、汉江航道Ⅲ级标准化整治、武（汉）襄（阳）十（堰）城际铁路建设以及郑渝、蒙西重载铁路等一批重大交通设施项目正在加快建设，襄阳"铁水公空管"多种交通运输方式无缝对接、综合联运换乘便捷的优势日益提升，这里正在成为国家区域发展战略重心转移的承接中枢。

襄阳资源丰富。襄阳市自然风光秀美、风景宜人，是一座美不胜收的山水园林城市，"一江春水穿城过，十里青山半入城"是襄阳良好生态的真实写照。辖区矿产种类多样、储量丰富，保康磷矿是中国八大磷矿之一；铝土矿探明储量湖北省第一，重晶石储量居中南五省区第二；稀有矿种金红石总储量居世界第三位，枣阳金红石探明储量居全国首位。汉江流经我市195公里、流域面积1.73万平方公里，水质保持在Ⅱ类标准，是我国内陆水质保持最好的河流之一；全市森林覆盖率42.55%，中心城区形成了"一江两洲三山八水"的独特自然生态景观。辖区文化旅游资源丰富，拥有"铁打的襄阳"之称的襄阳古城、"私家园林鼻祖"习家池、诸葛亮躬耕地古隆中、刘秀故里纪念遗址白水寺、孟浩然隐居地鹿门山、米芾故居米公祠等一大批重点景区，是鄂西生态文化旅游圈的重要节点城市。

襄阳产业兴旺。襄阳是长江中下游地区首个百亿斤粮食生产大市，有着"鄂之粮仓"之称。襄阳是全国三线军工企事业单位最为集中的城市之一，早在20世纪70年代就被命名为全国十大明星工业城市，是国家新型工业化试点城市、中国汽车产业集聚区、国家新能源汽车示范基地、国家军民结合产业基地，现已形成以高新技术产业为先导，以汽车及汽车零部件产业为龙头，以新一代电子信息技术、高端装备制造、新能源新材料等产业为支撑的现代工业体系。襄阳市是全省重要的现代服务业集聚区，以"襄阳云谷"为代表的信息服务业、电子商务、云计算、物联网、文化创意等新兴服务业发展迅速，是全国"智慧城市"试点城市、国家电子商务示范城市。

二、全市经济社会发展情况

近年来,我们坚持把党的路线方针政策与襄阳实际紧密结合起来,把富民与强市统一起来,深入实施全省"一主两副""两圈两带"发展战略,勇当汉江生态经济带建设的战略引擎,解放思想、更新观念,创造性工作,加快推进汉江流域中心城市建设,全市经济快速发展,主要经济指标占全省比重不断提升,城乡面貌日新月异,社会事业持续推进,人民生活不断改善,党建水平日益提升,全市上下政治安定、社会稳定、政通人和、经济发展、人民安居乐业,各项事业欣欣向荣、蓬勃发展。

2013年,地区生产总值、规模以上工业增加值、全社会固定资产投资、社会消费品零售总额、地方财政预算收入、城镇居民人均可支配收入、农村居民人均纯收入分别为2814亿元、1372.7亿元、2086.6亿元、925.5亿元、191.5亿元、19329元、9785元,分别比上年增加114亿元、138亿元、304亿元、149亿元、37亿元、103元、127元。

2013年,全国、全省、全市人均生产总值分别是41909元、42764元、50512元;人均工业增加值分别是15484元、18257元、24640元;人均耕地面积分别是1.52亩、1.3亩、1.24亩;人均地方公共财政预算收入分别是9514元、3796元、3438元;人均粮食产量分别是443.5公斤、433.6公斤、902.5公斤;城镇人均可支配收入分别26955元、22906元、19329元;农村人均纯收入分别是8896元、8867元、9785元。

2014年上半年地区生产总值1332.1亿元,增9.6%,全省排名第一;1—9月,规模以上工业增加值增11.1%,全省排名第六;固定资产投资1615.1亿元,增22.8%,全省排名第三;社会消费品零售总额750.9亿元,增13.3%,全省排名第六;地方公共财政预算收入159.1亿元,增26.2%,全省排名第一。

(一)坚持用习近平总书记系列重要讲话精神武装头脑、指导实践、推进工作,加快建设汉江流域中心城市

把深入学习贯彻党的十八大、十八届三中全会和习近平总书记系列重要讲话精神,作为凝聚全市人民团结奋斗的社会动员过程、引领干部开阔视

野创新思维的解放思想过程、推动发展方式转变的实践创新过程,通过召开市委全会,研究部署全市改革发展。举办各级各类研学班、培训班,教育引导广大党员干部运用党的最新理论武装头脑、指导实践、推动工作。抢抓全省"两圈两带"区域发展战略机遇,积极担负起汉江流域开放开发战略引擎作用的历史使命,按照经济发达、文化繁荣、法治优良、功能完善、生态一流、人民幸福的科学内涵,加快把襄阳建设成为汉江流域中心城市,并组织举办了汉江生态经济带城市合作交流研讨会、汉江流域城市政协联系协作会、中国襄阳·汉水文化论坛、首届中国·汉江流域农业博览会,为统筹改革发展稳定奠定了思想基础,凝聚了共同意志。

(二)坚持以"犯其至难、图其至远"的精神全面深化改革,确保发展当前有活力、未来有潜力

在新一轮全球增长面前,唯改革者进,唯创新者强,唯改革创新者胜。我们围绕"六个着眼"精心部署全面深化改革工作,即着眼"放开",推进经济体制改革,增强微观经济活力;着眼"法治",推进行政执法体制改革,提升政府治理能力和服务水平;着眼"放活",推进文化体制改革,提升文化软实力;着眼"共享",推进社会体制改革,促进社会公平正义;着眼"转型",推进生态文明体制改革,走可持续绿色发展之路;着眼"基础",推进党的建设制度改革,提高党的建设科学化水平。今年以来,以建立权力清单、负面清单、监管清单"三张清单",完善户籍制度、要素市场化配置制度、农村资源资产化管理制度"三项制度",织密食品药品安全网、生产安全网、社会安全网"三张网络"为重点,扎实推进重点领域改革。其中,在高新区先行先试上海自贸试验区经验,聚焦"激活力、抓短板、强实体",全面推进"八大突破、三个一"改革试点,取得显著成效,得到省委主要领导肯定和社会各界的好评。

（三）坚持放手发展规模、努力提高质量，加快经济结构调整和发展方式转变

着力稳增长、促改革、调结构、惠民生、防风险，扩大经济增长点、消除下行拖累点、抢占发展制高点，确保经济发展当前有活力、未来有潜力。

（1）抢抓机遇，做大投资底盘。抢抓国家"微刺激"政策，对接国家17个重大工程、省内20个重大专项，策划184个规划总投资38733亿元的项目。今年新签约项目727个，总投资2749.6亿元。实施百家企业"龙腾计划"和百家高成长性中小企业"星火工程"，帮助企业解决融资难、用工难、用地难和负担重"三难一重"问题。1—9月，全市市场主体新登记9.5万户，同比增长10.01%；市场主体总户数达33.88万户，增长12.99%。其中，新登记企业类市场主体1.36万户，企业类市场主体总户数达到6.58万户，居全省第二。新增世界500强企业3家，总数达到24家。全市形成了大企业顶天立地、高新技术企业抢占高地、中小微企业铺天盖地的发展局面。

（2）优化结构，培育壮大支柱产业。围绕建设现代农业强市，进一步巩固百亿斤粮食生产大市地位，实施农产品加工业三年倍增计划，加快推进"中国有机谷"、现代农业综合示范区建设。全市家庭农场突破1000家，农民专业合作社达到3800多家，新增省级农业产业化龙头企业30家。围绕建设万亿工业强市，坚持主导产业高端化、新型产业规模化、传统产业品牌化，着力培育壮大支柱产业。1—9月，汽车产业、农副产品加工业产值突破1200亿元；装备制造、医药化工、电子信息、新能源新材料产业产值分别达584.7亿元、364.7亿元、301亿元、104.6亿元。围绕建设区域性现代服务业中心，全力推进城市商圈、物流园区和"襄阳云谷"建设，大力发展现代商贸、电子商务、信息服务、金融保险、文化旅游等新兴业态，加快服务业转型升级。

（3）统筹城乡，促进区域经济协调发展。坚持县域经济与城区经济"两轮驱动"，全面推进襄宜南一体化发展、丹河谷组群发展，支持枣阳加快建设市域副中心城市、保康建设生态旅游试验区，鼓励各地八仙过海、各显神通，争先进位、特色发展。在今年5月全省县域经济工作会上，我市7个县（市、区）在分类考核中全线进位，5个县（市、区）被评为全省县域经济发展先

进单位。

（四）坚持以强烈的文化意识指导城市建设与管理，提升城市核心竞争力

坚持把文化融入城市规划、建设和管理全过程，深入实施老城区改造和新城区开发"双核带动"战略，培育城市个性特色和竞争优势。

（1）大力推进老城区改造升级。坚持把改善居民生活环境与留存城市记忆、保护历史文化资源与完善城市综合功能统一起来，连接古城墙，打通护城河，修复古城楼；实施"两改两迁"工程，谋划和推进31个棚户区改造、城中村改造项目，目前已竣工2个；推进中心城区内环线以内的工业企业和专业市场外迁，目前有31家工业企业完成迁建，36家企业正在转迁；改造背街小巷40条，解决了40多个社区配套设施滞后的问题。

（2）大力推进新城区建设。坚持产城融合，加快建设东津新区，基础设施和十大公共工程建设有序推进，市民中心、技师学院年底将投入使用；新市民公寓规划建设300万平方米，已开工150万平方米、完成100万平方米；规划建设国际产业园、文化创意产业园、科教产业园，成功引进投资200亿元的世纪金源东津世纪城项目和投资20亿元的华为云计算项目，六化建、工商银行、楚磷化工、联通公司等7个总部项目相继落户，东津新区将成为襄阳深化改革的试验区、创新驱动的示范区、开放发展的先导区、转型升级增效的引领区、文化传承与发展的核心区。

（3）大力推进城市功能项目建设。紧紧围绕提升区域性交通枢纽地位，加快建设区域内高速公路建设，启动了襄阳机场和襄北铁路编组站改扩建工程。东津大桥、卧龙大桥、唐白河大桥、胜利街立交桥建成通车，内环线全线贯通。相继启动深南大道、长虹路、襄樊大道改造，城市交通功能进一步提升。推进岘山森林公园、隆中风景区、南渠三大景观带综合整治，实施绿化亮化美化工程，城市生态环境明显改善。以"五城同创"为抓手，强力推进生态文明建设，获得国家森林城市称号。

（4）大力推进城乡一体化发展。坚持物的城镇化与人的城镇化相协调、地上公共服务均等化与地下基础设施现代化相同步、新型城镇化与产业特色化相促进，对2389个行政村进行全要素系统规划，确定10个整镇推进新型农村社区建设试点镇，开工建设新型农村社区 36 个、建成 20 个，襄城尹集、襄州双沟两个市级试点成为全省示范。

（五）坚持以法治思维和法治方式加强社会治理，深入推进法治城市建设

深入学习贯彻十八届四中全会精神，突出法治建设在经济社会发展中的统领地位，积极探索"法治湖北"建设的"襄阳版"，不断提高依法治市水平。

（1）坚持系统推进，用法治建设引领汉江流域中心城市建设。坚持把法治建设放到更加重要的位置，纳入经济社会发展的总体规划，作为推进建设汉江流域中心城市的核心战备来部署，凝聚全力推进法治城市建设的强大合力。制定了《襄阳市法治城市建设总体方案》，明确提出把襄阳建成"全省领先、全国一流"的法治城市的目标和任务，将方案确定的 11 类 38 项工作细化为 71 项具体任务，把法治城市建设纳入对县（市、区）和市直部门综合目标考核内容，与经济工作等同部署同考核，使法治建设成为各级政府的重要执政责任。

（2）规范市场秩序，着力解决市场监管和民生领域的突出问题。扎实推进依法行政，进一步规范政府决策、行政和执法行为，着力打造法治政府、阳光政府。深入推进执法检查，建立不守信企业黑名单制度，清理出局投标企业 5 家，查处食品案件 1436 件，整改特种设备使用单位隐患 332 个，取缔无证开采及加工企业 22 家，查处涉药涉械违法违规案件 23 件，监督行政执法机关移送危害民生刑事犯罪案件 32 件 38 人。

（3）突出法治惠民，积极营造遵法守法的良好氛围。坚持办好法治惠民十件实事，融合 79 个职能部门、10 家公共服务企业连线服务，"12345"政府公共服务热线高效运行，律师进驻热线服务，拓宽群众依法维权渠道。建成 7 个城市移动警务平台，让群众在街头就可以享受到 23 项便民服务。加快建设信访工作法治化平台，进一步健全完善群众诉求依法表达、信访案件依法终结机制等工作机制。建成审务公开查询系统和生效裁判文书互联网查询平台，开通公安机关互联网执法回告系统、短信回告系统，让群众享受到阳光司法的新成果。我市被评为全国法治城市创建工作先进单位和全国社会管理综合治理优秀市。

（六）坚持以人为本、发展为民理念，加强保障和改善民生工作

把群众期盼作为施政方向，持续加大民生投入，努力实现劳有厚得、学有优教、病有良医、老有颐养、住有宜居。

（1）深入实施改善民生三年行动计划。我们坚持把保障和改善民生作为一切工作的出发点和落脚点，把为民服务宗旨具化为惠民工程，制定了《改善民生三年行动计划（2014—2016）》，涉及衣食住行、业教保医等13项民生工作。既优先保障重点群体，又注重增强普惠性；既关注群众的现实利益，又兼顾群众的长远利益。

（2）扎实办好为民实事。坚持集中民智、体现民意，每年初向全市人民公开征集年度十件实事，并向社会公开承诺，接受人民群众监督。先后承诺办理全民创业就业补贴、城市标准化社区服务中心建设、基本公共服务体系提档升级、完善特殊群体救助政策、发展公共交通、实施文化惠民工程、发展社会化养老服务等实事40余件，让广大人民群众共享社会经济发展成果，感受幸福美好生活。

（3）以改革的办法加快发展社会事业。以探索教联体、医联体等形式为抓手，深化教育领域综合改革、医药卫生体制改革，统筹抓好文化体制、就业收入分配和社会保障制度等方面改革，努力提高社会公共服务均等化水平。

三、党的建设工作情况

以高度的思想自觉和行动自觉加强党的建设，坚持以"三严三实"为准则，强化"抓好党建是政绩之本"的理念，强化"抓好党建是各级党组织书记主业"的意识，强化"党建导向"的实绩考核，严格落实"党要管党、从严治党"的政治责任，不断提高党建科学化水平，营造风清气正的政治生态，促进广大党员干部廉洁为官、事业有为。

（一）聚焦"四风"问题，深入开展党的群众路线教育实践活动

按照中央"严的标准、严的措施、严的纪律"和省委"认真、严格、深刻、实效"的要求，坚持站在高处、谋在远处、干在实处，以中央八项规定为切口,以作风建设为重点,以涤荡"四风"为靶标,以解决问题为目的,扎实深入地推进教育实践活动。(1)突出真抓。始终把教育实践活动抓在手上,把教育实践活动分解成43项具体工作和80多个事项细目,把环节变细节、细节变节点、节点变事项,确保可查、可督、可问责。(2)突出深学。充分发挥市委理论学习中心组的示范带头作用,组织全市各级党组织和广大党员干部重点学习习近平总书记系列重要讲话和规定书目,深学、细照、笃行,进行思想交锋,真正入脑入心。(3)突出为民。从群众最关心的问题改起,把提高民生保障水平作为建设汉江流域中心城市的重要任务,广泛征求群众意见,解决了一批群众反映突出的实际问题。(4)突出清廉。制定厉行节约、公务接待、解决机关"三难"等的规范文件,出台严禁党员干部大操大办借机敛财的十项规定,解决了一批群众反映强烈的突出问题。(5)突出务实。把广大党员干部在教育实践活动中激发出来的巨大热情,转化为推进改革发展稳定的强大动力,带领全市上下解放思想、更新观念,改革创新、争创一流,使教育实践活动取得了"干部受教育、群众得实惠、制度更健全、促进大发展"的初步成效。

中央活动办、中央第一督导组先后6次深入我市调研并给予充分肯定,省委书记4次批示肯定我市做法和经验。我市在教育实践活动中深化以"践行宗旨、争做好干部"为主题的"假如我是服务对象"大讨论活动,得到省委肯定并在全省推广,中央电视台《新闻联播》、《人民日报》等6大媒体对此进行了集中报道。全市社会各界对教育实践活动的成效高度认可,在代表湖北省接受中央活动办测评的三个市州中,好票率最高。

(二)树立鲜明导向,努力打造高素质的干部队伍

围绕建设汉江流域中心城市的奋斗目标,坚持德才兼备、五湖四海的选人用人标准,任人唯贤、选贤任能,唯事业发展选干部,唯党和人民需要用干部。

(1)树立正确的用人导向。按照习近平总书记提出的好干部"五条标准",紧扣襄阳经济社会发展实际和领导班子建设的需要,大胆起用胸襟宽、眼界宽、思路宽的开拓者,树立注重学识的导向;大胆起用懂得经济、熟悉

市场、善于经营的创业者，树立注重发展的导向；大胆起用顺时应势、敢闯敢试、开拓进取的改革者，树立注重创新的导向；大胆起用埋头苦干、身体力行、励精图治的实干家，树立注重实绩的导向；大胆起用政治上清醒、经济上清楚、生活上清白的明白人，树立注重勤廉的导向。

（2）推进干部选任制度改革。认真贯彻落实《党政领导干部选拔任用工作条例》，大力推进改革创新，不断完善干部选任制度措施，先后探索建立了领导班子结构模型、县级领导干部信息"一表清"制度、科学的识人体系等行之有效的办法，做到平时善于发现干部、用时能够推荐干部、关键时刻选得出干部。其中，领导班子结构模型工作经验得到中组部肯定并在全省推广。

（3）加强干部日常管理培训。坚持用信息技术提高干部日常考核管理的科学化水平，开发建设襄阳综合考评管理系统，全面推行电子日志，使干部工作业绩透明化，促进干事创业。深入推进"年轻干部成长工程"，强化实践锻炼，先后选派180多名年轻干部到乡镇（街道）、村（社区）挂职锻炼，选派410多名干部担任项目服务秘书，选派126名干部轮流到市信访局和维稳一线挂职锻炼，选派34名干部到中直机关、央企和金融机构挂职，选派58名干部到经济发达地区挂职，使干部的理论水平、工作视野、专业素质、群众工作能力得到显著增强。

（三）夯实工作基础，着力推进基层服务型党组织建设

坚持寓管理于服务之中，以加强基层服务型党组织建设为重点，不断增强全市广大基层党组织服务改革、服务发展、服务民生、服务群众、服务党员的功能。

（1）推进党建责任落实到基层。坚持基层党建全覆盖，全面落实市县乡"三级联述联评联考"制度，认真执行乡镇（街道）党（工）委书记提拔任用基层党建工作"一票否决"制度，连续3年有4个县（市、区）受到省委表彰。

（2）推进工作力量下沉到基层。采取一名领导包保、一个专班运作、一个部门帮扶、一笔项目资金助推发展、一套制度管长远的"五个一"措施，

集中整顿 331 个软弱涣散党组织，调整村（社区）党组织班子成员 186 名，其中调整村党组织书记 209 名，选派村（社区）"第一书记"223 名。引导市直部门支持农村（社区）服务型党组织建设，共出台 63 条支持政策措施，涉及资金量 4.3 亿元，基层党组织的凝聚力、战斗力、创造力明显增强。

（3）推进先进典型培育在基层。坚持典型引路、以点带面，及时发展、培育基层各个领域的先进典型，用身边人教育身边人。"王运福工作法""三事工作法""尹集新型农村社区党建新模式""推行 5+2 工作法，促工作在一线落实"等 4 个典型案例，被评选为"湖北省基层党建与社会治理现代化"优秀案例，其中"王运福工作法"还被评选为基层党建与社会治理现代化十佳案例。襄阳市基层好税官彭光敏被省委追授为全省"优秀共产党员"，被中宣部命名为全国"最美基层干部"。

（4）推进服务职能延伸到基层。按照"一站式"服务标准，整合村（社区）办公场所功能，减轻基层负担，提高服务效率。推行干部驻村工作项目制，定事列清单、办事见行动、成事有实效。枣阳市树头村联系服务群众"五个一"工作机制在全省、全国总结推广，成为打通服务群众"最后一公里"的新亮点。

（四）落实"两个责任"，建立健全党风廉政建设和作风建设的长效机制

严格落实党委的主体责任和纪委的监督责任，积极适应"反腐败、抓作风"的新常态，深化纪检监察体制改革，进一步建立健全作风建设长效机制。

（1）切实增强反腐倡廉的自觉性和坚定性。认真贯彻落实中央、省委的指示精神，书记抓书记，层层传压力，推动各级党委主动担负研究部署之责、学习教育之责、作风建设之责、监督管理之责、支持纪委之责，增强各级领导干部政治意识、主责意识、纪律意识。

（2）全力保障纪检监察机关抓好主业。推进纪委转职能、转作风、转方式，聚焦执纪、监督、问责主业，扎实抓好全省纪检监察派出（驻）机构改革试点工作，调整增强纪检监察机关查办案件内设机构，落实省委组织部关于纪委书记和纪检组长分工排序规定，建立市级纪检监察改革采取综合派出和重点派驻相结合的"4+10"模式，即成立 4 个纪工委、监察分局，对 10

个单位实行重点派驻,目前机构人员全部到位。

(3)大力整治"为官不为"。深入开展治庸问责、市民问政,在全市党政机关推行电子日志,形成"全程留痕、实时监控、过程管理、动态评定"的绩效考评新机制。同时,查处公款吃喝、公车私用、公款旅游、公款送礼、大操大办等群众反映强烈的问题,累计开展监督检查917次,查处问题523个,处理人数577人,其中党政纪处分154人。我市整治"为官不为"的做法得到省委书记的批示,并要求在全省推广。

四、打造人才高地,助力汉江流域中心城市建设

牢固树立"人才是第一资源、第一竞争力"的理念,紧紧围绕建设汉江流域中心城市奋斗目标汇集人才,努力形成优秀人才脱颖而出的生动局面。我市人才工作目标考核连续两年名列全省第一,打造内陆人才区域高地的做法得到国家有关领导重要批示。

(1)强化以用为本理念,广开进贤纳才之路。坚持"不求所有、但求所用",招商引资与招才引智并举,探索建立"人在彼地,才施襄阳"的人才智力汇聚新机制,充分发挥在人才资源配置中的决定性作用,积极推进人才集聚体制机制改革,把引才、用才、激才的动力和行为还给用人主体,把人才选拔、评价、培养、流动等具体环节交给市场。成功引进4名国家级人才,7人入选湖北省人才计划;支持"隆中人才支持计划"项目25个、"隆中人才创新团队"9个,资助总额4660万元。

(2)强化提质增效理念,搭建人才干事创业的舞台。依托国家"海智计划""海创智库"基地和襄阳科技城,不断完善院士专家创新创业园功能,努力打造一流的科技研发基地、人才创业基地、科技成果转化基地。已建成7个国家级企业技术中心、22个省级工程技术中心、43个省级企业技术中心、17个校企共建研发中心、8个博士后科研工作站、17个博士后产业基地、20个院士专家工作站、4个省级重点实验室,增强了对高层次人才的容纳能力。

(3)强化服务至上理念,营造人尽其才的发展环境。建立市"四大家"领导固定联系优秀人才、定期走访各类专家制度,帮助他们解决工作、生活

中的突出困难。建成人才公寓800多套，已有600多名引进人才入住，动工在建人才公寓1800多套。出台《关于市委引进的高层次人才配偶就业安置暂行办法》，安置了28名引进人才家属。建设襄阳四中国际学校，让海外人才子女能够接受国际化教育。推荐86名高层次人才享受襄阳市保健待遇。

在总结工作的同时，我们也清醒地认识到存在的困难和问题，主要表现为经济规模与省域副中心城市的地位还不相适应，产业转型升级的压力还比较大，民生保障还需要进一步加强，加快推进城乡公共服务均等化的任务还十分艰巨，社会治理科学化水平还有待进一步提升，少数干部作风问题还很突出，消极腐败现象时有发生，等等。在今后的工作中，我们将认真贯彻落实中央和省委、省政府的决策部署，准确把握改革发展稳定的平衡点，近期目标和长远发展的平衡点，经济社会发展和人民生活改善的结合点，注意研究新情况，努力解决新问题，坚持以"钉钉子"的精神抓落实，坚决做到言必信、行必果，奋力走出一条好中求快、又好又快发展的路子，力争为湖北"建成支点、走在前列"作出新的更大贡献。

第四篇
如何写好典型发言材料

典型发言是介绍工作经验、表明思想立场、提出真知灼见的常见工作模式，实践中典型发言材料使用极为频繁、地位也极为重要、作用有时还出其不意的好。对职场从业者来说，某次的典型发言可能是当下的意外机遇，也可能是自己进入决定自己前途命运者之视野的重要起点。所以说慎重对待典型发言必有好处，学会写典型发言材料必有益处。对单位团队而言，极为难得的一次发言是劳动成果被肯定、工作价值被提升的重要窗口，也是工作环境更优化、力量资源更富集的难得端口。故而会干与会说同等重要，会说与干成更多的大事好事相得益彰。实践中，干得好不一定说得好、宣传得出去，不少人忠诚可靠、敢作善为的品格不一定为其他人所知、被其他人赏识，有思想、有见解不一定表达得出来、不一定能引起决策者关注，诸如此类是常有的事，也是不少领导特别是部门、单位主要负责人较为头痛的事。

其实，典型发言材料也是汇报材料的一种，为什么要把二者相对分类呢？是因为汇报材料较为系统，内容庞杂，篇幅较大，而典型发言材料更多是集中某一点、某一个方面的个性化表达。单就写出好的典型发言材料而言，不妨从以下几个方面去努力。

一、紧扣发言着重点不跑偏

这一点很重要，但常常被很多人忽视。会议组织者安排典型发言者发言，目的要通过这种方式，引领、促进相关地区、相关部门、相关单位把相关工作抓得更好、抓得更有成效。一般而言，典型发言主要有以下三类。

第一类是介绍阶段性工作成绩，着重点在于讲出做了什么、怎么做的，取得了什么好的效果。如2014年3月24日，在中组部、中宣部联合组织的学习习近平总书记系列重要讲话精神座谈会上，中共襄阳市委以《以科学理论统揽发展全局》为题，汇报襄阳对习近平总书记系列重要讲话精神的学思践悟、知行统一，行文中具体用"三个坚持"介绍了该市的做法，即坚持及时学、深入学，把习近平总书记系列重要讲话精神作为明方向、提素质、强本领的行动指南；坚持干中学、学中干，把习近平总书记系列重要讲话精神作为统领工作全局，抓改革、促发展、惠民生的思想武器；坚持学真知、见行动，把习近平总书记系列重要讲话精神升华为党员干部的价值追求、行为准则和工作标准。材料通篇集中到一点，就是想方设法地把襄阳已经做的相关工作总结好、写到位，把襄阳在这个方面已经具备的亮点、特点充分展示出来。现场发言后，会议组织者充分肯定了襄阳的做法。会后，《人民日报》也刊发了襄阳的做法和经验。工作总结、述职报告、汇报材料等的主体部分与此大同小异。

第二类是对即将开展的工作进行表态，着重点在于表决心、明思路。如襄阳市委在全省精准扶贫工作会上的典型发言，因为这种工作还处在进行过程中，总结经验为时尚早，会议组织者让襄阳代表发言，就是希望其能给其他地方提供可学可鉴的工作思路和工作方法，来高效推动精准扶贫工作。该篇典型发言以《在细和实上下功夫，确保精准扶贫用真情见真效》为题，从"着力解决感情问题，切实增强精准扶贫的使命感；着力解决方法问题，切实增强精准扶贫的实效性；着力解决机制问题，切实增强精准扶贫的责任感"三个方面进行表态，抓住了精准扶贫工作中的关键要害，方法措施过硬可行，得到与会者的一致好评。其实，第一类和第二类发言材料有时也一体并用，无非是各类篇幅占比不同而已，具体要看会议组织者的要求。

第三类是对发展规划等重大战略提出意见建议，着重点在于提出让已有方案进阶提级、更为完善的真知灼见。2014年，在全国两会上，有位人大代表准备了《关于顶层设计、加快推进汉江流域综合开发、转型发展的建议》，提出"顶层设计、加快推进汉江流域综合开发、转型发展,具备四两拨千斤之战略功效;需要配套政策体系和系统化工程项目作强力支撑;必须突出重点,以便带活全局"等具体内容,为后来国家出台《汉江生态经济带发展规划》起到了重要推动作用。

准备典型发言材料时,要准确领会会议组织者的意图,力所能及地体现会议组织者的意图,要求讲做法讲成绩的就不要去谈认识谈打算,就不要虚头巴脑地阔论宏伟规划;要求表决心谈思路亮举措的就不要喋喋不休地标榜自己的丰功伟绩,就不要担心别人特别是上级领导不知道自己的辛劳和贡献;要求谈某个专题,就要以此专题主线去巧妙地穿插其他工作,既使主线鲜明,又使内容丰满,切不可面面俱到,更不得东扯西拉,把专题发言搞成无主题主线的大杂烩、胡辣汤。否则一旦跑偏走调了,就可能事与愿违、适得其反。有些人不发言便罢,一发言反倒在别人心目中特别是在领导心目中失分掉分,一个重要原因就在于此。

二、心领神会、积极呼应会议主持者最看重的事项、最鲜明的要求

这一点对三类典型发言材料都适合,尤其对前两类更显重要。典型发言是否成功,不仅在于自己讲得如何,也在于会议主办方给出的评价如何。草拟典型发言材料时,一定要注重收集、研究会议主办方的战略部署、工作要求,特别是主办方主要领导的重要讲话,甚至行为习惯,搞清会议主办方关注什么,力争做会议主办方施政纲领的知音,成为会议主办方施政方略的坚定拥护者,将其主要思想、观点、要求精巧充分地体现到发言材料中,与其唱和互动、呼应共鸣,用自己的发言讲到业已取得的累累硕果,全方位多维度印证其施政纲领与方略的科学性、前瞻性,印证其思想观点的正确性、高明处,这样的发言肯定会收到意想不到的效果。2015年,全省经济工作会上,有三个市州和三个省直部门作典型发言,襄阳的发言稿非常注重将省委近期会议和重要文件中提出的1.5倍系数、"三维"纲要、竞进提质、民生GDP、绿色GDP等新要求新提法贯穿其中,湖北省委常委、襄阳市委书记发言后,

得到省委书记的高度赞赏,在省委书记的总结讲话中,在如此隆重的会议上对襄阳经验作了重点推介,讲话稿起到了重要作用。2015年,在湖北省干部培训工作中,省委书记提出要办好"夜大学""市场大学"等要求,但无论在实践层面还是新闻媒体宣传层面,唱和呼应之举甚为缺乏。在全省召开干部培训工作会议之时,襄阳以《着力办好市场大学,以理念能力转型升级助推改革发展竞进提质》为题,从"坚持以上率下、以上督下,促进广大党员干部动起来、学起来;坚持学用结合、有的放矢,保证广大党员干部学得好、用得上;坚持实践检验、绩效考量,激发广大党员干部增本领、创业绩"等方面,介绍襄阳办好"市场大学"的做法和经验。省委书记作出重要批示、印发全省,要求全省各地各部门各单位认真学习襄阳办"市场大学"的经验,提升干部培训实效,为湖北"建成支点、走在前列"提供坚强保障。

三、用别人可以做到但没有做到的观点表述自己的所思所想、所作所为

经验的生命力在于可信可学、可复制能见效。典型与非典型的差异在于,能否把相同的职责履行得不相同,能否将平凡的事情做得不平凡。典型的意义在于比别人想得深、行得快、做得实、效果好,可启发别人、感召别人、引领别人。写经验材料不能是记流水账、平平无奇,一定要有提炼、有升华、有高度、有深度,用别人可以做到但没有做到的想法、语言,来表述自己的认知、自己的作为、自己的业绩,使做法经验源于实践但高于实践,卓尔超群但并非高不可攀,让受众感到典型经验的确不简单,让同僚们感到见贤思齐不是什么难事,起而行之者都可能会成为新典型。有一点需要注意,写典型发言材料十分忌讳自吹自擂、过分拔高,以至于别人对自己玄而又玄的做法不相信,对自己认为是了不起的成就不认可,对会议组织者安排的发言者不服气。

有人对典型发言的效果分了三个档次:能及格的是听众在现场听得下去,读者看材料看得下去,受众不至于因厌烦而开小差;上档次的是听众、读者能记住发言中的一两句话、一两个故事;最高境界是受众现场受感动,

事后有回味，时不时还会提及那次会议那个人的发言，找到那份材料再翻一翻。因而，要写好典型发言材料，在遵循前面讲的大前提下，还需注意以下三点。

首先是要找准具体工作与"国之大者"的结合点。把本地区、本部门、本单位的工作经验放在时代大背景下去思考、去总结、去提炼，搞清楚相关工作是与科技创新相联系、与社会治理相联系，还是与法治建设相联系。总之要与"国之大者"所要求的事项联系起来，切不可就事论事，为总结经验而总结经验，自说自话，孤芳自赏，一定要使自己所思所想、所作所为、所得所成从政治上看有高度，从专业上看有精度，从实践上看有鲜活度。

其次是要凸显典型经验的个性特点。写出自己与别人在思考上、行为上、业绩上的不同之处，力求做到个性化的特色很鲜明，同质化的东西尽可能少，让受众看了典型发言材料后感到是此人而非彼人、事情发生在此地而非彼地，这样就表明成功了。如果把材料中的主语抽掉，受众不知道此事是何人所为、此事发生在何地，就说明这些材料写得不那么成功。

最后是要尽可能多地投放经验材料的闪光点。就是要在理性思考、观点语言、典型事例等方面狠下功夫，深入思考，深度挖掘，写出让别人读后、听后心灵为之一颤的文字，写出给人以启发、叫人易认同的哲理名言，吸纳令人感动、让人难忘的精彩故事，努力使经验材料彩头频现、亮点纷呈。

2015年8月20日，"法治湖北"现场会在襄阳召开，省委常委、襄阳市委书记作了题为《建设法治城市，促进全面发展》的典型发言，就较好地体现了结合点、个性特点、闪光点。其中"坚持政治铸魂，坚决做到坚持党的领导、人民当家作主、依法治国有机统一，讲政治与讲法治有机统一，健全法治体系与创新体制机制有机统一"，不仅得到与会者的一致赞扬，而且在当时国内理论界出现"权大还是法大"伪命题热议时，"三个有机统一"还被国内主流媒体广泛引用。发言中讲到的襄阳辖区内所有县级以上党政机关聘请法律顾问全覆盖、所有乡镇（办事处）建立法律援助工作站全覆盖、所有村（社区）配备法律援助联络员全覆盖等具体工作措施及成果，给与会者留下深刻印象。

四、力求使工作及思维成果传得开、留痕迹

巧妇难为无米之炊。干得好是写得好的前提和基础，干出成绩是写好典型发言材料的必要条件。经过思维劳动对工作业绩的总结，使之传得开、留痕迹，是件很难的事，如同人们常说，把自己的思想装进别人的脑袋和把别人口袋的钱装到自己口袋一样难。实践表明，经验让人易记难忘，笔者的个人经验是，要么用数字对经验进行概括，要么用比喻等方式对经验表达。比如，"三老四严"作风、一不怕苦二不怕死精神、铁人精神、雷锋"钉钉子"学习精神等提法令人印象深刻。再如一名党委办公厅（室）秘书长（主任）曾介绍工作经验时讲，"担当好这份职责，要和面不和泥，管家不当家，受气不生气"。以上事例给我们一些启示，在撰写经验材料时，不妨从以下三个方面努力，去突破难传开、难留痕的难题。

一是要下力气锤炼主题及标题。要拿出"语不惊人死不休"的精神，去提炼主题、锻打标题，努力增强典型发言的吸引力、穿透力、感染力。

二是要善于把做法和经验与人们熟知的事物联系起来。一旦建立了这种联系，受众对某项工作经验能更容易理解，当人们提起熟知的事物时，也会自然而然地联想到这项工作经验。20 世纪 70 年代，丹渠工程经验材料的撰写者们，巧妙地将该工程与老百姓生活中常见的"长藤结瓜"联系了起来，丹渠建设者们的改天换地、造福子孙的精神和成就迅速传播开来。虽然那段激情岁月已过去很久很久，但很多曾读过那些经验材料的人，现在一旦走进西瓜园、南瓜地，仍会在无意间提起丹渠工程。

三是要在传统媒体与新兴媒体融合中表达工作和思维的成果。要学会"赶时髦"，积极用新知，善于把生活中、网络上的热词和流量大的现象借用到典型发言材料中来。同时，既注重传统传播方式，也注重利用互联网的传播新优势，使好做法让大众共享，使好成果让大众见证。

例 文

推动县域经济争先进位　构筑"四个襄阳"强力支撑
（2016年3月）

近年来，在省委、省政府的坚强领导下，我们坚持把推动县域经济争先进位作为贯彻落实"四个全面"战略布局要求，深入践行新发展理念和"三维"纲要精神的主战场，县域经济发展在"十二五"期间转型跨越：纳入全省考核的7个县（市、区）由"徘徊中游"变为"个个进位"；市域内的"短腿、短板"变为"两个中心、四个襄阳"建设的强力支撑；传统产业是主体变为现代产业唱主角，经济总量接连跨越1000亿元、2000亿元两大台阶，2015年达2237.7亿元，占全市总量66.2%，占比五年提高6.2个百分点。去年，7个县（市、区）均名列所在考核类别前茅，6个受到省委、省政府表彰，约占全省受表彰县（市、区）的三分之一。我们的主要做法可以总结为以下四点。

一、坚持竞进有为，始终把县域经济发展作为率先全面建成小康社会的主抓手

一是凝共识。组织千名县乡干部考察发达地区，组织千名企业家考察先进企业，组织社会各界开展"创业致富奔小康"大讨论，着力形成"干部能力强不强，发展县域经济是赛马场；城乡居民富不富，创业者和商事主体个数作标注；小康步伐大不大，县域经济实力会说话"的普遍共识。二是明思路。引导大家充分认识，县域经济是开放经济，不等于"行政区划经济"；是现代经济，不同于"传统农耕经济"；是富民经济，不限于"城镇属地经济"。跳出县域谋发展，全民行动创大业，建立起以汽车及零部件产业为龙头，高端装备制造、医药化工、农副产品深加工、资源再生利用等产业为支柱的工业体系，形成了以新型工业化为引擎、强力驱动"四化"同步发展的新格局。三是增实效。五年间，三次产业比由21.6∶45∶33.4优化为16.2∶55.4∶28.4，城镇化率由50.04%提高到57.25%，农产品加工产值由690.4亿元增加到2044.4亿元；规模以上工业企业个数由1085个增加到1296个，规模以上工业增加值占地区生产总值由35.9%上升到51.13%，商事主体个数由279户/万人提高到762户/万人；完成地方公共财政预算收入由25.2亿元增加到168.85亿元，城乡居民收入倍增，精准脱贫28.6万人。

二、坚持量质兼取，始终把项目建设作为做大做强县域经济的主抓手

一是落实战略建项目。从2011年起，7个县（市、区）围绕建设"四个襄阳"（产业襄阳、都市襄阳、文化襄阳、绿色襄阳）发展战略，谋划项目4300多个，已实施3700多个，总投资5200多亿元。"十二五"期间，固定资产投资近万亿元，建设亿元以上项目1307个，70%以上是产业项目，产业项目中70%以上是工业项目。二是招商引资建项目。围绕建设万亿工业强市、"一个龙头、六大支柱"工业体系，发挥各县（市、区）资源禀赋优势，积极引进"火种型"项目，培育"领军型"企业，发展战略性新兴产业。五年来，招商引资项目达2900多个，投资额达5500亿元，其中，投资过50亿元的项目6个，华润、泰国正大等4家境内外世界500强企业，以及中兴、鲁花等30多家国内行业领军企业入驻襄州、枣阳、宜城等县（市、区）。三是打造品牌建设项目。依托创建国家创新型试点城市、国家现代农业示范区、国家城市矿产示范基地、国家新型工业化示范基地（循环经济）等20多个"国牌"，建设支撑性、配置型项目2970多个，投资1300多亿元。南漳、保康、谷城、老河口围绕"中国有机谷"建设，建成有机农业项目880多个，建设乡村生态旅游项目62个，总投资1170多亿元。四是持续技改建项目。对接国家产业政策，用好省技改专项，加大技改奖补力度，促进企业脱胎换骨。每年安排技改项目500个以上，占规模以上企业个数30%以上。项目成，企业变，产业兴，经济强。谷城骆驼股份、宜城襄大农牧跻身"中国民营企业500强"；全市销售收入过百亿的产业集群达11个，其中襄阳市再生资源等8个产业集群进入全省重点成长型产业集群行列。

三、坚持改革创新，始终把要素保障作为项目建设提速增效的主抓手

一是问题导向抓改革，充分释放社会活力。市、县两级成立行政审批局和市场监管委员会、综合执法委员会，全域实行"一枚印章管审批，一个部门管监管，一支队伍管执法"的"三个一"管理新体制，细化"企业办事直通车""公共服务面对面""信息交换键对键"操作规程，县（市、区）行政审批事项均比省定县级通用审批事项少40项以上，商事制度改革走在全省前列，有力推动了大众创业、万众创新。2015年，新增商事主体142166户，同比增长12.48%。二是创新思路解难题，支持企业做大做强。强力推动扶持企业途径、资本市场建设、金融服务产品增设、土地管理制度、劳动力培训方式、产学研结合模式等方面的创新，让企业转型有门路、升级有技术、克难有人帮、需求有供给。市级层面建立20亿元汉江产业基金，7个县（市、区）签订政银企战略合作协议26份，组建政企学研联盟58个，发展新三板和武汉股份托管交易中心挂牌企业数分别为10家、124家。三是搭建平台助转型，打造县域经济升级版。以特色产业园区建设为引领，以公共技术服务平台建设为支撑，实施"互联网+"行动计划，对接《中国制造2025》，利用国内外市场和资源，促进县域经济走特色化、品牌化、绿色化之路。7个县（市、区）的10个特色产业园，建成区面积达80平方公里，主导产业集中度为68%；市县建设工程技术中心、检测认证产业园等公共技术服务平台56处，创业示范基地45个，大学生创业园6个，服务创新创业，助力转型升级；在中心市区为全山区县保康划定5平方公里工业园，既保绿水青山，也建金山银山。到2015年底，建设县、乡、村三级电子商务运营中心（点）数分别为8个、25个、372个；获得中国驰名商标46件，省著名商标239件；拥有高新技术企业92家，占规模以上工业企业总数的比重达7.4%以上。南漳利美纺织公司等57家企业，与华科工研院等科研院所合作，建设自动化生产线；谷城三环集团锻造中心成为全省两家"国家智能制造示范试点企业"之一，甚至有人说该企业的产品一出厂门，就等于出了国门。

四、坚持真管严管，始终把转作风、抓落实作为要素保障及时到位的主抓手

结合党的群众路线教育实践活动、"三严三实"专题教育，推动"产业第一""企业家老大"落地变现。一是围绕发展定政策。出台了《加快建设万亿工业强市若干意见》《隆中人才支持计划》《促进大众创业、万众创新细则》等一系列支持政策；实施服务百家龙头骨干企业、百家高成长型中小企业、百家科技型企业的"三百成长工程"，为规模以上工商企业培训政策信息员2600多名，政策威力变企业效益，政府作为成发展成果。二是推进"四制"优服务。干部驻企业，服务提档次，全面实行重点工程领导包保制、项目建设秘书制、客商服务代理制、督查问责追究制。2200多名干部担任项目服务秘书，为230多名外地客商配备代办、保安、保健等三类秘书780多名。三是赏罚分明促落实。五年来，市县先后表彰优秀企业家、招商引资先进个人、创新创业团队1660多人，追责问责损害发展环境者110多名。政商关系"亲""清"，转型跨越日盛。

虽然襄阳在县域经济发展中取得了一定成效，但兄弟市州的许多先进经验很值得我们学习。我们将以这次会议为新起点，认真贯彻落实书记、省长的讲话精神，以1.5倍系数定新目标，活学活用"精神经济学"，着眼"率先、进位、升级、奠基"，谋求新作为，创造新业绩，努力为湖北"建成支点、走在前列"作出新的更大贡献！

深化结构性变革引领发展新常态
（2015年12月）

2015年，襄阳市在省委、省政府的坚强领导下，协同推进"四个全面"战略布局，认真落实"三维"纲要，坚持以结构性变革引领发展新常态，有力地促进了产业层级、经济量级、城市能级大幅跃升。1—11月，襄阳市固定资产投资增长 22.1%，社会消费品零售总额增长 12.6%，地方公共财政预算收入增长 37.9%，地区生产总值预计突破 3500 亿元。

一、深化观念变革，以竞进新状态适应发展新常态

把竞进提质、又好又快作为工作新状态，坚定不移地落实创新、协调、绿色、开放、共享的新发展理念，坚持用 1.5 倍系数谋发展、定目标，以精神上行对冲经济下行，以高昂士气换取发展效益，确保经济增速持续领跑全省和汉江流域，确保主要经济指标占全省和汉江流域的比重持续提升，确保城乡居民生活水平持续改善，确保县域经济发展在全省考核中争先进位，促进省域副中心城市和汉江流域中心城市建设迈出坚实步伐。

二、深化产业结构调整，以调结构转方式的新优势顺应发展新趋势

坚持速度和效益并举，推动传统产业品牌化、主导产业高端化、新兴产业规模化。一是壮大战略性新兴产业，引领产业升级增效。加快建设新能源汽车之都，集聚东风股份、山东宝雅、长沙众泰等新能源汽车企业 36 家，今年完成产量 1.2 万辆，增长 6.6 倍，2016 年总产量计划达到 25 万辆，力争成为全国唯一一座具有新能源汽车全产业链检测能力和全过程数据分析能力的城市；大力发展高端装备制造业，以金鹰重工为重点的轨道交通装备、以湖北航宇嘉泰公司为重点的航天智能救生装备、以"中日龙"为代表的机器人行业在全国位于领先地位，装备制造业成为襄阳第三个千亿级产业；全力推进"襄阳云谷"建设，中国移动、华为两大云计算中心建成运营，甲骨文公司、腾讯、软通动力等互联网巨头集聚襄阳，襄阳将成为华中地区较大的数据中心之一，带动工业云、物流云、商务云、农业云快速形成；现代农业快速发展，农业比较效益不断提升，预计农产品加工产值达到 2100 亿元，"中国有机谷"建设取得显著成效。二是实施创新驱动发展战略，全面释放创造活力。深入推进"大众创业、万众创新"，出台支持民营企业发展的政策 17 条、支持创新创业政策的"金十条"，设立创新创业基金 8.8 亿元，建成院士专家创新创业园、襄阳科技城、"海创基地"等 30 余处服务平台。新增各类市场主体 13.46 万户，同比增长 26.67%。三是坚持绿色发展，加快转型步伐。

深入推进产业发展生态化、生态建设产业化、生活方式低碳化,成为国家"城市矿产"示范基地、再生资源利用基地,建成循环经济示范园 8 个、清洁生产示范企业 320 多家,实现新能源汽车公交运营全覆盖,城市污泥资源化利用获"中国人居环境范例奖",并被联合国气候大会向全球推广。

三、深化体制机制变革,以先人一步的比较优势培育发展新动能

一是深化行政审批制度改革。全面实行"一枚印章管审批、一个部门管监管、一支队伍管执法"的"三个一"改革,创造了行政审批的"襄阳速度"。二是大力推进投融资体制机制创新。今年年初建立的 20 亿元汉江产业母基金,撬动社会资本 200 亿元;全面推行 PPP 模式,引进中国平安、中建公司等投资 500 亿元参与公共服务和基础设施建设;发展新三板挂牌企业 10 家、四板挂牌企业 124 家,数量居全省第二。三是深化资源要素配置方式改革。以优质项目增强投资的有效性,在建亿元以上项目 1307 个,总投资 1842 亿元;新引进世界 500 强企业 10 家,全市 500 强企业总数达到 27 家;设立新能源汽车、科技金融等 4 大类 14 支子基金,帮助 430 余家企业融资 60 亿元,推进资源要素向优势产业、优势企业集中。四是加快构建开放型经济新体制。陆地港、航空港、铁路港和保税物流中心建设深入推进,国际陆港经济开发区初具规模。打通铁铁联运、铁水联运大通道,着力建设"一带一路"节点城市。

四、深化城市发展方式变革,以强烈的文化意识统筹城乡一体化发展

坚持以人为本,围绕提升城市综合竞争力,推动城市向绿色低碳、特色魅力方向发展。一是围绕建设山水园林城市,全方位提升城市品质。投资 9 亿元实施"绿满襄阳再提升"行动,建成紫薇大道等 18 条特色景观廊道,美化县、乡干道 790 多条,投资 10.2 亿元实施"九水润城"计划,投资 10.1 亿元新建 8 座城市游园、公园,形成一街一景一看点、一河一桥一景观、一园一区一故事。二是围绕打造"千古帝乡、智慧襄阳"城市品牌,用固化的建筑彰显文化的魅力。投资 113 亿元建设汉水文化展示区,投资 100 亿元建设隆中新区,连接古城墙、修复古城楼、打通护城河工程进展顺利,"一城两文化"特色初步彰显。三是围绕建设幸福家园,推进设施现代化、服务均等化、管理精细化。投资 148 亿元改扩建 92 个社区服务中心,建设 1200 所市民学校,组建 4300 多人社区网络服务队;完成 510 多个"三无小区"改造,15 万市民直接受益。

五、深化领导方式变革,以干部队伍能力提升增强工作的科学前瞻性

组织 2 万多名干部上"市场大学",举办 50 多场现代科技讲坛,着力培养领导干部的法治思维和法治行为方式,用改革办法、市场机制、创新手段推动发展成为行为自觉。强化"功成不必在我、建功必须有我"的责任担当,弘扬"做官务必做事、做事绝不作秀"的务实精神,保持"看重组织考核、注重群众感受"的公仆情怀,形成了注重学识、注重发展、注重创新、注重实绩、注重勤廉的用人导向。深化"假如我是服务对象"大讨论活动,站在群众的立场上想问题、办事情,财政用于民生支出比重达到 75%,"改善民生三年行动计划"和"脱贫攻坚三年行动计划"扎实推进,人民群众的获得感、幸福感、安全感不断增强。

2016 年是"十三五"规划开局之年。我们将认真贯彻落实省委全会精神,以率先在全省全面建成小康社会的奋进状态,按照"竞进提质、又好又快"的要求,努力实现"十三五"发展"开门红",为湖北"建成支点、走在前列"作出新的更大贡献!

第五篇
如何写好领导讲话稿

领导讲话是领导工作的重要内容和重要方式，是每个领导个性化宣示施政方略、指导日常工作的重要形式。写好领导讲话稿，既是文秘服务工作中的大活、硬活、常规活，也是体现文秘服务团队及文秘工作者服务质量和水平的要件、硬件、关键件。怎样把领导讲话稿写好？注意以下几点，是文秘服务工作者必须修炼的基本功。

一、学会领导思维是写好领导讲话稿的前提和基础

"领导"，顾名思义，就是要率领、带领，就是要督导、指导。理解了"领导"二字的内在含义，对领导工作是什么，自然就有了直观理解；对领导讲话讲什么，才能有较为正确的认知；对领导讲话稿怎么写，就可能立马产生一种"已能意会，尚不可言传"的顿悟之感。

领导讲话是领导借助适当平台，运用语言文字，将施政意图和推进具体工作的思路传达给工作对象和相关方面的重要方式。写领导讲话稿便是这种意图和思路的文字化表述，是领导思维能力与文字驾驭能力共同作用的脑力劳动和体力劳动。写好领导讲话稿，两种能力缺一不可。实践中经常遇到一种现象，即有些文字水平很高、文字驾驭能力很强的人写出的领导讲话稿，领导看不上、用不成，总觉得不是那么一回事。究其原因，就在于对领导讲话的重要性和写作意义的理解存在一定的误区。如果像一些人说的那样：领

导讲话就是领导张张嘴而已；写领导讲话稿，就是秀才们爬爬格子、敲敲键盘而已。那就太不把领导讲话当回事了，既是对领导讲话认识的严重误区，也是对领导讲话稿起草者的严重误解。

任何一个领导讲话，不是有的放矢地对某项工作进行战略部署，就是高度聚焦地对某项工作作出战术安排，总体上都是对某项工作或进行动员，或进行安排，或教授方法，或提出要求。写领导讲话稿就是把这种部署安排文字化、具体化、系统化，就是充分运用文字驾驭能力把领导思维结果尽可能完美地表达出来。所以说，学会写领导讲话稿，要从学习领导思维开始。

其一，写好领导讲话稿，首先要解决好站位问题。文秘服务工作者一定要站在领导的角度去思考，站在领导的角度去谋划，站在领导的角度去表达，使别人听完讲话、看完讲稿之后，觉得是领导讲话的口吻，有领导讲话的气场，具备领导讲话的范儿。这也是人们常说的，文秘服务工作者在起草领导讲话稿时要"身在兵位，胸为帅谋"，要"关起门来当领导"的意思。解决好站位问题，还需要注意领导讲话一定要与讲话者身份相符合，做到在什么职位讲什么话，写给主要负责人用的讲话稿与写给副职用的讲话稿是不同的，写给中共党员领导用的讲话稿与写给非党领导用的讲话稿是有差异的。站位准确，能换位思考，就可以为不同的服务对象提供较好的服务；如果站位错乱，千篇一律，说明对写作领导讲话稿还未进入状态，有时可能会有损领导形象。解决文秘服务工作者的站位问题，关乎服务领导的资质，决定着能否胜任写领导讲话稿的角色。对这一点如果悟透了，就能明白写好领导讲话稿与自身所处的服务层级是没有关系的。有些基层文秘服务工作者能为隔几层的上级领导写好讲话稿，这是因为站位上去了。如果领导身兼多个职务，撰写讲话稿就要考虑充分，体现领导指示意图的同时，在行文过程中使站位高度与领导职位相匹配。如上一层级领导兼任下一层级的职务，对某项具体工作发表讲话时，既要考虑对这项工作的通行讲法，也要兼顾讲话者的最高职级，使讲话既体现讲话者的身份地位，也能有力推动具体工作。像不少省级领导兼任地（市）级领导、市级领导兼任县级领导，写他们的讲话稿就需充分考虑这一点。

其二，写好领导讲话稿，要置身领导抓工作的实景之中。要站在领导的角度模拟领导研判形势、决断事项、安排部署。围绕某一项具体工作，作出符合客观实际的研判结论，制定出高屋建瓴的行动要点，发出鼓舞人心的工作动员。写领导讲话稿的过程，实际是模拟领导思维和领导行为的过程，是推演领导具体工作抓什么、怎么抓、抓出什么效果的过程。文稿起草者面对会议主题，不要急于动手行文，而是要把会议主题指向的现实状态、目标任务、重点难点、环境条件、措施办法等，想清楚弄明白，在头脑里对抓好某项具体工作进行模拟实操，而后再草拟成文。只要自己能够把怎样率领、带领参会者干好会议主题指向的工作，能够把怎样督导、指导参会者去完成工作任务的思考变成条理清晰的文字，领导讲话稿就出来了。2016年12月27日，襄阳市第十三次党代会胜利闭幕后召开了市委十三届一次全会，党代会报告已讲得很全面、很明确了，一次全会书记还该讲点什么？站在书记的角度思考，遵照书记的意图行事，分析与会者的特点，着眼于今后五年的工作，就是要围绕"市第十三次党代会精神能否落到实处，提升首位度、打造增长极、争当排头兵的目标能否实现，'两个中心、四个襄阳'建设任务能否顺利推进，关键在本届市委领导班子的精神状态和工作作风"这一主题，对与会者提希望、讲要求。2011年10月20日，市委、市政府召开全市做大做实做强工业工作会议，会上印发了《关于推动工业经济跨越式发展的若干意见》，市长对文件作了说明，最后书记讲话。工作团队在起草书记讲话稿时没有急于动手，而是冥思苦想怎样推动襄阳工业更好更快发展。工作团队集思广益，深切感到要使襄阳工业更大、更实、更强，需要全社会的共同意志，需要工业经济主体的自强不息，需要发展环境的优化支撑。想清楚、成共识后才列出提纲，报书记审改同意后落笔行文。通过对工作实景的模拟，写出的领导讲话稿，能够较好地体现领导意图，较好地推动具体工作。

其三，写好领导讲话稿，要认真学习领导能力。领导能力内涵丰富，是一个综合系统。就文稿起草者而言，领导的很多能力可能学不到，但一定要重点学习领导的统筹全局能力、战略谋划能力、宣传鼓动能力、落实督办能力。具体来讲，就是要能够立足全局研究具体工作，学会"弹钢琴"，科学调配工作力量和社会资源；能够站得高、看得远，发现别人尚未发现的问题症结，看到别人尚未看到的发展前景，弄清别人尚未弄清的发展趋势，提出增信心、鼓斗志、聚合力的行动方案；善于宣传群众、教育群众、组织群众，善于凝聚共识、统一步调，组织团结广大人民群众为实现目标任务而奋斗；敢于直面尖锐矛盾，勇于担当责任使命，善于抓重点抓关键，不惧艰难险阻，敢做黑脸包公，团结带领广大干部群众完成好各项工作任务。把这些领导能力体现到文稿起草过程中，写出让领导满意的领导讲话稿就是自然而然的事了。从某种意义上讲，能够起草好领导讲话稿，就初步具备了当领导的基本能力；不认真学习领导能力，想写好领导讲话稿就可能是缘木求鱼，至少是事倍功半了。

二、找准"天线"与"地气"的结合点是写好领导讲话稿的关键和保证

人们常说，谈体会、发号令、抓工作、办事情要"上接天线、下接地气"。这里所说的"天线"，就是党和国家的政策法规、上级领导和组织的指示精神，以及本部门、本系统的上级精神和工作规章；所说的"地气"，就是本地区、本部门、本单位的现实情况，某项工作的现实状态。写好领导讲话稿，必须把"天线"与"地气"有机结合起来，确保写的领导讲话稿既政治正确、于法有据、时代感强烈，又极具针对性、指导性、可操作性。2018 年 7 月 14 日，湖北省委常委、襄阳市委书记在市委十三届六次全体（扩大）会议暨第二季度项目拉练总结会议上的总结讲话《高质量发展必须掌握科学方法》，就做到了把书记的深邃思考变成操作方法，在"天线"与"地气"的结合点上亮高度、放异彩。会后不久，该讲话就被《人民日报》的《声音》栏目摘要刊发，且迅速成为"网红文章"，还成为讲话者个人的形象标签之一。

其一，找准结合点，要对讲话主题涉及的政策法规了然于胸。领导讲话是一项政治性、政策性极强的事项。作为文稿起草者要深入研读讲话主题涉及的上级指示精神、相关会议及文件精神，深入研读相关法律法规，提纲挈领、科学精准地贯彻到将起草的领导讲话稿中，使领导阐述的观点、谋划的战略、安排的工作、提出的要求有坚定正确的政治方向，有较高的政策落实水平，有较强的法治思维和法治方式。在草拟涉及意识形态、民主党派、外

事活动等方面工作的领导讲话稿时，尤其要注意这一点。比如，宗教工作的政策性极强，起草文稿就要把相关的政策法规学深吃透，确保提供的领导讲话稿很严谨、不出错、无纰漏。

其二，找准结合点，要对讲话主题涉及的具体工作了然于胸。对具体工作的历史背景、客观现状等，要深入调查研究，时间允许就察看现场，时间不允许就查阅资料，目的是要知晓工作概貌、主要细节、精彩故事，知晓工作推进中的阶段性成绩、困难及原因、克服困难的举措和办法，知晓工作主体的精神状态和外部环境，把观察、分析问题的结论，把鼓舞斗志、坚定信心的前景，把抓纲举目的举措，有机融合到讲话中，使听众对领导讲话感到亲切、觉得管用，能够产生思想认同和情感共鸣，从而，使听众工作的信心更足、方向更明、办法更多、效果更好。

其三，找准结合点，要对与讲话主题相关的社情民意了然于胸。领导讲话能否得到大家的认可，能否有力地推动工作，还有一个关键点，就是讲话是否回应了当事方的关切，是否吸纳了当事方的合理化建议。起草领导讲话稿的过程中，要注意收集社情民意，在问政于民、问需于民、问计于民上下功夫，力求集思广益，争取把所有可能面临的风险挑战分析透，把民众对美好生活的向往表达好，把民意民力汇集好。2014年1月5日，湖北省委常委、襄阳市委书记在襄阳市政协十三届三次会议第一联组讨论会议上发表了《齐心协力，共促发展》的讲话。因时间关系，会上只安排了部分政协委员发言，但与会的其他人也有不少很好的意见建议，书记讲话能否最大限度地回应与会者的所思所想、所期所盼，事关同心圆画得怎么样、公约数找得怎么样。因此在会前，根据书记指示，文稿起草团队对参会的政协委员作了较为广泛的座谈调研，在汇集各种意见的基础上起草领导讲话稿，在序言部分充分肯定了很多委员的真知灼见，围绕"发展"这一主题主线，向广大政协委员提出了"要坚定信心，跨越发展；要抓住机遇，创新发展；要共建共享，促进发展；要凝心聚力，推动发展"四个方面的希望。委员们的意见建议得到了重视，他们感觉自己得到了超乎心理预期的尊重，更加激发了他们放手提高发展规模、努力提高质量的干劲和斗志。

总而言之，起草领导讲话稿要在对各方面情况充分了解的基础上，以政策法规为指导，以客观情况为素材，以推动工作为目的，努力写出有灵魂有血肉、有目标有方略、有逻辑有个性的领导讲话稿。

三、把握好领导者的个性特点是写好领导讲话稿的帮手和后盾

所有领导都必须履行领导职责内的一切事项，但不同的领导因气质、习惯、偏好等存在差异，行事风格会大不相同，对讲话稿的要求也不一样。写领导讲话稿如果能写出符合领导个性的文稿，就容易通过且能达到效果，偏离领导个性写讲话稿，即使领导勉强用了，也是不能让人满意的领导讲话稿。如果掌握了写领导讲话稿的基本套路，写出的讲话稿还是不为领导所接受，就要深思是否把握住了领导的个性特点。

领导的个性特点千差万别，讲话风格也会大相径庭。比如，有的领导只要求把事情讲清楚就行了，对文辞要求并不高，而有的领导不仅要求把事情讲清楚，而且要求"次次讲话出新意""语不惊人死不休"；有的领导习惯讲粗线条、大众化、方向性的内容，而有的领导爱把事情讲得很专业、很精深；有的领导在讲话时爱用似《诗经》诗句般的铿锵句式，而有的领导在讲话时喜欢时不时添加楚辞般的诗化语言；有的领导在讲话中喜欢引经据典，而有的领导在讲话中爱用谚语歇后语……风格差异，有时会让文秘服务工作者不知所措。但是作为文秘服务工作者，必须过好适应领导这一关。

那么，怎样才能把握住、适应好领导讲话的个性特点呢？一方面，要细心观察、用心揣摩领导的讲话风格。这需要文秘服务工作者做到以下几点。

一是从领导的日常谈话中去把握领导个性。注意体会领导调研活动中的即席讲话，注意观察领导处理其他零散事务时发表的只言片语，特别要高度重视、反复回味领导在审改定稿时修改的地方和使用的词句，想明白领导为什么要那样改、为什么要那样说。通过这些具体过程，感受其工作风格，感受其习性爱好，感受其实践经验的多少，感受其学识素养的厚薄，从而熟悉领导的思维方式、工作方式、表达方式。一般而言，送到领导手中的文稿，只要领导动手修改，说明其基本符合领导的意图，如果领导不动手修

改，说明其肯定不符合领导的口味。文秘服务工作者要特别珍惜领导的修改稿，悟性高的人认真体会几次修改稿后，就能较好地把握住领导的讲话风格了。这也可以说是尽快适应领会领导讲话风格的重要捷径。田家英作为毛泽东同志的秘书中的出类拔萃者，有一个平凡而过人的特点，在他的日常服务中，本不离身、笔不离手，随时随地把毛泽东同志的谈话、要求、指示等记在笔记本上，细心体悟，学习运用，逐渐使自己与领袖间近乎达到了思想相通、精神相通的境地。正是因为有这一特点，他为毛泽东同志起草的中共八大开幕词，极具毛泽东风格，得到毛泽东同志的高度认可，赢得与会者的广泛好评，还留下了"虚心使人进步，骄傲使人落后"的经典名句。二是从领导过去的讲话中去把握领导个性。通过收集浏览领导在其他岗位上的讲话、文章等，重点研读令领导印象深刻、甚为得意的讲话、文章，看哪些事是反复讲的，哪些话是经常讲的，哪些词是最常用的，从众多细节中去观察和把握领导者的领导方法、领导艺术、语言习惯。文秘服务工作者在给领导写第一个讲话稿时，务必要读领导曾经的讲话，这也算作是"摸着石头过河"的方法吧。总之，要通过了解领导的过去、感受领导的当下，努力按照领导个性去起草领导讲话稿。这一点很重要，也较难把握，但作为文秘服务工作者，必须做到这一点。另一方面，要加强与领导的沟通交流。其实，领导只要有时间和精力，在每次讲话之前都会作一些思考。文秘服务工作者要主动寻找机会，就讲话主题和内容向领导讨教，向领导汇报，与领导交流，与领导探讨，通过思想碰撞，把领导的意图、想法搞清楚，把讲话的内容、素材搞完善，把起草工作的方向、目标搞明确。如果没有当面汇报的机会，可列出讲话提纲去投石问路，请领导提出指导意见，尽可能写出符合领导个性特点的讲话稿。2012年1月30日，春节后上班的第一天，襄阳市召开市委理论学习中心组学习暨市委常委（扩大）会议，这是市第十二次党代会闭幕不久召开的一次重要会议。书记对此次讲话十分看重，因为这次讲话既要对新一届市委班子提要求，对县（市、区）及市直机关的主要负责人教方法，也要对新一年工作作出纲领性部署。而此时时任湖北省委常委、襄阳市委书记到襄任职时间很短，文秘服务团队对他的个性特点还不是很熟悉，怎样写好这次讲话稿，对文秘服务团队是个极大的考验。我们把春节假期当作与书记沟通交流的难得时机，当面向书记讨教，列出提纲请他修改，写出初稿征求他的意见，反反复复多个来回，形成了以"关于新班子的工作方法"为主题，以"一是坚定理想，坚守信仰。对理想信念要自觉坚守；要善于从政治上观察和处理问题；自觉维护市委权威和班子团结。二是敢为人先，勇于超越。解放思想，立志高远；敢破善立，超越旧我；善于克难，勇于担责。三是学习提升，持续创造。对新思想、新理念、新事物，要有包容之心；对新典型、新标杆、新目标，要有谦卑之心；对新经验、新方法、新创造，要有敬畏之心。四是力行落实，利民惠民。以效能为行政原则；以惠民为工作原则；以大局为协同原则。五是清廉自守，带好队伍。要有良好的职业操守；要有良好的社会形象；要有良好的团队意识"为骨架的讲话稿，较为充分地体现了领导个性，领导较为满意，讲话的现场效果和社会效果也较为理想。

四、提升自身素养是写好领导讲话稿的底气和资本

领导讲话的内容包罗万象、变化多端，涉及党政军民学、东西南北中，即使主题相同的讲话内容，也会因时因势的变迁而不同。只有努力丰富知识、广博见识、增强胆识，熟练掌握科学理性的观察、分析、解决问题的方法，不断提高逻辑清晰的文字表达能力，使文秘服务工作者磨炼成跨领域的杂家、专业领域的行家、不尚空谈的实干家，才能胜任起草领导讲话稿的职责。那么写好领导讲话稿的底气和资本从何而来？加强自我修炼是必由之路。

其一，要做一个勤学不怠的人。学习是做好一切工作的钥匙和向导，写好领导讲话稿更是如此。一是要恒学，及时跟进对时事政治的学习，及时了解每一天国内外发生的大事要事，及时研读党和国家最高领导人的讲话，及时浏览《人民日报》等中央主流媒体以及地方党报的新闻动态，及时关注地方各级党委政府主要负责人的工作活动，努力使自己成为一个胸有天下风云、笔落"国之大事"的人。只要一天没离开文秘服务岗位，这一学习习惯一天也不能间断。二是要博学，广泛涉猎政治、经济、法律、历史等领域的书籍，在各个专业领域至少要了解些皮毛，不能陌生到一无所知，努力用广博的知识积淀更好地为写好领导讲话稿服务。古人讲，读书破万卷，下笔如

有神。既要注意读经典，也要注意学新知；既要注意读纸质书籍，也要浏览网上动态；既要注意学习社会科学，也要时不时了解自然科学，通过一点点积累、一天天坚持，就能达到"博观而约取，厚积而薄发"之境界。三是要精学，对重要文件、重要文章要重点学、反复学、深入学，力求烂熟于胸，运用时如探囊取物，既可为工作实践导航定向，也可从中学会操作方法。这是一种事半功倍的学习方法。如党代会报告、中央全会的决定等，要像小学生读课文那样去研读领悟，当真正学懂弄通、融会贯通后，就能触类旁通，再学习其他文件时就有"一览众山小"之感，起草文稿时肯定不会跑题。

其二，要做一个善思善谋的人。文秘服务工作者不是单纯的"文字匠"，要努力做"幕后的参谋"，因而一定要学思相长、善思善谋。要注重理论联系实际的思考方法，养成理论与实践紧密结合的思维习惯，把"学习的目的全在于运用"付诸行动。学习政策法规时，思考实际问题、思考社会反响、思考工作职责；调研实际工作时，从政策理论中找解决问题、推动发展的依据、方法、出路和举措。要注重学习领导思维：学习政策理论时，多想一想怎样更好地解读宣传，怎样让政策变成广大人民群众的具体行动，怎样才能将好政策落到实处；面对实际工作，多想一想如果组织上让自己来处理时，该怎样系统谋划形成行动方案，怎样动员群众凝聚广泛共识，怎样调集资源汇聚推动力量，怎样真抓实干保证取得实效……总之，在思考中谋划，在谋划中思考，长此以往，坚持下去，对领导讲话稿怎么写就会越来越熟悉、越来越自如。

其三，要做一个虚心兼容的人。不少从事文稿写作的人认为自己写的东西就是最好的，极易产生自我迷恋，这都是夜郎自大、骄傲自满所致。这是从事文秘服务工作之大忌。古人讲"文无第一、武无第二"，无论是文秘服务工作的新手生手，还是老手高手，都要有海纳百川的胸怀、谦虚谨慎的态度，去面对与工作本身相关与不相关的人，去做好服务职责中的每一件事。要把起草文稿的功夫下到求教于实践、求教于群众中，相信行万里路有时胜过读万卷书，多深入基层、深入生活、深入群众，读懂社会实践这本"无字书"，当好人民群众的小学生，学习他们的首创精神，学习他们的无穷智慧，学习他们的生动语言，学习他们的生活态度，努力把所见、所悟、所获灵活运用到领导讲话稿等文稿的起草中。征求文稿意见时，要抱定兼听则明、集思广益的心态，做到"五不"，即不怕丑，把文稿交众人评头论足；不厌烦，最大限度地听取各方面对文稿的意见；不辩解，笑对别人对文稿的挑剔与批评；不走神，认真倾听别人对文稿的评点和修改建议；不固执，想方设法把其他人的真知灼见吸纳到文稿中。在与同行交流过程中，主动拿出文人相亲的诚意，坚决摒弃文人相轻之陋习，耐心倾听同行们的逸闻趣事，细心琢磨同行们的心得体会，学习实践同行们的精神境界，消化吸收同行们的经验做法，学他人之优，集众人所长，不断提升文秘服务工作的质量和水平。

其四，要做一个甘愿奉献的人。做文秘服务工作是一项极为清苦、需要奉献的差事，所有领导普遍高度重视这项工作，但有些领导却不太重用从事这项工作的人。这也是为什么很多人不愿从事这项工作、"会写材料的人"在各单位属稀缺资源的缘故。作为已入文秘服务工作这一行当的人，既然已担负了这份职责，就应该无怨无悔、一往无前地把这份工作做好，且要努力做得有模有样、有声有色。要保持"不要人夸好颜色，只留清气满乾坤"的精气神，淡泊名利，甘愿奉献，静得下心思，耐得住寂寞，吃得了苦头，激情不减地迎接每一次的工作任务，精进不止地写好一个又一个的领导讲话稿，真正成为领导急起来很需要、用起来很顺手、想起来很不舍的参谋和助手。

第六篇
如何整理好领导讲话录音

整理领导讲话录音，是常见的文秘服务工作之一，也是时政记者报道好领导活动的必备职业素养。整理领导讲话录音是在领导活动发生之后的工作，而起草领导讲话稿是在领导活动发生之前的行为，虽工作对象同为"领导讲话"，二者之间有相通之处，但也有一些差异。从某种角度讲，整理比起草难度更大、要求更高，更能考验文秘服务工作者的能力和水平，很多文秘服务工作者起草的领导讲话稿勉强能用，但整理的领导讲话录音却十有八九难以过关，就充分说明了这一问题。那么，整理好领导讲话录音的诀窍在哪儿？

一、重原汁原味，求尽善尽美

所有人都喜欢美好的东西，领导对自己的讲话录音整理也是如此，不管他们现场讲得如何，他们总希望经录音整理后的文字稿能充分体现自己意图，且文稿形式是高水平的，甚至是臻于完美的，文稿内容是对工作具有重要指导作用的。这也算作整理领导讲话录音的工作标准吧！录音整理者记住了这一原则，才可能把领导讲话录音整理好，否则，就极容易误入两种歧途：要么把录音整理成流水账，像鹦鹉学舌的原始记录；要么我行我素地另起炉灶，使录音整理稿完全失去了原有味道，没能体现讲话者风格，甚至曲解了讲话者意图。整理领导讲话录音，一方面要保持原汁原味，把领导讲话的主旨或主要意图、主要观点、主要风格最大限度地保留在录音整理稿中，使在场听过讲话的人看到讲话文字稿后，确定是领导现场讲的、是领导的意思，使领导审阅时感到文稿体现了自己的思想和风格。如果失去了原汁原味，录音整理稿让现场听众感到陌生，让领导本人觉得并非本意，那就不是合格的录音整理稿了。另一方面，要力求尽善尽美，即在保持原汁原味的基础上，遵循领导讲话的一般规律，进行再创造、再调整、再拓展、再完善，从主题上把领导讲话写得更鲜明，从结构上把领导讲话写得更合理，从政策、数据等方面把领导讲话涉及的内容写得更准确，从逻辑上把领导讲话的内容写得更通顺。在这一过程中，该提炼的提炼，该合并的合并，该补充的补充，该调整的调整，该删减的删减，最终形成规范的领导讲话。原汁原味与尽善尽美同等重要，缺一不可，实践中更需下大功夫、花大力气的是后者。做好后者，是最考验录音整理者功力和道行的。有时领导因时间、场景等原因，讲了一些内容，还有些内容想讲但没有讲，整理录音时必须吸收进去；按照领导讲话的一般规律和部署工作的通常要求，要把领导讲话的空白点补起来、薄弱点强起来、着重点凸显出来。工作中会常遇到很棘手的事，对文秘服务工作者极具考验。比如，个别领导的水平和能力有限，但对自己讲话的社会影响和社会评价却看得非常重，讲不好但要求整理好，要求文秘服务工作者把录音整理成高大上的出彩华章。所以说，整理领导讲话录音往往比起草领导讲话稿还要难。因领导地位或工作性质决定，领导讲话必须印发，整理领导讲话录音时，重原汁原味、求尽善尽美显得尤为重要。换言之，就是要求文秘服务工作者在领导讲话这一环节上，时刻为领导站准位、帮好腔、补好台、兜住底。

二、变口语化语言为规范性文字

录音整理绝不是简单地文字记录，而是一种再创造劳动。否则的话，用一个现代转换翻译软件就足够了。日常说话与文字表达虽然是相通，甚至是一致的，但二者之间仍有不少差别，就像我们今天读到的古文，在言辞、标点等方面很规整，而古人日常的口头交流并非如此，很少在口语中带上之乎者也。领导在现场讲话时，因主客观原因，语言可能很活，效果可能很好，但这如果原封不动地变成书面文字，有可能在言辞上不够通顺，逻辑上不够严谨，引经据典时不够精准。整理领导讲话录音的过程，既是将口头语言变成文字记录的过程，也是规范语言表述的过程。具体地讲，要把口语化语言变成规范性文字，把有些含糊不清的表述变成内容精准的表达，把有些条理混乱的片段变成逻辑清晰的段落，努力使原有录音变成文理通顺、文辞优美、逻辑清晰的文稿。比如，领导在工作现场有时为了活跃气氛，可能开开玩笑，但这肯定不能直接整理成书面文字，但可根据笑话内容和讲话主题，变成可书面、有意义的语言，变成有价值的内容。

三、心领神会，提炼、锤炼

能否把领导讲话录音整理好，关键要看整理者能否对领导讲话的动机用意、精神实质、风格气质心领神会。整理录音要先听熟录音，对录音全稿有整体性把握，对录音片段有逻辑性判断，知道领导讲话的主旨是什么、重点在哪里、特质有哪些，而后尽可能与领导心有灵犀、思想相通、精神相通，使自己成为能与领导隔空对话、眼神会意的知音。在此基础上，一是精心提炼主题。根据时代背景和具体工作特点，从讲话中提炼出既能代表讲话者思想，又能让受众惊叹的鲜明主题，同时，把所有讲话内容都朝着主题上靠，朝着主题上改。二是精心提炼观点。讲话可能是平铺直叙的，有支撑讲话主题的内容，但可能没有明显的段落划分和观点标题，录音整理者要把讲话中相同的内容汇聚到一起，形成不同的段落，并为这些不同的段落内容提炼出合适的观点，拟定出合适的标题。三是精心锤炼语言。按照规范化的文字表述，对重复的语言合理删减，对表述不完整的语言补充完善，对少数词不达意的语言重新遣词造句，力求把每句话都整理精到、整理精致。

四、润色、打磨，完美呈现

润色、打磨是所有文稿成型前必需的工作环节，对录音整理来说显得尤为重要。在录音整理稿成型有样后，要一点一点地抠细节，一段一段地抠文字，一组一组地核数字，拿出浑身解数，翻腾满腹经纶，对字词句细心打磨，对文稿全篇精心润色，形成较为完美、无硬伤瑕疵、让领导满意的送审稿。对文稿润色、打磨，要着重把好以下三关。一是政治关。看文稿是否符合时事政治的要求，看文稿引用的政策法规是否准确、合适，看文稿引用政治人物的观点、语言是否有出处，保证文稿政治立场、政治态度、政治观点绝对正确。这对于领导讲话来说是极其重要的事，更是极为要命的事，录音整理者务必高度重视和警惕。二是修辞关。以诵读的方式，通读录音整理稿，看语句是否通顺，用词是否妥当，标点符号是否精准，有无语法错误，有无病句、反话等，保证录音整理稿规范。三是常识关。看文稿有无违反常理的表述和事例，有无违背客观规律、科学规律、经济规律的表述和事例，有无有悖于自然现象的情况，保证录音整理稿不闹笑话、不被人诟病。

第七篇
如何写好会议报告等重要文件

这里所说的会议报告，包括党代会及其全会、人民代表大会、政协会上的各类工作报告，以及其他政治团体和社会组织重要会议上的工作报告。会议报告是在回顾总结阶段性工作的同时，对会后一个时期发展作出战略谋划和工作安排的工作报告，其内容全面，体量庞大，地位特殊，意义重大。驾驭会议报告写作，是文秘服务工作者的精修课和研修班，也是锤炼和提升文秘服务工作者政治洞察、战略谋划、逻辑思维、文字驾驭、宣传鼓动等能力的重要平台。那么，写好会议报告需要注意哪些事项呢？

一、根据形势和上级意图确定会议主题或报告大标题

会议主题是会后一个时期的中心工作、历史任务和神圣使命，是会议报告的灵魂和旗帜，是会议提出的战略目标、指导思想、根本原则、具体任务和行进路径的总和，决定着报告怎么写、写什么，决定着在会中、会后人们怎么说、说什么，决定着会议闭幕后的具体工作怎么干、干什么。

一般而言，从会议主题中抽出来一两句话，便是会议报告的大标题。例如，党的二十大的主题是"高举中国特色社会主义伟大旗帜，全面贯彻新时代中国特色社会主义思想，弘扬伟大建党精神，自信自强、守正创新，踔厉奋发、勇毅前行，为全面建设社会主义现代化国家、全面推进中华民族伟大复兴而团结奋斗"。大会报告的大标题是《高举中国特色社会主义伟大旗

帜　为全面建设社会主义现代化国家而团结奋斗》。

　　会议主题或报告标题，不是凭空设想的，更不是率性设定的，而是政治集团根据形势发展、环境变化、时代特征、目标取向来确定的。就地区、部门、单位而言，更是上级组织集体指示和意图的具体体现。所以说，各地区、各部门、各单位召开重要会议的会议主题有着更多落实上级指示精神特别是上级组织主要负责人明确指示意图的意味，除紧紧把握时代发展脉搏、牢牢抓住本地区、本部门、本单位的主要矛盾外，要把落实上级组织的战略要求、回应上级组织主要负责人的殷切希望，作为报告的魂和纲，作为最响亮的口号、最中心的话题、最重要的任务。中共襄阳市委十一届十四次全会，是时任湖北省委常委兼襄阳市委书记到襄阳任职后召开的第一次具有全局意义的大会，会议主题就是建设"四个襄阳"（产业襄阳、都市襄阳、文化襄阳、绿色襄阳）。2011年4月，湖北省委书记视察襄阳时提出，襄阳作为省域副中心城市，要加快建设"四个襄阳"，做认真落实科学发展观的楷模。省委还出台了一份专门文件特别强调，产业襄阳是核心，都市襄阳是载体，文化襄阳是特色，绿色襄阳是路径。出于多种原因，当时既没有广泛宣传，也没有具体部署，2011年8月8日，湖北省委对襄阳领导班子进行调整，实行"省官治市"领导体制，由湖北省委常委兼任襄阳市委书记。新书记一到任，就把贯彻落实省委书记的指示作为头等政治大事，确定围绕"四个襄阳"建设主题，马不停蹄地筹备召开市委全会，制定相关政策文件，市委全会于9月26日召开后，便把"四个襄阳"炒得热上加热，不仅在襄阳妇孺皆知，而且得到省委的充分肯定。2016年10月，新任湖北省委书记到襄阳作了一次视察，发表了讲话，其中提到襄阳要进一步提升经济社会发展指标在汉江流域城市中的首位度，努力成为湖北建设社会主义现代化强省的重要增长极、坚强支撑极。同年12月，湖北省委常委兼任襄阳市委书记的新人选到位，筹备召开襄阳市第十三次党代会。在筹备工作中，市委书记特别强调，省委书记视察襄阳时为襄阳改革发展建设指了路、明了向，本次党代会的中心任务就是要把省委书记调研视察襄阳时的讲话精神落到实处。在2016年12月24日召开的党代会上，工作报告大标题的核心就是"提升首位度，打造增长极，争当排头兵"，会后相关材料上报后，省委书记对此给予了充分肯定。

二、充分反映主政者的施政意图

这里面有两层含义：一是要展现主政者的施政纲领；二是要系统集成主政者的新思想、新观点、新论断。像党的二十大报告，就把党的十八大以来的创新思维和创新论述作了全面梳理，形成系统化的创新理论体系。如第十四部分中讲到的和平赤字、发展赤字、安全赤字、治理赤字等，据习近平系列重要讲话数据库，总书记最早是在 2017 年 5 月 14 日在"一带一路"国际合作高峰论坛开幕式上的演讲中提出来的，党的十九大报告中没有显示出来，党的二十大报告将其作为人类社会发展面临的重大挑战而点出。结尾部分的"五个必由之路"，是 2022 年 3 月十三届全国人大期间，习近平总书记参加内蒙古代表团审议时讲的。类似的内容还有很多很多。

就地方而言，一代人有一代人的责任，一代人有一代人的梦想，每个主政者都有自己的独到见解和战略构想，有自己的施政抱负。随着经济社会发展，环境条件、目标任务、工作重点、措施办法等都将随之变化，继任者一般不会固守前任主政者作出的战略规划、提出的战略口号，都要根据形势发展和自己调研思考，继往开来地提出新的发展战略，标记自己主政时期的鲜明印迹。例如，从 2011 年到 2021 年，襄阳先后经历了四任湖北省委常委兼任襄阳市委书记，发展战略及战略口号也从建设"两个中心、四个襄阳"（省域副中心城市、现代化区域中心城市），到建设汉江流域中心城市，再到"提升首位度，打造增长极，争当排头兵"，再发展成建设"一极两中心"（长江经济带重要绿色增长极，湖北省域副中心城市、汉江流域中心城市）。从本质上讲，这些发展战略是一脉相承、与时俱进、符合襄阳发展实际的，而外在形式上的不同就标志着四任襄阳主政者的鲜明特征。当人们谈及某位主政者主政襄阳时，首先会谈到相关发展战略和战略口号，而后再说起某些具体工作和重大事项。所以，撰写会议报告时，一定要摸清主政者的战略构想，一定要按照主政者的想法，协助谋划出主政者认可的发展战略，提出主政者认可的战略口号。

如果主政者连续任职，在起草报告时就要把主政者日常强调的重要观点、重要事项、重要思路等充分体现出来,形成完整的纲领体系。2011年12月12日,襄阳市第十二次党代会召开,与十一届十四次全会仅隔三个月时间,前次报告的大标题是《坚持科学发展观,建设"四个襄阳",共同开创省域副中心城市建设新局面》,后次报告的大标题是《坚持科学发展观,建设"四个襄阳",为早日建成现代化区域中心城市而奋斗》,由一个"中心城市"拓展到两个"中心城市",从中可以看出主政者思想脉络的发展变化,报告内容更是将其近四个月来所讲的主要观点、主要理念、新的思考、新的谋划等汇入其中,形成主政者更为完善的施政纲领。关于这一点,文秘服务工作者既需要用心感悟,又需要学习实践。

如果地方主政者有变动,新的主政者到任后,第一件大事就是全面调查研究,深入思考谋划,抓紧时间筹备一次大会,宣示自己的施政方略。因此时可能没有上级组织在发展战略上的最新要求,而接任者又希望提出自己的主政构想。同时一地的发展战略和战略口号往往是渐变式的,在变化中以宏观现实为基础,以发展大势为依托,加大自己构想内容的填充和替换,逐渐完成量的积累,选择合适机会进行质的突破,全面推出自己深思熟虑的发展战略,响亮提出自己斟酌再三、深思熟虑的战略口号。起草这些大会工作报告,就需特别注意领悟好主政者的意图,与主政者互动,形成主政者称心如意、面貌一新的发展战略,特别是鼓舞人心、铿锵响亮的战略口号,使之成为主政者主政时期的鲜明旗帜。

2013年5月16日,新一任襄阳市委书记到任,7月20日召开市委十二届七次全会,报告标题是《解放思想,求真务实,努力开创"两个中心、四个襄阳"建设新局面》,对以往的具体工作思路作出了调整。随着各方面工作向纵深推进,"两个中心、四个襄阳"的提法淡出人们视野,取而代之的是,放手发展规模,努力提高质量,加快建设汉江流域中心城市。

2017年2月28日,新一任襄阳市委书记接任,7月3日召开市委十三届四次全体(扩大)会议暨市委务虚会,着眼于高质量发展,沿袭着"提升首位度,打造增长极,争当排头兵"的提法,总结成绩,分析问题,查找差距,提出目标,规划战略,为"一极两中心"建设埋下伏笔。在之后的工作中,"提升首位度,打造增长极,争当排头兵"的话语从新的主政者讲话中、市委文件中、新闻媒体报道中也逐渐消失，取而代之的是减量化增长、高质量发展，加快建设"一极两中心"。

三、高瞻远瞩地研判形势、描绘愿景

这集中体现在会议报告的总论部分，也是会议报告的核心灵魂。此部分往往篇幅不会太长，但却体现着报告的站位高度和内在品质，是工作报告中最难写的部分。为什么研判形势这么重要呢？因为它是愿景蓝图的根，是远大目标变为美好现实的土壤，面对什么样的形势才有什么样的任务，应对什么样的形势才会确定什么样的方略，因势利导、顺势而动、借势而起、乘势而上，都是这个意思。毛泽东同志在延安时期的众多报告，甚至标题就用的是形势和任务。再如党的二十大报告中指出，我国发展进入战略机遇和风险挑战并存、不确定难预料因素增多的时期，我们必须准备经受风高浪急甚至惊涛骇浪的重大考验。十分精辟、精准的形势分析和科学研判，既让我们感同身受，又使我们醍醐灌顶。报告中部署的各项工作任务，都是在这一形势下作出的，也是必须作出的，全党全军全国各族人民都觉得非常重要，非常有针对性和前瞻性，而且也非常有信心、决心去做好，希望蓝图早日变成现实。

在重要会议工作报告中，如果不作形势研判就进行工作部署、战略安排，就可能成为无源之水、无本之木，要么是主观臆断的盲目举措，要么只顾眼前的狭隘短视。从哲学的观点来讲，抓不住形势与任务之间的"纽带"，把握不准战略举措推出的时、效、度，就失去了天时、地利、人和的有机统一，极有可能陷入各种误区。比如，东部发达地区的领导到中西部地区任职，如果不考虑实际情况，把过于超前的做法搬到中西部地区，就可能欲速而不达；西部欠发达地区的领导到中东部地区任职，如果照搬过去的老经验行事，就可能水土不服，落后于形势。

一般来讲，会议报告的内容结构是固定的，基本是三大部分：总结成绩；研判形势并提出目标任务、指导思想、工作方针、战略重点、重大原则等；具体部署今后一个时期的各项工作。至于在报告的具体撰写过程中，形式结构

可能是多个部分，甚至可以千变万化，没有一定之规。但是，不管内容和写法怎么变化，万变不离其宗，永远也不会跳出前述三大部分这个"如来佛祖的手掌心"。内容结构的第二部分虽然属于务虚部分，更多体现的是眼界视野、理论功底、战略思维、胸怀抱负等素质能力，所以写起来要比实体部分难得多，而研判形势又是难中之难，难的是既要把形势分析得符合国际国内大势，又要具有本地区特点；既要有社会认知的基础，又要有先人一步的表达，看到一般人还没看到的东西，说出一般人想说而说不圆满的话来，给人眼前一亮的启示；既要把各种机遇和挑战分析透，又要能鼓舞士气、增强信心。

2010年秋，中共襄阳市委抽调多部门人员组建起草组，负责起草本地区的"十二五"规划指导意见，文稿几次送签都未通过，主持文件起草的市委领导很着急，明确强调要魂体表内、形神兼备，早日写出有质量的文稿。此时笔者接到任命参与其中。待审读前期的初稿后，笔者觉得实体内容没有大问题，关键是缺少研判形势的内容，文件没有时代背景可依托，缺乏市委文件应有的站位高度，为什么要部署这些实体内容也显得很突兀。于是补写了近2000字的形势研判内容，主要强调："十二五"时期，是我国统筹区域协调发展的持续推进期，也是襄阳综合实力的快速扩张期；是我国工业化和信息化融合深化期，也是襄阳争创产业发展新优势、提升核心竞争力的关键时期；是我国城市化与城市发展双重转型的加速推进期，也是襄阳在区域城市群中脱颖而出、迅速崛起的重要成长期；是我国增强经济社会发展协调性的优化期，也是推进襄阳社会事业突破性发展的机遇期。发展不够、发展不快、发展不优、发展水平不高，仍是襄阳最大的实际；紧追急赶发达地区和先进城市，仍是襄阳最现实的追求；全力以赴做大经济总量，不断提高发展质量，构建有利于科学发展的体制机制，推动经济社会更好更快发展，依然是襄阳"十二五"时期的中心任务和头等大事。不长的一段文字，把当时的形势分析得比较透彻，很好地贯彻了上级指示精神，也很符合襄阳当时的客观情况，得到各方面的广泛认可，为文件躯体注入了灵魂，为实体内容提供了依托。文件很快被市委主要领导签发，提交有关会议讨论。

襄阳市第十二次党代会报告，对形势研判是以"建设现代化区域中心城市的时代方位"形式出现的。报告集中指出,建设现代化区域中心城市,是把襄阳推向新高度、新境界的历史使命;建设现代化区域中心城市,是加快省域副中心城市建设,担当构建"战略支点"重任的政治责任;建设现代化区域中心城市,是顺应时代发展潮流,在更高竞争层面配置资源的必然选择。这一形势研判,指出了当时很多人尚未看到的大势,表达了很多人想表达而又表达不出来的心声,激发了广大干部群众大干快上的热情,点燃了襄阳人萦绕心头、念念不忘、孜孜以求的梦想,热烈了党代会的现场气氛,升腾了襄阳的发展气场。

2014年底,中央作出"中国经济发展进入新常态"的重大科学判断,当时人们对新常态的理解可谓五花八门。2015年1月14日召开的中共襄阳市委十二届十次全会,根据书记的意图,报告的形势研判部分写道:要用历史眼光去考察新常态,清醒地看到新常态下要把"发展是硬道理"讲得更好,把"发展是第一要务"抓得更实,绝不是放松经济发展,更不容许经济"自由滑落";要用辩证思维去看待新常态,清醒地看到"换档调速"不是整齐划一的"同等降速",必须因地制宜、好中求快;要以竞进状态去把握新常态,清醒地看到新常态下区域竞争不是弱化了而是更激烈了,必须坚决摒弃被动应付的消极心态,只争朝夕地担当好"既赶又转"的双重任务;要以提能之为去应对新常态,清醒地看到新形势、新挑战对我们的新要求,必须与时俱进地改进各级党委、政府领导经济工作的观念体制和方式方法,不断提高领导经济工作的法治化水平和专业化能力。"四个清醒地看到"很好地统一了襄阳人民的思想认识,极大地鞭策了广大党员干部在新常态下展现新作为、比拼新业绩、作出新贡献。

2015年是完成"十二五"规划的收官之年,也是"十三五"规划的谋划之年。在同年7月28日召开的中共襄阳市委十二届十一次全会的工作报告中,书记对襄阳发展形势作了"四个空间更加广阔,五个刻不容缓"的适时研判:对外开放的空间更加广阔,改革创新的空间更加广阔,市场拓展的空间更加广阔,优化生产力布局的空间更加广阔;加快产业转型升级、提高产业竞争能力刻不容缓,切实改善民生、提高经济社会协调发展能力刻不容缓,解决发展不均衡难题、提高统筹城乡区域发展能力刻不容缓,赢得竞争新优势、提高科技创新能力刻不容缓,加强生态文明建设、提高可持续发展能力刻不容缓。这样研判形势,极大地开阔了全市上下谋划"十三五"规划的眼界,指明了谋划"十三五"规划的方向、重点,为引领襄阳经济社会发展上水平、上台阶起到了重要作用。

列举形势研判方面的多个例证,一是想进一步强调研判形势对报告起草是何等的重要,科学精准地研判形势是处理好虚与实、远与近、内与外、思与行、图与成等辩证关系的重要前提。俗话讲"识时务者为俊杰",多少也有这种意味。二是想说研判形势绝对不能刻舟求剑、坐井观天、人云亦云、死搬教条,一定要用联系的、变化的、发展的眼光去观察分析客观环境,善于由表及里、由此及彼、探究本质地作出判断,为科学决策提供正确依据。三是想说形势研判要与工作实践相结合,不能是不着边际、模棱两可的大话空话,一定要服务于科学决策、统一思想、凝聚力量、发展事业。

四、正确处理守正与创新的辩证关系

党的二十大报告指出,守正才能不迷失方向、不犯颠覆性错误,创新才能把握时代、引领时代。这对撰写会议报告同样适用。会议报告或重要文件具有直接的观念引领性和工作指导性作用,起草过程中,既要坚守已被实践证明正确的东西,又要注意与时俱进,及时吸收各种新理论、新经验、新语言,绝不能丢掉"护身符"般的根本法宝,绝不能不顾时代的发展变化仍保持着一成不变的面貌。党的二十大报告是我们学习的楷模,像"党发挥总揽全局、协调各方的领导核心作用""自我净化、自我完善、自我革新、自我提高"等内容,在前几次党代会报告中都有表述,因为是法宝,要一以贯之地坚持下去,而绝大多数内容都是实践发展的最新理论提炼,都是最新的理论创新成果,要及时吸收。

对于地方来说,怎样创新?就是要注意把握新趋势、落实新指示、借鉴新经验、引入新表述,先人一拍、快人一步,敢于谋划过去没有谋划过的前景,敢于说出别人没有说过的新话,敢于部署其他地方尚未行动的新事,使报告本身充满着新意境,推动工作落实后可创造出新经验。

2016年1月6日，中共襄阳市委召开十二届十二次全会，全会工作报告及市委配套文件中引入"互联网+"的概念，《人民日报》等中央媒体使用此名词还不到一个月的时间，绝大多数领导干部对这一概念极为陌生，在市委常委（扩大）会议讨论报告和文件稿时，一致认为报告写得很好，原则赞同，但一些与会者建议删除"互联网+"，觉得这一"不伦不类"的表述，影响了市委文件的严肃性。经书记点将及授意，文件起草组负责人在会议现场作详细解释，此概念得以保留。后续实践证明，襄阳闻风而动地推动"互联网+"，"互联网+旅游""互联网+物流""互联网+工业制造"等如雨后春笋，一发不可收，呈现出欣欣向荣之势。襄阳抢占了发展先机，赢得了实践主动，相关工作走到了全省全国前列。

2016年，国家旅游管理部门提出，要深化厕所革命，建设高品位的"第三方卫生间"。这在很多一线城市也只是做了些"盆景"，内陆中小城市想都没敢想。2017年7月3日，中共襄阳市委召开十三届四次全会时，就作出相关工作部署，在报告征求意见时，大多数人不知道是什么意思。正是这一工作部署和具体落实，在不到一年时间内，襄阳仅中心城区增建200多座公厕，80%配建了"第三方卫生间"，所有3A级以上旅游景区增建了"第三方卫生间"，使襄阳在此项工作中成了全国的网红城市，到襄阳来学习相关经验的城市络绎不绝。

2015年1月15日，习近平总书记在中央党校县委书记研修班学员座谈会上强调，要始终做到心中有党、心中有民、心中有责、心中有戒。1月21日，襄阳市委召开大会，湖北省委常委、襄阳市委书记在讲话中引入"四有"，很多与会者纷纷赞扬，市委学习贯彻总书记的讲话精神"不过夜"。

襄阳是较早搭乘中欧班列的内陆城市之一；襄阳对外开放的大通道、大通关、大平台建设，为襄阳成为湖北自贸试验区的三大片区之一奠定了较好的基础；襄阳高新区"一枚公章管审批"的改革举措，为襄阳高新区在全国高新区排名接二连三的提升和襄阳城市经济总量的快速壮大，增添了强劲动力，等等这些创新举措是市委、市政府科学决策的结果，也渗透了文秘服务团队创新思维的参谋劳动。

五、夯实着重点，盯紧新焦点，找准均衡点，不留空白点，设计兴奋点

会议报告是一个地区、一个部门、一个单位的全面工作总结和系统任务部署，是面面俱到与突出重点的有机统一，是统筹兼顾与凸显特点的有机统一，是龙头引领与协同作战的有机统一。从涉及内容上讲，就是要按照"五位一体"总体布局和"四个全面"战略布局的要求，对经济、政治、文化、社会、生态文明建设以及党的建设，作出全面系统的安排部署；从所辖的地区和单位来讲，就是要一视同仁，做到"下雨不戴帽——个个都轮（淋）到"。具体落笔时，有些工作可能是长篇大论，有些工作可能一笔带过，粗略浏览，有重点、有特色，仔细审读，无亲疏、不漏项。实现这一目标，在文件起草过程中，要把握住以下"五个点"。

一是夯实着重点。就地区而言，一方面，要把"发展是党执政兴国的第一要务""坚持以人民为中心的发展思想""创新是第一动力""全面从严治党是根本保证"等，作为会议报告内容的重中之重，浓墨重彩地安排部署高质量发展、保障和改善民生、改革创新和扩大开放、党的建设等具体工作；另一方面，要结合本地实际，写出相关工作的新要求、新思路、新举措。就部门、单位而言，在全面贯彻党的基本路线、基本方略的前提下，要凸显主责主业和党的建设内容。比如，单就经济建设来讲，襄阳是全国具有百亿斤粮食产能的农业大市，拥有以汽车及汽车零部件为龙头的六大支柱产业，每次会议报告都围绕这些市情和形势的发展变化，重点安排立足新发展阶段、贯彻新发展理念、构建新发展格局、推动高质量发展的具体工作，既要注重发挥襄阳发展的基础优势，又要努力增创襄阳在区域竞争中的新势能新高地。

二是盯紧新焦点。每个发展阶段，"国之大者"的指向是不同的，每个时期的"国之大者"就是此时的工作重心和焦点要事，如"十三五"时期的精准扶贫、三大攻坚战等。会议报告要把当时的"国之大者"作为新焦点并纳入着重点内容范围，不断总结相关工作取得的阶段性成绩，安排部署好过硬有力的措施办法，保证相关工作向纵深推进，实现预期目标，回应上级组织和社会各界的关切，交上无愧于组织、无愧于人民、无愧于时代的优异答卷。

三是找准均衡点。主要指会议报告的形式布局结构，要尽量把内容资源较为均衡地分布到不同部分，尽力对内容资源相对贫乏的工作进行专题性研究，避免报告的各部分内容体量差异过分悬殊，把协调发展的工作反映到文本报告中，以"弹钢琴"式的工作部署，促进经济社会协调发展。比如，在农业地区，可能对工业化的认识和相关举措显得薄弱；在内陆地区，可能对扩大开放显得无话可说。在许多地区，有些工作可能做了很多很好，研究也很深很透，写起来也很顺手，洋洋洒洒数千言还难停下；有些工作可能做得少，研究得少，写起来就很陌生很别扭，几句话就没什么可说了，全面工作的报告极有可能写得像专题工作报告。报告起草者要强化均衡协调理念，注重统筹兼顾，既要扬长更要补短，把差距当作潜力挖掘出来，指导本地区、本部门、本单位各项工作协调推进，促进经济社会事业协调发展，绝不能因为某些工作相对薄弱，就随便应付、就坡下驴而贻误发展，导致恶性循环。

四是不留空白点。任何工作不管是稳态化冷门形态，还是动态化热门形态，都是党和国家的重要工作，都是经济社会事业的重要组成部分。会议报告起草者都要强化系统观念和缜密作风，不忽视任何一项工作，不轻视任何一个部门，不遗漏任何一个构成社会有机体的分子，绝不能给会议报告留下硬伤和瑕疵。但其实，现实生活中留空白点的现象时有发生。比如，人民代表大会制度是我国的根本政治制度，政治协商制度是我国的基本政治制度之一，而工作实践中，有些地方、部门和单位的有些重要报告竟然会漏掉相关内容，这是绝对不能容许的。又比如在党代会报告中，经济发展肯定是工作部署的重点，而属于相对静态化的档案等工作，就不可能作详细部署，但这方面内容绝对不能没有，哪怕是一两句话甚至几个字都行。

五是设计兴奋点。怎样在报告中多形成一些高潮，就是设计兴奋点问题。会议报告通常会相间一定的段落，插入直击听众心底的语言，以引起听众广泛共鸣，赢得现场热烈掌声。一般而言，报告中每一部分的结尾，专门写几句总结性的话，既是小结，也是过渡，还是报告人在听众掌声时的小憩时分。

像襄阳市第十三次党代会报告,每一部分的最后一小段文字,就是设计的兴奋点、报告人用以小憩的文字,形式效果大于实际意义,写好了很添彩,若没有也不伤大雅。

六、把集思广益、从善如流、循循善诱、凝聚共识贯穿于报告起草全过程

在党的重要文件中常有这样的表述:毛泽东思想、中国特色社会主义理论体系、习近平新时代中国特色社会主义思想是党和人民实践经验和集体智慧的结晶。这不是一句空洞的套话,而是真切的客观事实。这些伟大思想、科学理论的主要创立者们,在开辟马克思主义中国化时代化的历史进程中,充分吸收全党上下的智慧,充分结合中国发展实际和中华优秀传统文化,使这些伟大思想、科学理论不断丰富完善,得到全党全国各族人民的高度认同,最终成为指导党和国家事业发展的根本指导思想。情同此理,地方、部门、单位的重要会议报告,既主要体现着主要负责人的履职施政意图,也是同级领导班子成员、所辖各级组织和社会各界各种意见建议的全面汇总,一旦经大会通过,会议报告就成为一个地区、一个部门、一个单位的共同意志,就是一个地区、一个部门、一个单位推进改革发展稳定,实施新时代党的建设新的伟大工程的行动方案。

在报告起草前,要广泛深入地调查研究。坚持问政于民、问需于民、问计于民,坚持目标导向、问题导向、结果导向,把民情、民意、民力搞清楚,把战略机遇、战略重点、战略举措搞清楚,把改革发展建设的方向和路径搞清楚,聚集实践遇到的新问题、改革发展稳定存在的深层次问题、人民群众急难愁盼问题、党的建设面临的突出问题,顺应人民群众对美好生活的向往绘蓝图,着眼于勇立时代潮头、抢占发展先机明重点,立足于创新的思维、市场的办法、法治的方式定措施,真正形成一份有高度、有精度、有温度、有力度的好报告。2016年下半年,在起草襄阳市第十三次党代会报告时,起草组作了大量调查研究,为起草好报告奠定了坚实基础,仅在民生领域就收集了老旧小区加装电梯、小区集中供暖等六个方面的居民诉求并写入党代会报告中，抓住了人民最关心最直接最现实的利益问题，使得保障和改善民生很具体很实在，得到广大人民群众的高度赞誉，且与中央财经委员会同期会议强调的七方面民生事项高度契合，也使襄阳的相关工作在全国范围进入高光时刻。

在报告修改过程中，要最大限度地集中民智。坚持走群众路线，坚持民主集中制原则，在把握好政治立场、政治原则、政治方向的前提下，预留充足时间，上下反复多个回合，实行民主过程，对报告初稿征求意见建议。文稿起草者要忠诚贯彻决策者意图，以兼容并蓄、从善如流的态度，虚心听取各方面的意见建议，认真吸收各方面的真知灼见，而且这种吸收越充分，各方面提意见建议的热情就越高，所提意见建议的质量也越高，所贡献的智慧资源也越多，对提高报告质量、凝聚广泛共识的作用也越大。2012 年 6 月，中共襄阳市委召开十二届五次全会，研究部署文化襄阳建设工作，《坚持文化立市，建设文化襄阳，努力打造国内外有重要影响的文化名城》的全会报告，经过多层次、多角度、多回合研讨修改，仅报告人主持的征求意见座谈会就达三次之多，集思广益的广度和深度极不一般，整个报告充分集中了全市党政干部、市内外文化专家学者、广大襄阳市民的智慧，对襄阳文化的研究达到了前所未有的透彻，对襄阳文化建设的部署展现出了前所未有的重视，文化自信自醒自觉自强的政治自觉、实践自觉、市民自觉得到前所未有的增强。自此以后，襄阳文化大繁荣大发展步入一个新境界；时至今日，谈到襄阳文化建设，那次全会报告的作用和影响都是无法绕过、不可或缺的。

要善于将报告征求意见的过程，变成宣传报告主张的过程，提升思想认识的过程，凝聚广泛共识的过程。如党代会及其全会报告，征求部分领导干部、基层组织、民主党派等方面的意见，是必需的环节。要通过这一过程，让社会各界了解党委的主张，认清发展大势，明确目标任务，把握工作重点，把思想和行动统一到党委工作报告精神上来，把智慧和力量凝聚到发展战略上来，同心同德，顺势应时，抢抓机遇，应对挑战，真抓实干，赢得未来。从 2011 年到 2017 年，襄阳在多个重要会议的相关文件中设定的发展目标，如四年地区生产总值翻番、城市经济总量进入全国 50 强等，每次都争议较大，但经过讨论分析，对必要性可行性作出说明，对有利条件、现实可能进行充分论证，全市上下不仅认同了一个个奋斗目标，而且变压力为动力，众志成城地摘到了跳起来才摘得到的"桃子"。在此期间，襄阳地区生产总值每三年净增 1000 亿元，综合经济实力从全国城市排名 70 名左右，进入 50 名以内，襄阳被《人民日报》等中央媒体评选为 2000 年以来，全国地区生产总值年均增速最快的四个城市之一。

在报告基本定稿后，要注意从语法修辞、标点符号、语言流畅等方面去吹毛求疵、精雕细刻，力求达到尽善尽美。这是个精益求精的过程，也是一个锦上添花的环节。襄阳市第十三次党代会在正式召开前，用了两个半天时间，专门请襄阳广播电视总台的男女主播像录播正式节目一样，逐段逐段地朗读会议报告，起草组逐句逐句地细抠，一点一滴地打磨。有了最后一道工序，报告质量得到了新提升。

总之，会议报告也是领导讲话，只不过是一种仪式感更强的发号施令，是居高临下、隆重庄严的领导讲话。报告与一般讲话有相同之处，也有鲜明的不同特点。一个主题很宏大，一个主题很具体：报告关乎全局，关乎长远，安排部署的是大战略、大原则、大目标；而讲话专注一事，专注一时，针对具体工作，安排部署得很细致。一个内容很全面，一个内容很聚焦：报告中，"党政军民学，东西南北中"无所不包，经济、政治、文化、社会和生态文明建设，以及党的建设不得漏项；而讲话通常仅就单项工作讲深讲透，在什么山上唱什么歌，以现场、目标、问题为导向去有的放矢。一个很兼顾，一个很个性：报告虽主要体现主要负责人的意图，但需要把领导班子成员的意见、上上下下的智慧充分吸收进来，尽可能地体现集体意志；而讲话，讲话人无须考虑和照顾班子其他成员的想法，可以完全根据客观事物作出感性认识和理性判断，几乎完全体现着讲话者的风格。一个很战略，一个很战术：报告是战略规划，是管方向、管全局、管长远的纲领性文件；而讲话主要是体现在操作层面，指导相关地区、相关部门、相关单位解决具体问题，推动实际工作。

第八篇
如何写好会议纪要

会议纪要是政务活动的伴生物，与其他政策性文件一样，具有同等的行政约束力。因其仅是对会议讨论研究具体事项所得结论的记录，相对其他文稿形式来说，显得比较单纯、直白，常给人一种"随便写写，无关紧要"的感觉，也使不少人忽视了其记录决策、分派任务、督办工作、追究责任等功能，以至于不少文秘服务工作者写会议纪要时有些漫不经心，甚至敷衍了事。这是极为错误的认识和行为。会写会议纪要是文秘服务工作者的必备职业素养，写出高质量的会议纪要才能更好地以文辅政。那么，起草会议纪要，需要注意哪些事项呢？

一、提要记录会议主持人的总结讲话

会议纪要是为解决某个特定问题、推动某项特定工作而召开专题会议所形成的特定文件。会议主持作为解决某个特定问题、推动某项特定工作的牵头人，会召集相关地方、相关部门、相关单位的同志，共同讨论商议解决问题、做好工作的目标、标准、措施、责任、时限等内容，在充分讨论的基础上，主持人将作总结讲话，对大家讨论的内容综合取舍，并根据组织决策和实际需要，提出明确的具体要求。会议纪要可顺着主持人的总结讲话思路，提纲挈领地把总结讲话的精神记录下来，把问题怎么解决、资源怎么调配、责任怎么分担、分工怎么协作、任务怎么完成、奖惩怎么落实等事项，清清楚楚地表述出来，以便参会方依照各自分工，分头具体落实，也便于牵头单位和责任领导检查督办。执笔人要十分清楚且需切记，主持人的总结讲话是会议纪要的纲和主线，千万不要想当然地东拉西扯或东拼西凑。明白了这一点，会议纪要就算基本写成了。

二、不要忘记会议纪要的政治性、政策性

会议纪要虽然是为解决某个具体问题、推进某项具体工作制发的文件，文件内容基本是涉及人财物等时、效、责都很具体的事项，似乎与政治不沾边，与政策也比较远，但鲜明的政治性、严肃的政策性是必需的，而且要旗帜鲜明地展现政治性、全面准确地把握政策性。这是会议纪要必须架设的"天线"。通常而言，可在会议纪要导语或纪要第一条中，专门讲本次会议的政治意义、措施办法的政策法规依据，用简明扼要的语言把会议纪要的"天线"接好，保证党委政府的文件有别于民间的民事调解文书。即便主持人总结讲话中没有这些内容，起草者也要查找相关资料，加写相关内容，作为会议纪要的总纲和灵魂。这是很多新手们容易忽视的细节，也是许多会议纪要缺乏严肃性、权威性的原因之一。此外，对整体工作方案、具体工作措施，既要认真贯彻落实党的路线方针政策和国家法律法规，也要做到实事求是，具体问题具体分析，达到解决问题、推动工作、服务发展的目的。如，2017年襄阳市城建投资规划会议上，在听取住建、公安、城投公司等部门全面汇报后，湖北省委常委、襄阳市委书记对该年城建项目规划的原则、重点、投资使用的方法等，讲得很专业、很透彻。写会议纪要时，第一条就专门写了如何贯彻落实中央城市建设工作会议精神的内容，使本来就事论事的文件立马具备了很强的政治性和政策性。

三、工作要求要十分明确，绝不能含糊其词

一次落实性会议召开过后，会议纪要中的工作责任主体是谁不清楚，工作完成到什么程度不明确，何时完成工作任务不知道，落实责任中的赏罚不

分明……这是许多会议纪要常有的通病,也是社会生活中为什么出现那么多陈年旧账的原因之一。查阅很多信访积案,能看到多个领导召开过多次会议,产生了多个会议纪要,但年复一年,问题始终得不到解决,一个重要原因,就是每次会议纪要中的工作要求都是含糊不清、模棱两可的,参会者想落实不知道怎么操作,不落实也不会有责任追究的后顾之忧。合格的会议纪要中工作要求要十分具体,哪件事由哪个部门或单位做,什么时候做到什么程度,完成任务的时间节点在什么日子,责任不落实将受到什么处分等,都要写得清清楚楚,让所有参会方高度重视、协同行动,以达到众志成城、攻坚克难、团结奋战、实现目标之目的。2021年,襄阳市人大常委会主任受市委指派,牵头化解市内某化工园区中一件十多年未解决的信访积案,此积案在之前许多年有多位市领导包保去化解,但都不了了之,此案几乎成了一桩无头案、无解案。该同志在深入了解情况后,召集有关部门和单位商讨解决办法,形成了如同施工图、时间表、责任状般的会议纪要,按照"依法依规、解决问题、担当责任"的总原则,要求市中级人民法院怎样解冻现有房产,要求国土资源部门怎样尊重历史地出具相关手续,要求襄城区怎样拆除违规建筑,要求房产购买方怎样支付款项,等等,办法非常具体,要求非常明确,责任十分清晰,工作推进井然有序,到该年底,十多年未化解的积案终于得到圆满解决。再如,襄阳市委常委会关于听取建设城区地铁规划的会议纪要,科学把握中心城区人口数量、地方公共财政收支水平,对建设城市地铁问题不盲目跟风,不被设计单位"绑架",把"五年内,对襄阳城区建设地铁问题,只研究不申报;未来建设地铁需建名副其实的地铁,不建轻轨,以免破坏市区景观特别是鱼梁洲景观"的态度表明得非常清楚。

四、规范发文格式,特别要记下参会者的真实姓名

发文单位、发文时间等文件格式要严格遵守,特别要记下参会者的真实姓名,代会者就记代会者,不要考虑什么职务、职级因素,去冒名顶替,或张冠李戴。这样,在工作落实过程中,责任就可以追查到人头,以免参会知情的不落实,有落实责任的不知情。规范发文格式,也是对历史负责,让工作

接任者接续解决问题、推动发展,让后人查找相关历史档案时,能够理出头绪。实践中常会遇到一些怕担当、推责任的单位和个人,领导召开解决棘手问题的会议时,责任部门和单位本应参会的人找各种理由不参会,随便派人代会,会后相关领导对本部门本单位的责任不闻不问,到领导督办时,以不知情来搪塞应付。记实参会者,记准责任状,在印制会议纪要时非常重要!

例 文

关于襄阳古城保护与发展工作调研座谈会会议纪要
（2018 年 8 月）

2018 年 8 月 21 日上午,湖北省委常委、襄阳市委书记率领有关同志现场察看原八一军招附近护城河、古城墙夫人城段、北街单府花园等地保护修复情况,并主持召开襄阳古城保护与发展工作调研座谈会,听取了相关部门的工作进展情况汇报。市政协主席、市委宣传部部长、市委秘书长、分管城建城管和分管文教卫的政府副市长、襄阳军分区政委等同志分别对如何加强和支持古城保护工作谈了意见建议。书记对襄阳古城保护与发展工作提出了要求。现纪要如下。

会议强调,全市上下务必形成强大合力,按照《襄阳古城保护与发展三年行动计划》要求,下最大的决心,不折不扣地按照时间节点完成各项工作任务,用三年时间把襄阳古城打造成国内知名的旅游目的地和集散地。一是要迅速形成共同意志。要加快地方立法进程,将市委、市政府作出的决定变成法定意志,让古城保护与发展从认识到行动不可逆、不可后退、不开倒车,只能往前走。要以真正的奋斗决心、最大的战略决心,带着对襄阳古城的深厚感情,形成保护古城的共同意志。二是要坚持高品位高标准高质量。各部门在规划细节、建设细节等方面,包括城墙周边配套体系,都要坚持高品位高标准高质量,把古城保护打造成精品工程。三是要形成整体合力。围绕"退、转、迁、拆、修、护"等关键,抓好古城保护工作。古城内现有的经营性文物管理单位场所等要坚决地退出来，坚决落实保护基础上再利用的原则；要有计划地把古城内办公场所、部分学校等迁出，依据古城保护规划，以发展文化旅游业的思路，将相关建筑转成其他用途；要加大拆迁力度，加快拆迁工作节奏；要修旧如旧，保留襄阳古城的传统风貌。四是要形成实施的框架和实施的路径。在古城保护规划的统筹实施中，要考虑到城墙、护城河、民居生活等每一个小部分，做好古城小街小巷宜居宜游、文化传承的改造文章；要提升古城文化市场拉动旅游文化产业、拉动城市品位的功能；要改善古城的交通设置，设立的旅游专用通道不能随意变成城市的交通通道；要抓住窗口期，谋划一大批文化项目、民生项目等，各部门都要争取项目争取资金，精心谋划，整合打包，共同形成最大合力。要抓住问题的症结，提升工作效率，按照总体设计、完善机制、协同动作，力争明年工作见成效，三年形象能出来。

会议要求，一是成立古城保护协调办事机构。由政协主席、宣传部部长牵头，明确一名市委副秘书长或政府副秘书长具体实施，抽调人员成立办事协调机构，负责一般性事务。所有的对外谈判、招商，包括处理经营性文物场所收回等原则性问题，皆须报领导小组批准。二是抓紧古城保护的规划修编和护城河治污。规划修编，由市规划局、襄城区、古城管委会牵头，力争2019年3月前完成。护城河治污工作，由市水利局、市城建委牵头，拆除拦水坝力争今年年底完成，清理淤泥工作力争在2019年3月完成。三是编制古城保护利用资金平衡计划。由市财政局、市规划局牵头，汉江国投协助，最迟完成时间在2019年3月底之前，最好今年底前完成。四是重点文物场所经营权收回。由市文体新广局牵头，市政府法制办、市司法局配合，除了城墙开洞经营的以外，其他的全部收回，截止期限为2019年9月底。墙内高压线迁改由供电公司负责，2019年9月底前完成。五是城内所有的街道立面改造。从胜利街开始，所有的街道立面改造2020年9月底前完成，由襄城区负责。旅游开发规划由市规划局、旅游委负责，争取明年年底或者后年一季度完成。

出席人：（略）

城市轨道交通建设规划初期方案汇报会议纪要
（2018年7月）

2018年7月6日，市长主持召开市城市轨道交通建设规划初期方案汇报，听取我市城市轨道交通线网规划调整和近期建设规划方案。市发展改革委、中国地铁工程咨询有限责任公司负责同志就有关情况作了汇报，与会同志就我市城市轨道交通规划建设进行了深入讨论，常务副市长、分管交通的副市长提出意见建议，湖北省委常委、襄阳市委书记作了总结讲话。现纪要如下。

会议认为，以列车和单车运送客流的城市轨道交通，是城市公共交通运输体系中的重要组成部分，是重大民生工程，是城市空间结构的物质骨架，是环境保护的有效设施，是现代文明的重要标志，对引领城市未来发展、提升城市品质和核心竞争力具有重大战略意义。

会议强调，做好我市轨道交通规划和建设发展工作，要以习近平新时代中国特色社会主义思想为指导，深入践行新发展理念，紧紧抓住新时代社会主要矛盾的变化，切实增强现代化城市的管理经营意识，坚持科学决策、规划引领，坚持量力而行、尽力而为，坚持集约节约、品质至上，把握城市特点，增强战略定力，统筹考虑人口规模、城市品质、自然生态、防汛防洪等因素，防止盲目跟风、消费早熟行为，避免劳民伤财、寅吃卯粮现象。五年内，对襄阳城区建设地铁问题，只研究不申报；未来建设地铁需建名副其实的地铁，不建轻轨，以免破坏市区景观特别是鱼梁洲景观。

会议指出，要以提升城市品质、提升城市功能、让城市生活更美好为目标，坚定不移地发展以轨道交通为骨干的城市公共交通体系。要深入研究城市内部交通与城市外部联系、城市现实需要与未来需求、城市地下空间利用与地上空间利用、城市轨道交通与其他交通运输方式、科学规划与建设营运等的关系，既把城市轨道交通作为战略性重点发展内容，也决不急于求成、仓促上马，更不能一味追求报批、动工速度而放弃城市品质和更加成熟的城市轨道交通的车辆制式之追求。要深化建设规划初期方案的研究，以客流需求为导向，深化建设规模的研究；以生态优先为导向，深化线路选择的研究；

以品质至上为导向，深化对车辆制式选择的研究；建成市民满意、装备先进、营运效益好的城市轨道交通体系。

会议强调，各地各部门要提高认识，把思想统一到城市未来发展需求上，统一到城市品质提升上，统一到公共交通体系建设上，树立一盘棋思想，为城市轨道交通报批和建设积极创造条件。要大力推动产业发展，持续抓实招商引资，更快地集聚更多城市人口；从明年开始考虑设立轨道交通建设专项基金，保证工程一旦投入建设就有财力支撑、有能力建设；市发展改革委、财政、土地、规划、汉江国投等部门要认真研究国家政策，用好各类政策、资源，积极争取各方面理解和支持，加快前期规划、土地储备、手续审批等准备工作，形成推动城市轨道交通建设发展的强大合力。

出席人：（略）

全市企业家座谈会会议纪要
（2018年2月）

2018年2月5日，市委、市政府在骆驼集团股份有限公司召开企业家座谈会，11名企业家代表介绍了本企业的生产经营状况，畅谈了投身高质量发展的企业打算，并对市委、市政府为企业排忧解难、支持企业做优做大做强、加快建设万亿工业强市提出了意见建议。市委常委、常务副市长主持会议，湖北省委常委、襄阳市委书记作了重要讲话，市委常委、统战部部长，市委常委、秘书长，分管工业经济的副市长分别就落实会议确定的具体工作任务，作了表态发言。现纪要如下。

会议强调，要以习近平新时代中国特色社会主义思想统领高质量发展。要把"七个坚持"贯穿到党委、政府抓好新时代经济工作的各方面和全过程，落实到企业生产经营、创新创业的全领域和各环节。要着眼建设现代化经济体系，牢牢坚持"两个毫不动摇"，顺应新时代社会主要矛盾的变化，深入践行新发展理念，紧扣供给侧结构性改革主线，落实高质量发展根本要求，聚焦实体经济发展，努力建设创新引领、协同发展的产业体系，统一开放、竞争有序的市场体系，体现效率、促进公平的收入分配体系，彰显优势、协调联动的城乡区域发展体系，资源节约、环境友好的绿色发展体系，多元平衡、安全高效的全面开放体系，充分发挥市场在配置资源中的决定性作用，更好发挥政府作用的经济体制，推动"一极两中心"建设焕发新活力、迈上新台阶，群策群力地当好全省高质量发展的排头兵。

会议指出，要把不断提高党委领导新时代经济工作水平和更好地发挥政府推动经济发展作用的着力点，放在积极营造发展环境上。党委政府抓发展、抓经济，要按照十八届三中全会和党的十九大精神，围绕充分发挥市场在配置资源中的决定性作用，牢牢抓住环境营造这个关键。城市的核心竞争力和发展主动权取决于资源吸附能力和资源匹配能力，而企业家是配置资源、吸附资源的行家里手。所以说，企业兴城市才兴，企业家强城市才强。在生产力中，人是最活跃的因素。在支撑发展的各种资源要素中，企业家是最稀缺、最珍贵的资源要素之一。各级党委、政府要充分认识到优化发展环境，就是塑造城市核心竞争力，就是提升城市可持续发展能力。要始终坚持把谋发展、抓经济的着力点和落脚点放在为企业的健康发展和企业家的健康成长创造最佳环境上，凡是企业家不满意的地方，都要抓紧时间改进；凡是企业家对部门有"欲言又止"的意见，政府及各部门都要认真反思、自我反省，坚决做到从善如流；凡是企业家为企业发展所思所盼的事情，都要认真对待，想方设法给予帮助和支持，绝不能打太极拳去推卸责任。

营造良好发展环境的重点，一是营造企业家脱颖而出的环境。要把企业家优不优、多不多、成长得好不好、工作得舒坦不舒坦，作为检验环境优劣的风向标和试金石。政府与企业要一起努力、一起使劲，让襄阳的企业家腰杆硬、底气足、名气大、影响广，成为城市最鲜活、最靓丽的名片，成为中国特色社会主义可靠的建设者，用数不胜数、亮丽光鲜的企业家名片，展示城市的魅力、标注城市的活力、寄托城市的希望。二是营造市场主体蓬勃生长的环境。大企业是由小企业发展起来的，知名企业家也是从无名之辈成长起来的。一个地方、一座城市的营商环境好不好，还要看"双创"氛围浓不浓、市场主体多不多，特别是中小企业成长的营商环境好不好。全市上下要从文化氛围、公共服务等方面,积极营造大众创业、万众创新的环境,多问一问创业者、中小微企业有什么难处,需要什么帮助,通过暖心温馨的服务,吸引越来越多的创新团队、投资者、创业者到襄阳来发展,促进襄阳更多的中小微企业做大做强,使襄阳的市场主体如雨后春笋,襄商企业家队伍人才济济。三是营造公平诚信的发展环境。这是企业家、社会、政府共同的责任。政府要带头讲诚信,在招商引资中承诺的事项、在支持企业发展时许下的政策承诺,要坚决兑现,坚决守信,坚决防止"新官不理旧账"等现象发生,以政府诚信为企业诚信、社会诚信作示范、作引领。要结合信息化建设,推进社会信用体系建设。所有企业要以"诚"走天下,共同塑造和维护"襄商诚"的社会形象。要把这几个环境重点抓紧抓好,努力建设好新时代襄阳的亲清政商关系,为襄阳质量变革、效率变革、动力变革奠定坚实的发展基础。

会议要求,要把工作落实的着力点放在精准服务企业、精准服务企业家上。一是要积极为企业排忧解难。要认真学习习近平总书记的为民情怀和抓落实的工作方法,坚持问题导向、目标导向、效果导向,把企业反映的问题系统梳理、分门别类,对共性问题做到深入研究、精准施策,对个性问题做到责任到人、限时解决,直至企业满意为止,真正使每个为襄阳发展作贡献的企业和企业家遇到困难时,找得到人、办得了事、解得了难。税务、环保等部门要把精准服务的立足点放在支持企业聚才、鼓励企业家创造、推动全市经济发展上。电力等部门要继续发扬立足大局、服务发展的优良传统和作风,与时俱进地变换服务思路,在变电站等电力基础设施布局上尽可能跟着企业跑,实现供需双方共赢共兴。二是要为企业发展壮大保驾护航。企业和企业家是社会物质财富的直接创造者,也是勤勉、勇敢、创新等新时代精神财富的重要创造者。所有部门都要对企业、企业家高看一眼、厚爱一分、网开一面。消防、环保等执法部门,要在具体执法与帮助企业成长中找到结合点,既严格执法,又促进企业成长。发展改革委、经信、工商联等综合服务部门,要在政府政策宣传、行业发展趋势、企业家培训等方面,多为企业提供精细化服务,帮助企业更好地抓机遇、求发展。政府有关方面要在公平透明的前提下,优先采购市内企业产品,当好新产品的使用者和传播者,帮助企业拓市场、走天下。

会议对企业反映的具体问题作了具体安排。一是政府要尽快组织专班，对惠企政策专项清理，在 3 月底前，督促各地各部门把政府各项承诺兑现到位。此项工作由常务副市长具体负责。二是对华洋堂反映的问题，春节后由国资委组成专门工作小组，在 2018 年 5 月 1 日前把相关问题处理好。此项工作由分管工业经济的副市长具体负责。三是对企业反映的转迁、资质取得、税费基数重核等问题，在 2018 年 5 月 1 日前认真做好。此项工作由常务副市长具体负责。四是对民营企业反映的具体个性问题，由市工商联汇总，组织相关部门具体答复、限时解决。此项工作由统战部部长具体负责。五是所有这些问题处理解决的进展情况，由市委办、市政府办负责督办，每月两次报市委、市政府主要领导。此项工作由市委秘书长具体负责。

出席人：（略）

第九篇
如何写好宣讲材料

理论宣讲或称辅导报告、专题讲座，是宣讲人围绕某一主题，用各种素材制作的一碗"心灵鸡汤"，希望能达到说服听众、凝聚听众之目的。若宣讲人以党政领导或党政机关代言者身份出现，所讲主题是政治议题，其所讲就是政治性理论宣讲；若宣讲人以专家学者身份出现，所讲主题属非政治议题，其所讲就是专业性理论宣讲。不管是何种理论宣讲，其实都像老师给学生讲课一般，听众是否听得进去，听后是否有共鸣、有启迪、有收获，才是衡量理论宣讲作得好不好的具体标准。那么，需要注意哪些事项，才能写出高质量的宣讲材料呢？

一、准确把握听众的素质和爱好

这是撰写宣讲材料时应做的第一反应，也是写好宣讲材料的基本前提。因为理论宣讲与领导讲话不同，领导讲话的受众对象大多有行政隶属关系，而理论宣讲的听众与宣讲人可能有行政隶属关系，多数没有行政隶属关系；与会者对领导讲话中提出的要求必须付诸行动，但听众对宣讲材料中提出的观点、建议，可做可不做。行政关联性、约束性的弱化，就需要作辅导报告时充分考虑供需关系。如果不顾听众的素质、爱好、关注，供需脱节地作报告、搞宣传，极有可能出现对牛弹琴的情况，想取得较好的报告效果是极为困难的。即便报告主题是相同的，对青年学生、社区群众、党政干部等不同群体作报告时，内容侧重点、语言特点等也应该有所不同。怎样才能较为准确地有的放矢？可从以下几个途径去努力。

一是根据日常观察去推断。做有心人，注意对周边事物、社会现象多加了解，然后对某个群体的特点作出理性判断。如宣讲人在为选调生作理论宣讲时，专门讲了保持正确的是非观、得失观、荣辱观问题，就是基于许多同事、朋友在谈论他们与成年子女相处时的酸甜苦辣，深感许多年轻人不仅世界观、人生观、价值观与上一代人有很大差异，而且在日常生活和工作中，有时会出现是非不分、得不偿失、荣辱观扭曲的行为。有了这些判断，讲出上述观点，目的是引导帮助年轻人矫正观念，端正行为，走好职场人生路。

二是有目的性地聊天调研。利用茶余饭后的聊天时间，与别人探讨一些与报告主题相关的话题，从中了解不同群体的认知水平、专业素养、关注热点、核心诉求等，在撰写宣讲材料时做到知己知彼，通过提高报告的针对性达到预期的实效性。2012年，襄阳进行了声势浩大的招硕引博工作，从全国重点院校引进139名硕博研究生。为这些青年才俊作《重道弃术　知行并举》的理论宣讲前，宣讲人与这些年轻人进行过交流，了解了他们的许多想法，宣讲就能有针对性地对他们的想法作出回应，给予指导。

三是召开座谈会了解特定社会群体的主导民意。召集专题座谈会，邀请身份相同的人士交流探讨，从众人的发言中了解特定社会群体的特别关注、特殊诉求，从而使理论宣讲成为解疑释难、明向导航、鼓劲加油的心灵沟通。2017年底，在为湖北文理学院的学生作党的十九大精神理论宣讲前，宣讲人在学院召开了教师座谈会和学生干部座谈会，对学生的思想动态有了较为全面深入了解，随后，有备而来的宣讲对学生们的思想脉搏抓得较紧，宣讲得很对路，宣讲人讲得生动精彩，学生们听得津津有味。

四是从网络媒体上收集信息。注重浏览网络信息，认真读懂网络故事，留心观察社会思潮，从中感知不同社会群体的所作所为、所思所想、所期所盼。有位领导在为全市县级领导班子成员讲集中党课前，不仅对全市各级领导班子建设情况及党员干部队伍情况做了较为深入的分析，而且从互联网上查阅了大量相关资料，努力做到有的放矢，使听众深切感受到，宣讲人讲到的问题似乎发生在自己身边，提出的要求的确是自己应该做到但还没有做到的。

二、输出正能量

　　思想无禁区,但讲坛有禁忌,这是所有宣讲材料应遵循的根本准则。社会将时间、人力、场地等公共资源提供给宣讲人,宣讲人就有责任和义务为听众输出正能量、增添新能量,绝不容许宣讲人占用社会公共资源而去干误导听众、祸害社会的勾当。开展各种讲座、论坛,绝不能给满脑子坏思想、满肚子负能量的人以可乘之机和话语市场。撰写宣讲材料,一定要引以为戒,努力为社会主流舆论鼓与呼、阐与释。

　　一是要坚持马克思主义在意识形态领域的指导地位。马克思主义是作理论宣讲必须遵循的总原则,无论什么理论宣讲,都要坚持辩证唯物主义和历史唯物主义,坚持用马克思主义的立场、观点、方法去观察问题、分析问题,坚持用中国化、时代化的马克思主义为指导,提出解决问题的方案和措施,绝不能打着"文化多元化、文明多样化"的旗号去传播、宣扬非马克思主义、反马克思主义的立场和观点。

　　二是要与社会主流舆论合拍同步。要围绕正确的世界观、人生观、价值观,围绕社会主义核心价值观,围绕中华优秀传统文化,围绕人类文明成果,确定宣讲主题及内容,用独特的视角和新颖的方法,引导听众升华对社会主流舆论的认同和坚守,凝聚社会各方面团结奋进的力量,绝不能为哗众取宠而标新立异、为博人眼球而与社会主流声音唱反调,给社会主流舆论添噪声、增杂音。

　　三是要高声喝彩铺满大地的阳光,理性看待树叶下的阴影。这是许多所谓的专家学者作宣讲时最容易犯的错,最容易跑偏的地方。在不少人作的理论宣讲中,很容易出现"到处是阴霾密布,似乎没有阳光,马上就要天崩地裂,不会存在太平盛世"之类的论点,这样的辅导报告不是在输出正能量,而是一盆成事不足、败事有余的"败兴汤"。这正是管理部门严加管控舆论场的重要原因。对每个作理论宣讲的人来说,对于丰富多彩的经济社会现象,要看主流、看趋势,看基本面、看基本盘,不要因个别现象而一叶障目、不见泰山，也不要因细小挫折而因噎废食，更不能因某个人、某个组织一时的过失过错而无限放大其错误缺点。无论是提炼观点、选取素材，还是分析数据、探寻规律，都要弘扬真、善、美，鞭笞假、恶、丑，努力达到励志育人、鼓劲提气的目的。

三、善于讲好讲透道理

理论宣讲的目的是面对面讲好道理，让听众明白、认同并践行。因理论宣讲报告重教化而非娱乐，听众往往处于被动接受地位，报告时的现场秩序及氛围与宣讲精彩程度有直接关系。宣讲作得好，听众就能聚精会神地听；宣讲作得不好，听众就必然开小会、开小差。宣讲人怎样才能帮助听众增长见识、开阔视野、启迪心智，让听众消除抵触情绪，跟随报告节奏，乐意听、专心听呢？

一是要善于用小故事去讲大道理。不要干巴巴地说教，不要声嘶力竭地喊口号，也不要言之无物地高谈阔论，而是要用听众知道或不知道的案例、故事去讲道理、表观点，循循善诱地启发听众、感染听众，让听众能感同身受、认同接受。如在讲年轻人要增强"政治三力"（即政治判断力、政治领悟力、政治执行力）时，有些听众或许觉得是一句很空的大话。但如果讲苏轼为什么政治上一直不如意就很能启发读者。正因为苏轼总是直言不讳地批评时政，毫无顾忌地顶撞上司，表现出"一肚子不合时宜"，这种政治上的幼稚，侧面反映出他的"政治三力"不高，甚至可以说他不被皇帝重用是必然的事。年轻人听后一下子明白了增强"政治三力"可不是大话空话，在职场是多么重要的事情。如在湖北文理学院宣讲党的十九大精神时，宣讲人讲中国共产党是多么的伟大，共和国取得的成就是多么的了不起，承平富裕环境下成长起来的大学生们，对长辈们曾经的艰辛苦难生活、对国家曾经的积弱积贫状况如果没有一点实感，对宣讲人所讲的观点，心理上就难以引起多大震撼。然而当宣讲人讲到 20 世纪 20 年代林语堂等一批民国时期名人的一份问卷后，同学们发现，在那个年代，中国人最大的心愿是中国的大地上没有鸦片，中国人能不受洋人欺负。而新中国成立仅有几十年的时间，国家就发生了天翻地覆的变化,同学们就会从心底里喊出:"我们党真伟大!我的国真厉害!"

二是要善于用比较的方法去讲道理。要用数据、表格作出专项分析,以数理结果去说明观点、讲透道理。襄阳在历史上具有辉煌的地位,但随着改革开放的深入,全国各地城市的地位发生了巨大变化,到 2011 年,襄阳在中西部非省会城市中地位平平,综合经济实力并不突出。当在一次理论宣讲中宣讲人讲到"我们的标兵离我们越来越远,追兵离我们越来越近"时,不少当地人还不以为然。为克服这种"坐井观天"的意识,宣讲人选取了洛阳等 8 个城市,从经济总量、万人拥有工商企业个数、高速公路网密度、4A 级景区数量、三星级酒店数量、三甲医院数量等多个指标对比分析,来印证前面的观点,全市上下马上紧张起来,激发出了大干快上的劲头。在讲"加快高铁建设,重振'南船北马,七省通衢'雄风"时,宣讲人也是用了大量数据说明在全国高速公路网形成后,襄阳在全国交通枢纽中地位下降的事实,提出必须抓住建设高铁的机遇,提升襄阳交通枢纽优势。

三是要善于用逻辑推理去讲好道理。以事实为依据,充分论证某些观点,以具体观点为支撑,逻辑推理出更进一步的科学结论。如在某次宣讲"中国建立共产党领导的社会主义制度是历史的选择、人民的选择"时,宣讲人特地讲了在这一制度建立之前,多党制、总统制、君主立宪制等各种制度在中国都试验过了,这些制度走马灯式的你方唱罢我登场,结果都是失败的,唯有历史选择、人民选择的社会主义制度才是成功的,才使中国人民从此站起来了、逐步富起来了,目前正在强起来。这实际上也是理论逻辑和实践逻辑推理的结果。

四、讲出真情实感

有些领导干部作廉政教育理论宣讲时,听众不感兴趣,核心原因是宣讲人言不由衷,讲的是大话而非真话,讲的是套话而非实话。既然把辅导报告比作"心灵鸡汤",听众最想听的是宣讲人的真情实感,希望听有所思、听有所得、听有所获,而不是被忽悠、被欺骗。所以在作理论宣讲时,要从以下几个方面体现真情实感。

一是要把自己摆进去，总结论点，提炼观点。把个人的所作所为、所思所想，把社会现象背后的规律本质，进行归纳提炼，形成与他人有共鸣、对他人有启示的生活准则、处世之道。听众觉得宣讲人讲的是人生阅历、经验结晶，就可能信服借鉴。如某次宣讲讲到"职场人要对领导、师长的话，听得真、听得懂、听得进"时，宣讲人用自己曾经失误的案例，来说明"听得懂"就是要能够听得懂弦外之音，看得懂画外之意，而且强调了这种能力对个人成长进步是何等重要。听众听后即便不认同也不会怀疑，因为听众知道宣讲人讲的是心里话。如《职场10组约等式》一文，很多事例都是讲笔者自己经历过的事情，以及经历后的一些感悟，无论在现场听，还是从网上看，从业者都能感到受启发，管理者也觉得很受用，所以引起了较为强烈的社会反响。

二是要用独到的思考分析，总结论点，提炼观点。抱着与听众交流的心态，把自己思考分析的结果提供给听众，给听众一种生活的选择，让听众自己决定取舍。在某次宣讲讲到"心态直接影响个人的健康和寿命"时，宣讲人分析了唐代诗人柳宗元和刘禹锡诗中两种不同的心态，一种是"灭绝孤独"，一种是"乐观豁达"，两人命运同样坎坷，结局却大相径庭。这一想法不仅得到听众的广泛认同，传到互联网上也引发了一阵热议。

三是要用听众身边人、身边事，总结论点，提炼观点。用听众熟悉的人和事，特别是最新变化的人和最近发生的事，去讲道理，去讲为人处世原则、人生平安秘诀，听众对重弹的老调也会感到耳目一新，对人生得失真谛会再作理性深入思考，对有些模糊了的底线、红线、高压线会重新审视。这样教育听众、启迪听众、引导听众就会产生更好的效果。2017年、2018年笔者两次为襄阳市公安系统干警作宣讲，其中专门讲了："对人生来讲，自由、尊严、健康是根本，一旦失去枉为人。公安系统的同志工作中自由裁量权较大，谋利失足一念间，一定要洁身自好，千万不要钱迷心窍！"第二次讲座时，笔者在报告开头就讲"去年讲过这一话题，听进去的人今天还在这里与我交流，6个没听进去的人，今天已没有资格坐在这里听了"。这句极平常的话，使听众都很震撼，对襄阳市公安系统廉洁从政也是有帮助的。如笔者在给选调生作宣讲时,讲了他们走进工作岗位后要注意的事项,讲了很多他们周边的人和事,都是实实在在的,告诫他们对注意事项守之有益,违之有害。由于讲得很实在、很鲜活,当时为会场做服务的工作人员也听得很入神,讲座散场后,有服务人员感慨地说,这些年轻人哪怕记住一两条,记住一两个小故事,对他们一生的成长进步都会有帮助。

例 文

明向进取　坚守作为
——与中共襄阳市委组织部选调生座谈交流
（2021年7月）

首先,非常感谢组织部给了我这样一个和年轻同志们交流的机会。说实话,当接受这个任务后,我心里很忐忑。为什么忐忑呢?因为我即将退出职场,大家将要踏入职场,几十岁的年龄差导致我和同志们的观念认知、语言体系、行为方式等都有诸多不同,很担心我们之间难以交流,造成诸多方面的无谓浪费。俗话说,三年一个代沟。我和在座的同志们有着十几个代沟,怎么跨过这十几个代沟来跟大家交流呢?为了让大家能够包容接受我这种交流方式和交流内容,我做了两件准备工作。第一件,就是昨天下班后去买了一套新衣服。我的鞋子、裤子全是新的,为的是跟大家更亲近一点。这只是句玩笑话。第二件,就是接受工作任务后,这一个多月以来我一直都在思考怎么与同志们交流、交流什么内容,一直都在查阅资料、选取角度、寻找共鸣点,期望得到一个较好的交流效果。我的目标不高,只是想如果通过今天的交流,同志们能够记住一两个故事,能够记得住一两句话,就算是跨过了十几个代沟,就算是没耽误大家的时间,就算是没辜负交办任务的组织;如果再过若干年,同志们能回味起今天的交流,而且在职场实践中有所收获,那我就更心满意足了。今天跟大家交流五个方面的体会。

一、不断提升政治判断力、政治领悟力、政治执行力

什么是政治？政治就是"国之大者""民心所向"。通俗但可能不是很准确地说，政治就是"主流媒体所讲""顶头上司所好"。习近平总书记要求我们党员干部应该提升"政治三力"，提升对"国之大者""民心所向"的判断力、领悟力、执行力。作为一个普通工作人员而言，就是要提升对"主流媒体所讲""顶头上司所好"的判断力、领悟力、执行力。同志们虽然刚入职，提升这"政治三力"也是必需的，因为一周后，大家就将走向实际工作岗位，如果离开这"政治三力"，在具体工作岗位上是做不好工作的，而且在一生的奋斗中，提高"政治三力"也显得非常之重要。

一是"政治三力"都重要，而提升政治领悟力是重中之重。原因很简单，不领悟就判断不准，不领悟就可能在执行中出现偏差。领悟正确，会把事情做得很好，自己也会顺风顺水；一旦领悟错误，就将失去政治生命，纵然个人有天大的本事，也不可能在仕途上有新的发展。

二是提升政治领悟力，"三听"是重要实践途径。"三听"，就是对组织、领导、长者的话，第一要听得真，第二要听得懂，第三要听得进。所谓"听得真"，就是要认真去听，真心听、虚心听，洗耳恭听。当你与有些同志交流时，你说话时他心不在焉，完全没有听，或者是神思恍惚，表面上在与你交流，实际上思想的"小车"不知道开到哪里去了。但当他说话时，总是滔滔不绝、高谈阔论，别人甚至连插嘴的机会都没有，他完全是顺着自己的思路信口开河、夸夸其谈。不听谈话对象陈述，不与谈话对象互动，是与人交流的大忌，这都是基本不懂人情世故的表现，甚至不用上政治层面讨论。我们要善于倾听别人的陈述和意见，这既是对别人的尊重，其实也是提升"政治三力"的一个重要方法。所谓"听得懂"，就是要听得懂弦外之音，看得懂画外之意，不被讲话人云山雾罩的话语搞蒙了，听懂讲话人的真实意图。这才叫真正领悟了，对行政职场的人来说甚为重要。所谓"听得进"，就是听了以后，正确的东西、需要执行的东西，要照着去做，绝不能我行我素。即使是非工作内容，也要以海纳百川的胸怀和气度，取人之长，补己之短，借人之明，修己之误。"三听"中听得懂尤其重要，因为在很多场合，讲话人所讲的话可能是

明褒暗贬，也可能是明损暗赞，更有可能是指桑骂槐、声东击西，你如果只理解成字面上的话，可能就搞歪了，甚至搞颠倒了。给大家举一个例子，现在有一个词叫"互联网+"，已经是老掉牙的词了。这个词最早出现在《人民日报》《经济日报》《光明日报》等大报上，仅仅出现了一个月左右的时间，我们在写市委文件的时候就把这个词用上了，因为它不仅是一个词，更是一种发展的趋势、工作的部署。大概是在市委十二届八次全会期间，在讨论市委文件的时候，一些领导干部说市委文件里的"互联网+"，后面有一个加号，这让市委文件显得不伦不类的。当时的省委常委、市委书记批评我，带着市委政研室的同志们只读书、只看报，不接"地气"。这样一个大会上，书记怎么可能批评领导干部不读书不看报呢，只有把这话反过来说，只有批评他身边的工作人员，实际上也是在变相地提醒那些领导干部。所以为什么要听得懂，就是要听得懂发声人一句话背后的真实含义。所以说"政治三力"，关键是一定要听得懂。野史记载，朱元璋在庆功楼宴请有功之臣时，吃饭的餐具和酒具都是"建隆二年制"，上了三道菜，分别是清蒸燕窝、烹兔肉、红焖狗肉，除刘伯温外，其他赴宴者都大快朵颐，好不欢喜，甚为感激，只有刘伯温一人看出，建隆二年（961年）是赵匡胤"杯酒释兵权"的时间，三道菜的寓意是鸟尽弓藏、兔死狗烹，心知肚明朱元璋的真实意图。

三是尽快提升政治成熟度。学历高、专业知识精，不能与政治成熟度高画等号。政治成熟度，是和个人的阅历、成长环境相联系的，是和个人从事的工作相联系的。年轻人进入职场后除了做好正常工作外，最需要加强修炼的内功是政治成熟度。那么怎样提升政治成熟度呢？我想有几个方面需要注意。第一，一定要注意政治内容的时事性。讲政治是一个永恒主题，更是一个实践过程。不同的时期，讲政治有不同的重点、不同的内容、不同的方式。讲政治要与时俱进，不能刻舟求剑，千万不要在一个新的时期，还在讲着时过境迁的内容，不然的话，就属于讲政治就没讲好、没讲到位。除了大原则外，不同时期、不同工作领域，还要用不同的政治名词、政治术语，需要及时跟进学习，并能活学活用。为什么强调要学习时事政治，就是这个道理。第二，要与我们党，特别是与党组织保持一致性。这一点对年轻同志尤为重要。大家知道，苏东坡是个大文豪，在文学艺术上取得了很高的成就，但另一方面，"文章憎命达"，苏轼在政治上始终是不成熟的，因为他总喜欢与顶头上司对着干，老是站在当权者的对立面去指责去批判当权者的决策和政策。他的一生坎坷与心态上的超然旷达也都与他政治上的不成熟相关。第三，要有组织原则的坚定性。总的来讲就是个人服从组织、下级服从上级、少数服从多数、全党服从中央。用现在的话来说，就是增强"四个意识"、坚定"四个自信"、做到"两个维护"。在具体工作中，就是要精益求精地做好组织安排的工作，尽善尽美地完成领导分派的任务。对青年学生来说，在踏入职场后，要尽早褪去书生气，但始终保持一点书卷气，努力在这几个方面能够做好，这样自己的政治成熟度就会越来越高。如果再过一两年组织去考察你的时候，你们主要负责人说某某同志书生意气多了点，那就说明自己的职场亮相没亮好；如果说某某同志很接"地气"，也不失书卷气，那就说明你人生的第一步是比较成功的。

　　四是对待任何事情、任何工作都要从讲政治的高度和讲政治的维度去思考、去审视、去付诸行动。这主要是想说工作生活中的一些细节。俗话说细微之处见精神，其实细微之处更见政治。一篇文章谈到年轻人初入职场怎么样去做好服务工作时，讲到应注意 17 个小细节。第一个就是准时，年轻人开会不要等领导到了才到，要比领导先到，说 3 点至少 2:50 到。过去我在一个单位工作时，单位有两个博士生和两个硕士，这四个年轻人啥都好，就是通知 3 点开会不到 3 点过几分钟不进会议室。我就很认真地跟他们谈了准时这个细节反映的工作态度等大问题，后来他们都走上领导岗位，跟我说这个要求非常有用。再如，和领导打电话汇报工作，话说完了要等领导先挂电话，千万不要自己先挂。这都是一些很小的细节。还有一点非常重要，在工作中出现失误后，不管是什么原因造成的，自己要先承担责任、先承认错误，千万不要上来就说这个问题和自己没关系，还不断辩解。"政治"是个很大的话题，似乎很空洞，但其实也很细微具体。所以，要把自己所做的工作、自己的生活习惯都和政治挂起钩来。只要大家能时时刻刻这么想，并细心去做，大家的"政治三力"就一定能提高得很快、变得很强。

二、树立正确的是非观、得失观、荣辱观

可能同志们说，你是不是小瞧我们呀，耽误大好时光说这些老掉牙的话干啥？什么世界观、人生观、价值观，我们在大学里早就知道了，受党组织教育多年我们早就明白了。其实不尽然，据我的观察，很多现象恰好可以说明，在我们不少年轻同志中还存在这样那样的问题，有些问题还很严重。古人讲言之无罪，闻之足戒。即便大家在这方面做得很好，我把个人的想法说给大家听一听，也算是一种分享，希望大家能够听得进逆耳忠言，吃得了苦口良药，善于防患于未然，勇于亡羊补牢。

一要树立正确的是非观。什么是对，什么是错？我们怎么用一个什么标准来衡量？如果标准出现了错误，是非观肯定是要出问题的。我自己的体会就是，任何事情到底是对还是错，要用国家的法律和党的政策等作为标准来判断，要用现代科学技术和人们已认知的自然规律等作为标准来判断，要用我们中华民族五千年文明史中被公认和传承的伦理道德等作为标准来判断，要用人类社会创造的文明成果等作为标准来判断。否则必然形成扭曲的是非观，作出有悖政策法律、有损国家和人民利益的坏事蠢事。年轻人千万不要被别人洗脑，一定要自己作出判断。不要别人说对，自己也随声附和；别人说错，自己也说错。如果老是这样的话，要么是幼稚病，要么是骨子里的是非观出了问题。大家如果关心历史、从心底里珍惜今天的幸福生活的话，就会懂得抗美援朝对我们中国的当下以及未来的发展有多么重要，这是一场立军之威、立国之威的战争，正是毛泽东同志所说的"打得一拳开，免得百拳来"，才有了共和国几十年的和平发展环境，才有了中华民族伟大复兴的坚实基础。1949年10月1日，毛泽东同志在天安门城楼上宣布，中国人民从此站起来了！但是有一些外国人并不认为我们真正站起来了。通过抗美援朝战争，特别是上甘岭战役，越来越多的外国人才真正相信中国人站起来了。有段时间，有少部分所谓"公知"竟然在网上大言不惭地说抗美援朝战争"搞错"了，错误地认为中国共产党胡乱决策，认为领导人独断专行，把个人想打仗的想法强加于全国人民，导致抗美援朝战争牺牲了将近30万同胞。这是典型的缺乏正确的是非观。此外，依据科学常识判断是非应该是现

代社会所有人的基本准则，但有时就有一些怪论奇事。2021年4月26日郑州一职业学校的校长发文，宣传煮熟的鸡蛋通过发气功发生逆转，能够孵出小鸡，竟有一本严肃的期刊《写真地理》杂志堂而皇之地将此文刊登出来。这一荒诞之事完全是违背科学规律的，是匪夷所思的。

二要树立正确的得失观。我所说的得失观，就是说一个正常的人一定要有大视野，一定要有大格局，一定要有大胸怀，能够算大账、算综合账、算长远账，千万不要犯一些捡芝麻丢冬瓜的傻事蠢事，一定不能够犯《韩非子》所说的买椟还珠的错误。如果说没有这样的一个大视野、大格局、大胸怀，没有这样的大局观的话，就会把一手王炸的牌输得精光，会把工作搞得一塌糊涂，也会把生活过得一地鸡毛。春秋战国时期，齐国的孟尝君门下有很多门客，其中有一个叫冯谖，成语"狡兔三窟"就与他有关。有一次，孟尝君叫冯谖到自己的封地薛城收债，冯谖去了之后一把火将所有债契烧掉了。回去后孟尝君责怪他不仅没收到债，反倒把凭据全烧了。冯谖说，你如果想得钱财，我就做错了；要是想得人心，我就做对了。没过多久，孟尝君被齐国国君罢相，但当他回到薛城时，老百姓夹道欢迎。冯谖说，我把那些地契、田契烧了，失的是钱财，得的是民心啊。伟人的得失观就更值得我们学习了。毛泽东同志曾在井冈山领导红军取得三次反"围剿"的胜利，就是从不局限于一城得失，而从长远考虑。包括胡宗南进攻延安时暂时撤离延安，也是这样。解放战争前夕，国民党军队人数与共产党军队人数大约是4∶1，国民党军队的人数是共产党军队的4倍。日本投降时，由于东北地区有苏联红军，中央提出向北发展、向南防御战略，1945年9月从延安以及南方解放区山东、江苏抽调了2万名干部组成13万部队开赴东北，接受日本投降。到了1945年11月，国民党派出军队到东北想抢着接收，这个时候明显共产党是打不赢的，所以中央又提出"让开大路、占领两厢"的战略方针。把东北的大城市交给国民党，共产党占领中小城市和农村这"两厢"，建立并巩固根据地。当时党内有很多同志对毛泽东同志的决策不理解，他耐心地给大家解释，大城市我们目前还没有能力来巩固它，交给国民党管段时间不要紧，过几年还是我们的，况且国民党的官兵贪图享受，又打了这么多年的抗日战争，让他们去享受吧，那样他们失去人心会更快些。事实也验证了这一点，从1945

年到 1948 年 7 月份，在东北地区国民党军队同共产党军队人数的比例变为 1.3∶1，通过暂时的"失"，换取了实实在在的"得"。从 1948 年 9 月 12 日开始到当年的 11 月 2 日结束，国共双方历时 52 天，打了一场辽沈战役后，总体实力对比发生了历史性的转折。如果没有毛泽东同志这样一种算大账、算长远账、算综合账的战略眼光，可能解放战争会持续更久。正确的得失观在现实生活中也有很多鲜活的例子。比如襄阳东站，建成大概花费了 70 亿元，车站地下共三层，预留有地铁通道，等城市发展到一定程度需要修地铁的时候，地铁就能直接通到襄阳东站。这就是市委、市政府的大格局、长远账、综合账。如果建设者鼠目寸光，老想着现在财政这么紧张，地下还砸进去几亿元，真是得不偿失。反而会忽略东津新区虽然背了债务，但襄阳东站修通了，高铁就是一个"米"字形，真正重振了襄阳"南船北马，七省通衢"之雄风的影响力；也会忽略高铁站修通后，大企业就更容易被引进，带来的综合效益有多可观。如果我们没有大格局，不算大账的话，就不可能这样做。同志们到工作岗位上会遇到这些事情，要学会权衡合算不合算，能不能解决什么问题，千万不要鼠目寸光，一定要看到脚背上，看到脚尖上，要看远一点、看深一点，才能算懂这个账。有一个年轻人在一线城市工作，他的薪资很高，但是为了面子，就在郊区买了一个别墅。但因为工作又在市区，于是他又在市区租一套房子，一个月的租金大概 1 万元，一年是 12 万元。他在郊区买的别墅是高档别墅，平时虽然没有时间去住，但是物业费又很高，一年大概有五六万元，这样一年大概就有 18 万元到 20 万元的钱白白花在房子上。他父母在他买房子时说，有这么多钱买别墅，还不如就在市区买个 100 平方米的房子，工作也方便，住也方便。他不同意，追求面子，却失去了钱财和舒适。讲这些例子，也是想告诉大家一定要学习毛泽东同志的得失观，要着眼全局、着眼未来的胜利，不要为一城一地的得失去斤斤计较。

三要树立正确的荣辱观。上海锦江饭店创始人董竹君，小时候因为家里穷被卖到青楼，当遇到心爱之人——四川督军夏之时后，毅然拒绝了他的赎买，而是自己设法从青楼逃出后再嫁给了夏之时。她对夏之时说，我到现在是贞洁的、清白的，我同意嫁给你，是因为我爱你。你要是花钱把我买出来，你一辈子就会说你花钱买了我，我一辈子就抬不起头来。后来她又进一步接受了高等教育,并以"不论男女,需以健康、独立的人格尊严去面对生活,去顶天立地"的理念,把几个子女培养得很好,同时还在上海滩创办了锦江饭店,与周恩来等共产党高层领导有良好关系,无偿资助共产党领导的军队。1949年后,她无偿把饭店交给了国家,党和国家也给她了极高的政治荣誉和社会地位。

其实,无论是我们国家在战争时期的敌对方,还是我们个人在社会生活中的对手,能真正获得他们尊敬的是人格魅力。抗美援朝时的长津湖之战,被中国人民志愿军打败的美军第一骑兵师师长在溃败逃离途中看到已冻成冰雕的志愿军狙击营士兵时,脱帽行礼,惧怕与尊敬之心合二为一。杨靖宇将军在东北已经与日伪军拼得身边只剩下两三个人了,当时他好几天没有吃饭,一个叫赵勤的人劝他投降,并说日本人不会杀他。杨靖宇就对赵勤说,如果每一个中国人都投降了,我们还有中国吗?敌人们往往对叛徒最瞧不起、最嗤之以鼻,而对爱祖国、有人格的人很钦佩。杨靖宇将军牺牲后,日本人剖开他的肚子,发现只有棉花和树根时,日本军人肃然起敬。

三、永远保持向上向善的健康心态、精神状态、奋斗姿态

这"三态"是党的十九大报告强调的,也是一个人、一个家庭、一个组织、一个政党、一个民族、一个国家兴旺发达的重要条件。党的十九大报告第八部分第六条写到:"加强社会心理服务体系建设,培育自尊自信、理性平和、积极向上的社会心态。"党的十九大报告引言里面讲,要"以永不懈怠的精神状态和一往无前的奋斗姿态,继续朝着实现中华民族伟大复兴的宏伟目标奋勇前进"。

一是"三态"非常重要。"三态"属精神层面,但与个人的健康指数、幸福指数紧密相连,与团队的劳动效率、创造能力、社会财富紧密相连。这可能就是人们常说的精神可以转化为物质的原因之一吧。为说明这一点,先讲两个历史名人,一个是柳宗元,一个是刘禹锡,他俩是好朋友,有很多相似之处,柳宗元20岁及第,刘禹锡21岁及第,两人都被朝廷贬谪,都是唐朝同时代的诗文大家。他俩却有不同的"三态",结果健康指数和幸福指数就大相径庭。柳宗元有一首《江雪》非常有名:"千山鸟飞绝,万径人踪灭。

孤舟蓑笠翁，独钓寒江雪。"这首诗前两句的最后一个字和后两句的第一个字，连起来是不是"绝灭孤独"？这实际上就是柳宗元晚期的真实心态。我们常说"诗言志"，是说诗就是自己情感的表达，就是自己的心理状态。大家都很熟悉的《捕蛇者说》《黔之驴》等名篇佳作，是不是始终有一种"绝灭孤独"的感觉？"黔驴技穷"展现的无可奈何，是不是他内心的写照？大家对刘禹锡的诗句"沉舟侧畔千帆过，病树前头万木春"很熟悉，从中看到的是诗人那种旷达乐观的"三态"。刘禹锡的诗文中基本都是这一基调，包括他的《秋词》"自古逢秋悲寂寥，我言秋日胜春朝"，《再游游玄都观》"种桃道士归何处，前度刘郎今又来"。如果了解了他写《陋室铭》的背景，我们就更能感悟刘禹锡的旷达乐观。他被贬谪到安徽后，一天到晚笑呵呵、乐呵呵的，地方主官很是看不惯，心想你一个被贬谪的官，一天到晚还乐成这样？于是就给他穿小鞋，把他的住所从小院子变成六间厢房；后来看他仍未苦恼，又把六间房变成三间。《陋室铭》就是在他住在最小的房里时写的。刘禹锡最后一次被贬谪夔州（今重庆奉节）时，朝廷召他回去，从夔州路过扬州，白居易与他惺惺相惜，给他接风洗尘，酒席宴上白居易写了《醉赠刘二十八使君》，"亦知合被才名折，二十三年折太多"，惋惜刘禹锡多次被贬。刘答和白诗时，写下了"沉舟侧畔千帆过，病树前头万木春"，表现自己把一切烦恼置之脑后，仍以乐观、坚韧、旷达的心态迎接新的生活，事实上，刘禹锡最后活了71岁。而同样受了那么多委屈的柳宗元，却以"绝灭孤独"的心态面对生活，最后只活了49岁。我国著名女音乐指挥家郑小瑛，60多岁的时候查出癌症，在医院放疗、化疗，躺在医院几个月，当时她对自己说，"我不能这样躺下去，躺下去我就完了"。于是她拖着患病的身躯，跟福建省文旅部门合作排练《土楼回响》。开始她觉得体力不支，但越工作她的精神状态越好，不知不觉癌症也消失了。2020年中央电视台采访她时，她已经90多岁了。可以说好"三态"不仅让她把身体搞好了，还为社会创造了宝贵的精神财富。

对个人来讲，不同的"三态"也跟自己的寿命、跟自己的健康息息相关；对一个团队来说，不同的"三态"，创造、转化的物质财富是不一样的。抗日战争时期，在我国西南边境有一条驼峰航线，那是反法西斯联盟的重要物资运输通道。当时我国在美国支持下，在云南省境内修建了一百多个机场。当美国技术人员实地检测机场时，把他们吓了一跳。修机场的是什么人？都是怀揣箩筐、肩扛扁担、满嘴方言的农民。这些技术人员对所看到的现实感到不可思议，无法理解靠如此落后的生产力却建成了如此宏大的工程。这是因为，他们不懂得物质与精神相互转换的深刻哲理。殊不知，中华儿女、中华民族有打败日本侵略者的强烈愿望、强大决心、强劲信心，有积极进取的精气神，就一定能够创造这样的物质财富，就一定能够创造这样的人间奇迹。

好"三态"对政党、对国家都至关重要。中国共产党从建党开始，一路走来，无论是顺境还是逆境，始终有一个好心态、好状态、好姿态，所以从一个仅有五十多名党员毫不起眼的小党发展成拥有9600多万党员的世界第一大党，从一个革命党变成一个执政党。比方说大家知道的南洋华侨领袖陈嘉庚，他于1940年5月31日至6月8日在延安考察，一周的实地察看，他得出八点结论，归结成一句话——"中国的希望在延安！"他为什么能够得出这样的结论？就是看到延安共产党领导的地方，无论是从党的领袖还是普通工作人员，无论是各党派人士，还是当地的老百姓，心态都非常好，精神状态也非常好，奋斗的姿态更是非常好，所以他才能得出这样的结论。对比在重庆的国民党首脑机关，军队有飞机大炮，办公有高楼大厦，但他看到的是一片萎靡不振的"三态"，感觉到的是一派衰败的景象，所以他对蒋介石领导的国民党大失所望。新中国成立后我们国家也是这样，在中国共产党的坚强领导下，全党全军全国各族人民始终保持着好"三态"，创造了长期经济增长和长期社会稳定两大世界奇迹。今年庆祝建党100周年的时候，我曾经写了一首诗《地球人，请听我说》："党啊党，您是最伟大的创业团队！一百年筚路蓝缕，一百年胼手胝足。是您唤醒了沉睡的东方雄狮，是您让积弱积贫的中国龙浴火重生，是您力挽亡国灭种之狂澜，是您开启现代化强国建设新征程。华夏儿女为您欢呼雀跃，地球人被您折服震惊。"我是发自心底敬佩我们党、歌颂我们党。

在读历史类图书时，大家或许会有这样一个感受，在几千年封建社会发展过程中，当一个王朝处于上升时期，或新王朝建立的时候，文学作品多数是或者说主流是生机勃发、豪情万丈的；当一个王朝衰败，或要改朝换代时，文学作品的艺术水准虽然也可能很高，但是总是给人一种凄凉感或颓废感，社会情绪、社会"三态"与文学作品互为映照。比方说大家熟悉的《滕王阁序》，王勃在其中也发了很多"牢骚"，"关山难越，谁悲失路之人？萍水相逢，尽是他乡之客"，但总体上讲文章的气和魂是健康向上的，"无路请缨，等终军之弱冠；有怀投笔，慕宗悫之长风"，"老当益壮，宁移白首之心？穷且益坚，不坠青云之志"，等等，给我们的整体感受是奋发向上、勇往直前的。大家熟悉的两个晚唐诗人李商隐、杜牧，渗透在他们诗文中哀怨"三态"与整个社会发展的走向是基本一致的。杜牧的《阿房宫赋》写得非常美，但总给人一种落寞的味道。李商隐的"相见时难别亦难，东风无力百花残"，艺术感染力直击人的心底，但给人一种说不清道不明的哀伤。人应该有向上向善的"三态"，时时刻刻充满正能量，自己充满正能量，也会给你的团队、给你的组织输入正能量。只有保持这样的一种蓬勃向上的正能量，我们才能把事情做好，才能够创造更多奇迹。

二是当前社会的"三态"中，尤其年轻人的"三态"中客观存在一些不太健康的现象。据我个人观察，有如下几种。第一种是反主流舆论。只要是主流社会的声音就质疑、就批驳，反正要与主流社会拧着来、对着干。比如前几天郑州发生特大暴雨灾害，官方媒体报道因灾死亡51人。一些年轻人自以为是地分析，这个隧道有多长，可能里边被困车辆密度有多大，每个车里边可能坐多少人……这样计算对不对呢？人是活的，物是死的，危险的时候他要逃生，是不是？那是不是所有进去的车里面的人都一罐子闷死了？有些年轻人会觉得官方公布的死亡人数不对，官方隐瞒了实情。这实际上是体现了对政府公布的数据不信任，自己掉入塔西佗陷阱，这是一种很不好的心态。第二种是习惯评头论足。存在一类人，他们不管自己对某个人、某件事了不了解，不管自己有没有资格、有没有能力评判人的好坏和事的是非曲直，只要一开口，就横挑鼻子竖挑眼，就像一个大法官一样，要对事情作出最后的裁决。比如选餐馆吃饭，有的人从不选择，但别人选的他就一口否决。再如单位要开展某项活动，有的人对实施方案这不满意那不满意，真叫他去重拟方案，他又担不起这个责任。这是一些年轻人极易容易出现的毛病。同志们即将正式走上各自的岗位，到岗后千万不要情况还没摸清，就下意识评头论足，说这也不对、那也不好。第三种是顺飘逆颓。就是顺境的时候飘飘然，逆境的时候破罐破摔。有的人在工作等各方面很顺利时，就不知道自己姓甚名谁，更不知道天高地厚；受了一点挫折，立马觉得人生、事业全完了，天地一片漆黑，世界仿佛马上要崩溃。俗话说得好，人生八九不如意，得意一二别忘形。对年轻人来说，克服不健康的顺飘逆颓的"三态"是很艰难，但这对自己的一生都非常重要，要时刻记住顺境时少一些趾高气扬，逆境时志不移、神不散，学习学习再学习，提高提高再提高，干事干事再干事，时刻准备着做一块一定能发光的"真金"。第四种是追捧旁门左道，蔑视正门大道。不容否认，许多被主流社会所批驳的腐朽东西，在很多时候很是有用，也让一些投机钻营的人得利获益，比如请客送礼、拍马溜须等，但对大多数人而言，真才实学、真干实干才是正门大道，才是个人的核心竞争力，才是个人立身处世之本，才能使个人经得起大浪淘沙的考验。现在有一些年轻人认为走正门大道太辛苦，实现自身价值太艰难，于是就热衷于钻研旁门左道，在修炼"情商"上特别下功夫，圆滑世故，荒废真功，见人一笑一点头，奉承领导的话让旁观者听起来就肉麻，但对学习专业知识、提升专业能力毫不上心，甚至不屑一顾。殊不知在各行各业，最不缺的是端茶倒水的辅助人员，最缺乏的是有专业技能、可以支撑团队、提升综合实力的骨干中坚。

三是克服"皇帝性格""瓷器性格""毛驴性格"等三种性格的弱点。20世纪八九十年代出生的人大多数是独生子女，由于在家庭中缺乏竞争，获得的宠爱甚至溺爱太多，容易养成"皇帝性格"，唯我独尊，认为什么东西合自己心意就行，不合自己心意的就不行；容易养成"瓷器性格"，轻敲有磬声，使劲一拍打就碎了，受不得一点委屈，受不得一点过头的话；容易养成"毛驴性格"，容易钻牛角尖，固执己见，想到哪就是哪，八匹马也拉不回头。不少年轻人与别人交谈时总爱用反问句甚至命令语气，还有些年轻人在对待失误时总爱辩解，总想把自己洗刷得一清二白，都是这些性格使然。有兴趣的同志可以在某一天作个记录，自己一百句话中反问句或表示命令的句子占比多少，领导、长者批评自己时有几次没辩解，看看自己这方面的问题如何。这三种性格是很可怕很要命的。如果有这些性格，不仅会影响自己的成长，有时候还会断送自己的锦绣前程。在性格、"三态"问题上，年轻人千万不要"我拿青春赌明天",切记"世上没有后悔药"。

四、努力成为有担难负重品格、有核心竞争能力的人

习近平总书记讲的好干部的几条标准,其中有一条就是要有担当。什么是担当?我理解,担当一方面是有勇气有能力担难、担险、担责,有难事不惧怕,敢去做、愿意去做;有艰险不退缩,能把名利生死置之度外,且把事情做好;有责任不回避,能够忠诚履职且兜底包圆。另一方面就是要有核心竞争能力,换言之一定要有过人之处。今天听课的五十多名同志都很优秀,学历高、起点高,组织给大家创造的工作环境也非常好;或许三年后大家就不一样了,有些同志做得很好,有些同志做得一般;八年后大家再看一看,差别或许就更大了。为什么会是这样?就是品格和能力两个因素在起作用。就像单位新人入职,本来是一拨一拨进的,或者说按时间节点进来的,进来的人在工作一段时间后,大家就不是用"拨"来评价了,而是按围棋段位来评价,哪几个特别能干,哪几个一般,哪几个虽然来了,但目前还不堪重用……人们通常说职务晋升快的人,品格和能力是基础性条件。当发生大灾大难时,品格和能力就是关键性因素,组织选派主政灾难最为严重的地方担任主要领导的人,都是在同级别干部中品格和能力最为出类拔萃的佼佼者。

一是一定要有建功立业的万丈豪情,不要有尸位素餐的"佛系"思想。人在世上要干事、要进取、要有事业心、要有价值追求,不能"躺平"混日子,否则就失去了生命的价值。古人讲"少壮不努力,老大徒伤悲",俗话说"没吃苦中苦,哪有人上人",其实都是在告诫我们要干事创业、要拼搏奋斗。年轻人要有"有怀投笔,慕宗悫之长风"的豪情壮志,要有"莫等闲,白了少年头"的紧迫感。只要有了这种意识,并且终身坚守,就一定会有出彩的一天,就一定会功成名就。许多被授予"七一勋章"的人物,都是在平凡岗位上创造不平凡业绩的普通劳动者。在这一点上,发挥主观能动性是十分重要的。

二是一定要做到"三不怕",不怕任务繁重、不怕环境艰苦、不怕出力吃亏。"梅花香自苦寒来"是有道理的,千锤百炼才能成为栋梁之材。历朝历代的创立者经历了九死一生,吃尽了千辛万苦,创造了划时代的伟业;而当王朝发展了几百年即将灭亡,一个重要原因是统治者们自小生活在醉生梦死的环境中，没有吃过苦。"富不过三代"的一个重要原因也是家业的拥有者从小在"蜜罐"里长大，没有吃过苦。苦难对个人一时的生活而言是一种不幸，而对整个人生、对社会发展而言可能又是某种幸运。

　　同志们马上要到基层去，综合环境肯定不像中心市区，可能洗澡不方便、出行不方便，甚至有些地方网络信号不强等等，每个人都会遇到这样那样的工作和生活困难。今年又是换届年，很多事情等着大家去做。大家不要怕任务繁重，尤其不要怕环境的艰苦。因为只有经受这些困难的考验，我们才能够历练自己、增长才干。为什么特别说要不怕吃亏呢？当下在不少人把付出和回报看得太现实、太短浅了，总感到多干一点事就吃亏了，懂不得"吃亏是福"的深刻含义，殊不知有的时候吃亏的人是价值大的人，是机遇多的人。如果一个人在单位加班加点最多，甚至主要领导遇到最急的事情，夜半三更打电话叫他来帮忙，那么这个人可能就是那个地方最重要的人，也是组织上最倚重的人。

　　三是一定要静下心来从具体小事做起。习近平总书记反复强调，年轻干部要"墩墩苗"，就是要多在基层、多在矛盾复杂的环境、多在任务繁重的地方，多接几次烫手山芋，多当几次热锅上的蚂蚁，这样就逐渐成熟了，能力也就提高了。可是，眼高手低，好高骛远，大事做不了小事不愿做，主角担不起配角不配合，是在年轻人中很容易出现的现象。《道德经》说："天下难事，必作于易；天下大事，必作于细。"万丈高楼平地起，要善于从一些鸡毛蒜皮的小事上开始积累经验、增长才干，为自己日后能担当大任练就慧眼、铸就铁肩，千万不要这山望着那山高，自己把自己弄成一个"高知鸡肋"。

　　四是要动口会说、提笔能写，这是核心竞争力重要的一个方面。"说"和"写"都是管理者的基本能力，一定要能够写出让看的人感兴趣的东西，说出让听的人有感触的话，以条理清晰、实事准确为准则，把事情说清楚，说出别人说不出来的东西，说出别人只知其然、你能知其所以然的东西。"说"和"写"之所以很重要，是因为这是抓住并把握机遇的关键。我们都知道，机遇是留给有准备的人，但怎么准备？只有在平时积累大量的知识，进行深入的思考，才能在关键时刻通过别人想说而说不出来的话，把自己精辟深刻的观点展示出来。"说"和"写"不是随便说一下、随便写一下，是要用心的，是要下功夫的。同志们以后参加什么座谈会之类的，都要做一个有心人，让你发言要认真准备，不让你发言也要认真准备，可能某一次会议就是你成长的机遇。

五、养成勤学不怠、敬业精工、总结回望、自觉坚守的好习惯

行为心理学研究发现，一个人每天95%左右的行为都是习惯性地按部就班。"习惯"具有强大的力量，把优秀行为变成好习惯，这个人就会变得很优秀。苏联航天员加加林能成为人类翱翔太空第一人，源于他特别尊重别人劳动的优秀习惯。20世纪80年代，有一次多位诺贝尔奖获得者在巴黎聚会，一位年轻记者采访一位白发苍苍的诺贝尔奖获得者："您在哪所大学、哪个实验室学到了您认为最重要的东西呢？"这位老科学家回答道："是在幼儿园。"是人生成长过程中从小就形成的那些终身受用的良好习惯使他取得了辉煌的科研成就。人在职场几十年，需要多种好习惯，其中有四个甚为重要、甚为关键。

一要做到勤学不怠。无论是哪行哪业，只要是成功的人，绝对都是高度重视学习的人，不认真学习的人是不可能成功的。党政干部某种意义上说是"万金油"职业，干一行就得学一行，而且要学通钻透，成为行家里手。这一定要养成习惯，成为自觉。关于学习，习近平总书记讲了很多，要求党员干部把学习变成生活的重要组成部分。我主要是想跟年轻同志们交流一下怎样把勤学不怠具体化常态化，或者说学什么、怎么学。简单地说，大家要做到"三读"。首先是读时事政治。每天读《人民日报》《湖北日报》《襄阳日报》的头版头条，通过细致、深入、反复地学习，就对中央、省委、市委的工作部署有系统的了解和把握，就对"国之大者""省之大者""市之大者"了然于胸，工作的"天线"就接上了。其次是读典籍规章。党章、宪法，这是党员和公民必读内容，应该说是做合格党员、做合格公民的必要条件。在座的同志们如果在8月31日之前把党章、宪法通读三遍，而且像小学生朗读课文那样读三遍，不敢说对你们今后一生有帮助，至少在五年内绝对是有好处的。同志们有耐心、有情趣的话，把《共产党宣言》读几遍，那就更好了。三是读阶段性重要文件。可以近期就把《中共中央关于制定国民经济和社会发展第十四个五年规划和二〇三五年远景目标的建议》读一下，这份文件一共是十五个方面六十条，其中第二条、第四条加起来大概有1500字，就是形势和任务部分，希望大家背下来。如果真能这样的话，你对"十四五"规划的学习和理解就会比较深刻，到具体工作岗位后，对相关工作就不会陌生，不会说外行话。勤学不怠需要广博精深，精读经典文件、经典书籍尤为重要。当自己把一份经典文件、一本经典书籍读通悟透后，再学习其他内容就会显得格外轻松。

二要做到敬业精工。职业是谋生手段，是一个人的饭碗，我们一定要以敬畏之心对待自己的工作岗位。"经手必负全责，出手力求精品"，是一个很好的工作要求；"今天工作不努力，明天努力找工作"，则是对敷衍了事者的莫大讽刺。现在强调高质量发展，就是要求对待每一件事情，都精益求精去做好。可是在我们生活工作中，不敬业的人和不细致的事太多了。比如水龙头，包括我们这个大楼，大家可以去查一下，可能有30%的水龙头是没固定紧，是晃荡不稳的。在全中国有几亿个水龙头，包括你们的家里、你们住的宾馆，包括你们读书的学校等，是没精确安装的，安装的工人是不够敬业的。把水龙头装牢固，不需要多少高科技，也不需要什么高精尖设备，只需要施工者的敬业精工。如果连一个小小的水龙头都装不牢固，又何谈高质量发展！如果各行各业的人都敬业精工，每件事情都做得一丝不苟，高质量发展就是自然而然的事了。无论是对一个人、一个团队还是对一个民族、一个国家而言，敬业精工都非常重要。比如大家比较熟悉的马钉的故事，因为没有把马钉钉好，马蹄出问题，导致将军摔倒了，最后一个帝国崩塌了。还有一个例子也很能说明问题。冯玉祥与蒋介石中原会战的时候，冯玉祥联合阎锡山形成80万联军，想在河南焦作沁阳把蒋介石的军队"包饺子"。但因冯玉祥的作战秘书在拟定作战命令时把沁阳搞成了泌阳，多了一撇，最后部队调到了驻马店的泌阳，这个地方却没有对手，也没有敌人。焦作的沁阳需要援军消灭对手，部队却没有到，就是错了这一"撇"，历史就改写了。类似的例子还有很多很多，所以提醒年轻人在今后的工作中，无论是办事办文办会，哪怕是做任何细微小事，都要专心精心，都要精工细作。如果你有敬业精工的过人之处，工作会更顺利，成长的道路也会更顺畅。

三要做到总结回望。古人讲"一日三省",其实就是要善于回顾总结。从成功中提炼经验,在实践中行稳致远,百尺竿头更进一步;从失败中分析教训,吃一堑长一智,决不在同一个地方摔第二次跟头。如果能坚持回望总结成败经验,那是极为有益的。伟人为我们作出了很好的榜样。1965年,李宗仁回国定居,毛泽东同志请李宗仁吃饭的时候,问李宗仁的机要秘书程思远,你知道我一生靠什么吃饭吗?程思远一脸茫然,不知道怎么回答。毛泽东同志说,我一生靠总结经验吃饭。解放军打仗,一个战役以后,总来一次总结,战后的经验是什么、过失有哪些,下一仗我们就发扬优点、避免过失。所以,我们就从一点一滴的局部小胜利走向一片一片的全局大胜利,最后夺取了全国政权。我们党就是一个善于总结经验教训的马克思主义政党,延安时期,作过《关于若干历史问题的决议》,在1981年的时候又作过《关于建国以来党的若干历史问题的决议》。一个政党是这样,一个人也应该这样,善于总结就能积累经验,克服弱点,少走弯路,多有收获。

四要做到自觉坚守。大家知道的荷花定律、竹子定律、金蝉定律等,都是在说坚守才可能成功。把有益的行事方法变成习惯,坚守下去必有好处;三天打鱼两天晒网,最终是竹篮打水一场空。正如胡适先生所言:"这个世界聪明人太多,肯下笨功夫的人太少,所以成功者只有少数人。"一旦好的方式方法变成自然而然的习惯性动作,人生会进入很高的境界,离成功也就不远了。在这方面,毛泽东同志也是我们的导师,更是我们学习的榜样。毛泽东同志是一个伟大的书法家,这与他终身保持的习惯有着直接关系。他在湖南省第一师范学校学习时,曾有一个同学叫孙俍工,是现代书法家,毛泽东同志称他为自己的书法老师,但实际他比毛泽东还小一岁。学生时代,毛泽东曾有一次听了他的书法讲座后,觉得他讲得很好,于是两人成了好朋友。孙俍工到日本留学时,毛泽东还专门向孙求教怎样才能练好书法,孙俍工给他写了"疏密、大小、长短、粗细、浓淡、干湿、远近、虚实、顾盼、错落、肥瘦、首尾、偃仰、起伏"14个词28个字。并说楷书如站,行书如走,草书如跑。如果想走得稳跑得快,必须站得端、站得住,写好书法首先要把楷书练好,同时细心揣摩这28个字。所以毛泽东同志在之后几十年的革命岁月里,无论是行军打仗,还是处理其他事务,始终对28字诀牢记于胸,一有时间就操练操练，无论是在艰难的长征途中，还是在胡宗南围剿延安的危险时刻，从未间断放弃。1945年在重庆谈判的时候，当时孙俍工在重庆大学当教授，毛泽东同志还曾专程拜访他，并把《沁园春·雪》的手迹送给孙俍工。孙俍工看后很是感慨，"从润之的书法可以看出，润之领导的革命一定能成功"。伟人之所以成为伟人，一个伟大之处就是能把一个个很好的习惯坚持下来。对于我们年轻人而言，进入职场发展，就是要把学习的问题、精工的问题、总结的问题，变成一种终身习惯，那是利己利人利社会的。

同志们非常年轻，即将进入职场，而我则很快要退出职场，所以我对你们非常"羡慕、嫉妒、爱"。当我们实现中华民族第二个百年奋斗目标的时候，同志们40多岁，在这一新的伟大征程中，大家都是国家民族发展的中坚力量，希望你们从新的起点就系好第一粒扣子，把工作做好，把新时代赶考路走好，多多书写人生精彩，为社会作出应有的贡献。

谢谢大家！

职场 10 组约等式
（2019 年 5 月）

随着世界多极化、经济全球化、文化多样化、社会信息化深入发展，国家间的竞争主要靠不断打造新的国之重器，持续、全面提升国家核心竞争力，而职场从业者则需要靠不断提升个人的专业素养、强化个人的气质和气场，来提升个人的核心竞争力。据我多年的观察和思考，深刻理解、始终践行职场10组约等式，或许对提升个人核心竞争力具有一定的帮助作用。

一、需求 ≈ 价值

任何物品，当消费者需要时、使用时，物品的价值才能体现出来，需求越旺盛，物品越稀罕；需求越紧迫，物品越珍贵。需求与价值间的关系就这么简单。这也是当前推进供给侧结构性改革的重要原因。就职场上的就业者来讲，也是这样：团队、组织、社会对您有需求，您就有价值；需求越多，价值就越大；何时需求终止，何时价值也就丧失。

关于这个约等式，需要从三个方面去领悟和把握。

第一，个人的价值不是自吹自擂的标榜，也不是花样翻新的粉饰，而是看需求方，也就是团队、组织、社会对自己的需求程度。思想家靠理论成果体现价值，著作家靠原创作品体现价值，演艺人员靠精品力作体现价值，各行各业的从业者靠提供满足社会需求的劳动成果体现价值。如若没有提供人们所需要的物品或成果，那就是博人眼球的闹剧，或是孤芳自赏的自恋。像有些人今天靠桃色新闻上头条，明天靠奇谈怪论刷存在感，这仅是一种虚伪的价值，招摇过市的"皇帝新衣"，最终只会在时间长河中被冲刷得无影无踪。

第二，提升人生价值，实现人生出彩的根本出路，在于想方设法创造团队、组织、社会对自己的需求。任何人如果老是抱着怀才不遇、英雄无用武之地的想法去抱怨，那是毫无用处的，消耗的只是自己的体力和精力，浪费的只有自己的韶华和生命，只有想方设法去适应环境，满足团队、组织、社会的需求，去创新、创造一般人难以提供的需求，自己的价值才容易实现。理解了这一点，对"把个人理想与民族、国家的理想有机结合起来""把个人梦、家庭梦与中国梦有机统一起来""把小我融入大我之中，达到我将无我的境界"等话语，就不会再认为是空洞的口号了，而是还会觉得这些话具有深刻的哲理，更应该成为行动的准则。天眼之父南仁东、小岗村第一书记沈浩、"两弹一星"功勋科学家们的故事都说明了这一点。

第三，千万不要把需求当累赘、当包袱、当痛苦，让展示自己才华、提升自己价值的机遇一次次错失。尤其是年轻人，在这个问题上极易进入误区而贻误自己。真正的聪明人不会把加班加点当负担，不会把领导的鞭打快牛当苦难，因为聪明人知道，加班加点、鞭打快牛某种程度上是增长才干的途径，是建功立业的机会。卫青、霍去病、李广的扬名故事，就蕴含着这些道理。当领导有最急切需求的时候，就是最显价值的时候；当成为领导时不时加码任务之人的时候，就是自己价值提升最快的时候。在一个团队，每个人接受指令的频次是有很大差异的。有的人，领导希望他长出三头六臂；有的人,领导希望他早日退休,把编制等资源尽快腾让出来。每个人都应常想自己是哪种人。

二、信赖≈能耐

职场上许多从业者经常因信赖问题而苦恼,经常说上司器重谁谁谁,组织重用谁谁谁,总感到自己没有得到上司的赏识,没得到组织上的信赖。关于这个问题,掉个头来说,可能就少些苦恼,多一些自惭了——我们能不能扪心自问,自己值得上司器重吗?自己能担当起组织赋予的重任吗?

为理解这个约等式,可以思考以下几种情况。假如家里来了客人,一家之长是指派谁去待人接物?假如一个单位要派一个代表单位全权处理事情的人,自己是其中的人选吗?在进行各项具体工作任务的人员分组时,各项任务的牵头人,为什么总是将习惯与上司讨价还价的工作人员拼命往外推,而又抢着要另一些工作人员?这些具体现象中,反映的就是信赖与能耐的相互关系。就职场从业者来讲,怎么以自己的能耐去争取更多的信赖,做人人争抢的一块宝,需要懂得"信赖≈能耐"这组约等式。

领悟和把握这个约等式,需要明白三个问题。

第一,信赖的内涵是什么?信赖主要包括两个方面的内容:一方面是责任心、忠诚度,另一方面是专业素养和实战能力,而且二者不可偏废。仅有心没力,得到信赖难;仅有力没心,更不可能得到真心的信赖。

第二,信赖是一丝一毫的日积月累,不是一朝一夕的盲目托付。或者说信赖是长期考验后的决定,能耐是千万件事情过程的集成、结果的集成,如同品牌的信誉。正如古诗所言,"试玉要烧三日满,辨材须待七年期"。作为职场从业者,要想获得别人的信任、上司的信赖、组织的器重,唯一的方式是做好每一件事情,做好每一天的工作,以此来证明、展示自己的才华、能耐,来诠释、体现自己的责任感、事业心、信誉度,为自己建立起响亮的品牌。比如项目工作负责人在挑选共事员工时,绝不是一时心血来潮,而是经过长期观察后形成的心理认知和临场决策。个人的信誉不在于启用的那一刻,而在于日常生活、工作的点点滴滴。因此,爱耍小聪明的人是难以建立信誉的,保持大智慧的人才是笑到最后的人。

第三，取得信赖、展示能耐的基本功之一是学会办文。在各单位，会办文者成为一种稀缺的人力资源。在很多人心里，把办文当作"爬格子"，认为只是单纯地写材料。这是一种极为肤浅、片面的认识。真正的办文，是领导思维与驾驭文字能力的有机统一，是战略思维与战术安排的有机统一，是理论深度与实践鲜活度的有机统一。换言之，会办文是胜任领导工作最重要的基本功。初入职场的年轻人，五年内如果始终不会办文，想成长为优秀的领导者是较为困难的。办文是件极为清苦的差事。但要想在事业上走得更高，走得更远，就必须从清苦的差事干起。汉高祖刘邦"不好儒"，但却有"大风起兮云飞扬，安得猛士兮守四方"的千古名句。毛泽东同志是新中国的缔造者，也是文章大家，是他的笔锋和思想引领中国人民站了起来，引领中华民族屹立于世界民族之林。要使自己的能耐大一点，得到的信赖多一点，最笨拙也是最有效的办法之一，就是从学会办文开始。

三、激情≈个人的青春和健康，激情≈团体群体的创造力和财富

人一旦有激情，就有累但没有心里烦；团体一旦有激情，就有难但没有过不去的坎。新中国成立70余年来，各种挑战经历了一次又一次，从站起来到富起来再到强起来，人民群众激情万丈、众志成城也是重要原因之一。这可能就是哲学里讲的，物质变精神、精神变物质吧！

激情是一种阳光的心态，向上的心态。有了它，就个体而言，就多了无数的青春因子和抗衰老细胞；就群体而言，就仿佛多了不知道从何而来的神力、伟力，就能创造出难以想象的人间奇迹。

柳宗元和刘禹锡同为唐代诗文大家，经历相似、心态不同，才华难分伯仲、寿数有所不同，柳宗元49岁亡故，刘禹锡却成为"古来稀"者，活了71岁。如果说得夸张一点，激情还约等于延年益寿。

《江雪》："千山鸟飞绝，万径人踪灭。孤舟蓑笠翁，独钓寒江雪。"是柳宗元的一首五言绝句，艺术水准极高。"绝灭孤独"成了诗人的内心写照。与此类似，他的很多名篇，或多或少地流露出了"绝灭孤独"的心态，诸如《黔之驴》《捕蛇者说》等。

刘禹锡一生也颇多磨难，先后几次被朋党排挤，被朝廷贬谪，被同僚难

堪，但他始终激情不减，笑看世态炎凉，笑看人生坎坷，秉持美好奋进的心态安慰自己，激励他人。《酬乐天扬州初逢席上见赠》："巴山楚水凄凉地，二十三年弃置身。怀旧空吟闻笛赋，到乡翻似烂柯人。沉舟侧畔千帆过，病树前头万木春。今日听君歌一曲，暂凭杯酒长精神。"《秋词》："自古逢秋悲寂寥，我言秋日胜春朝。晴空一鹤排云上，便引诗情到碧霄。"这些人们耳熟能详的名句都反映出他乐观旷达的心态，某种程度上暗示了他经历磨难还能长寿的秘诀。

这样的例子还有很多，《钢铁是怎样炼成的》一书的主人翁保尔·柯察金一生中磨难不断，就是因为有精神力量的支撑，他才创造了许多用现代医学知识无法解释的奇迹。

著名指挥家郑小瑛，今年近百岁，每天充满激情地忙个不停。在她60多岁时发现得了癌症，化疗了3个月后，人如霜打的茄子那样。在病床上，她自己提醒自己，不能就此倒下，要充满激情地去投入工作。随后排练出民间交响乐团演奏的《土楼回响》，目前已巡演了多个国家。

对团队、组织、国家、民族来说，为什么说激情约等于创造力和财富呢？因为有了精神的力量，就能战无不胜，攻无不克，事无不成。相关事例数不胜数。滇缅公路的修建、驼峰航线的形成、抗日战争期间云南100多个机场的修建、"两弹一星"的制造、引丹渠的修建、农村水利设施的建设……无论成就大小，都少不了激情的力量。新中国成立之后，毛泽东同志提出："我们要保持过去革命战争时期的那么一股劲，那么一股革命热情，那么一种拼命精神，把革命工作做到底。"足见精神与物质可激情转化的辩证法之重要性。

充满激情地干事创业，有几点需要特别注意。一是团队的主心骨要善于以自己的激情感染周边的人，善于点燃团队中的每一个分子的激情之火。二是火热的激情和科学的精神要高度统一。反科学的热情，其结果不是创造而是破坏。三是要永葆激情，绝不能三天打鱼两天晒网。不管何时何地，都要严防激情的破坏性，保持激情的长久性。

四、怀揣"三颗心"(感恩之心、敬畏之心、正义之心)≈职业生涯一帆风顺

在市场经济大潮的冲洗下,每个人都会面对物欲横流的诱惑,优胜劣汰的挑战,情感淡漠的纠结,许多人将曾经亘古不变的真理,比如感恩、敬畏等,当作枷锁和绊脚石丢掉了、踢开了,全身心去追逐金钱、名利、享乐。而当在某一天或因某件事,人们从内心深处想拥有、想去珍惜曾经不屑一顾、嗤之以鼻的亲情、友谊时,他们或是不知从何处寻找,或是要找的东西已经不复存在。越是在这种时代大变迁的形势下,越要时刻装着感恩、敬畏、正义"三颗心",它们就如同自己、家人的护身符,存之安顺,弃之危险。

第一,要心存感恩之心。古人讲,滴水之恩当以涌泉相报。这是中华民族的优秀传统美德。要感恩天地,感恩父母,感恩组织,感恩社会。人一旦失去了感恩之心,就只剩赤裸而无节制地索取,而且他们边索取,边表达出来的是愤怒、埋怨、指责、仇恨等情绪,在索取的过程中,家庭的温情、朋友间的友情等都会快速地流失,社会成员的社会关系犹如戈壁荒原,除了充满铜臭气的金钱利益关系外,其他什么也没有了。上海一位老板坚持无偿献血的行为,就是起于车祸被救后的感恩之心。目前,一部分独生子女与父母的关系失和,就是没有感恩之心造成的。人一旦失去感恩之心,就容易在人生不归路上越滑越深,越走越远。

第二,要心存敬畏之心。组织也好,领导也好,经常教育同志们要知敬畏、存戒惧、明底线,很多把这9个字当耳旁风、当笑料的人,都会犯事,会葬送自己的辛勤劳动和美好前程。知敬畏,就要长幼有序,要遵守党纪国法。具体来讲,一是多些语言正能量,不制造精神垃圾。要有我与团队共兴共荣的强烈意识,多为团队注入正能量,多从团队接收正能量。二是多算幸福综合账,不取不义之财。习近平同志在浙江省工作时要求干部要算好经济账、法纪账、良心账,自觉做到廉洁自律。人在一世,什么最重要?是名利地位、声色犬马吗?不是。作为社会中的一分子,最重要的要有三件事:健康的身体、人生的自由、人格的尊严。懂得了这一点,就算得好幸福综合账了,用权就不会那么任性,谋利就不会那么贪婪,逐名就不会那么不择手段。三是

多些战略定力，不做违背规律、违背道义、违背政策法规的事情。要敬畏自然，绝不能随心所欲地去人定胜天。恩格斯在《自然辩证法》中有一段十分深刻的告诫："我们不要过分陶醉于我们对自然界的胜利。对于每一次这样的胜利，自然界都报复了我们。"人类历史上不断出现的很多疾病，其实是大自然对人类的惩罚。不要为一己之私、小团体之利去踩政策红线，去打法规擦边球，如果硬着头皮去做，最终会挨当头一棒的。正如习近平总书记在2019年北京世界园艺博览会开幕式上的致辞中所强调的，要取之有度，用之有节。

第三，要存正义之心，或要有浓烈的正义感。要做充满浩然正气的人，千万不能为了一些利益苟且偷生、明哲保身、投机钻营，丧失人性良知。要敢于同歪风邪气作斗争，敢于仗义执言，做维护社会公平正义的战士、勇士、斗士。范仲淹之所以能成为受人崇拜的政治家、文学家，很重要的一点是，他有正义之心，在裁处官员等重大问题上，为了世事公道，他三次被贬而无悔。包公能有"包青天"美名，也是世间呼唤社会正义公平的结果。

五、"三听"（听得真、听得懂、听得进）≈事半功倍和不断成长

第一，听得真。就是要认真听，对向自己发出的指令，听清楚、记得住、去执行；对向自己倾诉的谈话者，以尊重的态度，认真地倾听对方的倾诉，平等地与之开展互动。同班同学，成绩会有较大差异，其中一个原因就是上课听得认真不认真。有些年轻同志对上司交办的工作任务总爱跑偏出错，也与听得认真不认真有直接关联。听课、听报告、听讲座，人们的不同眼神，反映的就是在真听还是假听。为此要克服以下几种不良现象。一是听时心不在焉。尤其是在参加会议时，心神不定，手足无措，就是对会议主讲人的不尊重，既影响自己对会议精神的理解，也影响自己在会议主讲人心中的形象。二是听时我行我素。有的人在与别人交流时，别人说什么，自己没听或没听清楚，经常不顾语境、意境，喧宾夺主、高谈阔论。三是听时爱做选择。特别是对待上访人、自己的部属，只愿意听莺歌燕舞，不愿意听疑难杂症，不愿听逆耳忠言。这几种现象不克服，听得真是难以做好的，行得好就更难以做到了。

第二，听得懂。就是不仅要听清话语的直白意思，关键要听得到弦外之音，看得懂画外之意，真正明白说话人的真实意图。这一点对职场从业者极为重要。听得懂，工作会事半功倍，亮点纷呈，时不时还会得到褒奖；反之，就事倍功半，有时还劳而无功。怎样使自己变成听得懂话的人呢？一是要善于了解和把握语言文字产生的背景，从背景中看趋势、抓本质。二是善于换位思考，易地以处，从发声者的角度思考问题，谋划工作。三是善于揣摩、研究发声者的性格特质。四是善于积累经验，总结反思。

第三，听得进。就是要有开放包容的心态，兼收并蓄的品格，听得了刺耳的话，听得下去反对的声音，并能做到勇于否定自我，最大限度地吸收方方面面的真知灼见。这一点对有一定工作阅历和经验的人，对有一定职位权威的人，很重要，也是极大的挑战。为什么有的人业务水平达到一定"段位"后再难提升？为什么有的人在提升过程中会遇到"音障"，会遇到难以突破的"天花板"？原因多在于此，大部分是听不进不同意见，"老子天下第一"思想作祟所致。

改变听不进的习惯是很难的。江山易改，禀性难移。但这对个人的成长进步是很大的障碍。"虚心使人进步，骄傲使人落后。"想做到听得进，首先，要提升自己的格局，提升自己的境界。数学中的圆也有类似的启示，若将圆的面积比作拥有的知识和能力的话，知识越多能力越强，眼界和胸怀就越开阔，越能听得进。其次，要提升辨别能力、审美能力。再次，要懂得撑起面子的里子是事情完成的结果，不是决策事情的开端。

对初入职场者，"三听"中的听得真、听得懂显得更重要，对职场老手来说，听得进至关重要。

六、系好人生"四粒扣子"（出场扣、退场扣、顺境扣、逆境扣）≈ 没有枉费一生

习近平总书记在与青年朋友座谈时，寄语青年要系好人生的第一粒扣子，比喻通俗，意义深刻。对从业者一生而言，也需要系好四粒扣子。

第一粒，出场扣。犹如戏曲舞台上的登台亮相。很多年轻人很不在乎给同事、领导的这一"第一印象"。殊不知"第一印象"的改变是很不容易的，

要改变，需要费九牛二虎之力。比如有的年轻人不守时，有的年轻人爱辩解，有的年轻人爱用反问句与人交流，有的年轻人没有反馈信息的意识和习惯，有的年轻人的办公场所、生活居所十分凌乱，等等看似不起眼的小细节，都是初入职场从业者之大忌。网络上曾经流传过一位领导干部写的文章，内容主要是提醒年轻人进入职场应该注意的17个细节，比如开会要在规定时间之前到会，与领导、长者通电话要等对方先挂机，进出上司办公室要先敲门，领导批评时要主动检讨不要反复辩解，等等，读后令人很受启发。对年轻人来说，有礼貌点、勤快点、踏实点、虚心点、整洁点，就是一个出场亮相的好开端，能为职业生涯打下良好的基础。

第二粒，退场扣。平安退出职场，幸福颐养天年，才是人生的圆满结局。即将退场的从业者千万不要有"有权不用过期作废"的想法，那样是会付出沉重代价的，会把前半生在职场上的拼搏付出输个精光。在以前，曾有一段时间出现了一些"59岁现象"，都是想只争朝夕捞一把的结果。十八大以来，反腐倡廉力度加大，而且还实行终身追责，如果系不好退场扣，必然身败名裂。许多已退休甚至退休多年的领导干部仍然受到法律惩处就是很好的说明。

第三粒、第四粒分别是顺境扣和逆境扣。这是较难扣好的两粒扣子，一是因为时限拉得较长，几乎是贯穿职业生涯；二是因为人在顺境中容易得意忘形、失去理智，人在逆境时容易意志消沉、迷茫颓废。

人处在顺境中，一定要戒狂、戒奢、戒贪。把组织看大些，把自己看小些；把别人看重些，把自己看轻些。不忘初心、保持本真，记住"历览前贤国与家，成由勤俭破由奢"的古训，懂得"贪"与"贫"、"婪"与"焚"之间的辩证法。

除特别的天灾人祸或李广难封、冯唐易老的特坏运气外，就芸芸众生来讲，无所谓有无逆境。从个人的期望值而言，很多时候许多人总认为不如意，好似处在逆境之中。即便如此也要以奋进的心态对待一切，千万不能把持不住自己，破罐子破摔。因为人的生命每分每秒都值得珍惜，都不要无谓地浪费。有两点可能为世人共识：一是所谓的荷花定律、竹子定律、金蝉定律，即所有的成功都在最后一刻，前面所有的时间都需要用来奋斗。二是一个人的消沉颓废没有任何人在乎,也没有任何人记住,自己永远要为自己的行为买单。

七、吃苦≈吃香,吃亏≈吃得开

中国是个美食国度,爱把各种事情与吃联系起来。比如吃力、吃醋、吃紧、吃素、吃不准、吃不消、吃软饭、吃老本、吃里爬外、吃闭门羹等,其实都与吃没有关系,都有特定含义。借用吃字也可以来表达我们对于职业岗位的态度。有句古话,"吃得苦中苦,方为人上人"。能吃苦、愿吃亏,才有可能学好技能,干好事业。人们常说吃亏是福,揭示的也是这个辩证道理。

第一,要下得了苦功夫,学得好真本领。有人讲,学通一门专业需要一万个小时。任何技艺专长,如果不下苦功夫学习是学不好的,正如人们常讲的一句口头禅,"台上几秒钟,台下十年功"。功夫下到家了,本领才能长到家。《新华每日电讯》2017年4月曾刊登过一篇文章,《中国出版界有这样一位"校对王"》,介绍人民出版社吴海平的故事。吴海平能吃苦,肯吃苦,练就了超凡的专业能力,铸就了"经过吴海平的手,不会出纰漏"的金字招牌,他成为同事、领导最信任、最放心的校对把关人。在刊印《恽代英全集》时,稿中收录了1924年8月11日毛泽东、恽代英等人联名发给孙中山的一封电文,最后两个字为"叩蒸"其他人都认为是发电人之一,的确也有"叩"姓,但是吴海平觉得不对,为此他查了近千份那个时期的电报,结果求证出"蒸"是一种特殊纪日方法,表10日之意,"叩蒸"即"敬礼,10日",同样,马日事变的"马"指21日。为了干好校对,吴海平连《现代汉语词典》都翻烂了好几本。正是这番苦功夫,造就了"百万字无一失"的"校对王"。

第二,要出得了苦力气,担当起别人不愿干、干不了的急难险重活。不怕苦、不怕累,勇于攻坚克难,善于兜底包圆,遇事不推、遇难不躲,把担当付出当成机遇,当作机会,当作人生出彩的平台。

第三,要过得了苦日子,善于把超常的辛劳变成铸造辉煌的难得养料。说实话,在现代生活中,所谓的苦也只是没有很舒服而已,可能是工作环境更复杂一些,工作岗位更吃劲一些,并不是什么受不了的苦。所以要像习近平总书记对年轻干部的谆谆教诲那样,要珍惜环境艰苦、工作费力、任务繁重等"机会",历练自己,成长成熟。尤其是年轻人,一定不能在艰苦环境中当逃兵,而要有越是艰险越向前的斗志和姿态,成就自己,辉煌人生。文学史上有个奇怪的现象,即没有苦难很难写出经典名作。正是因为中国共产党经历了太多苦难才能铸就苦难后的辉煌,也是苦难使中国共产党如此伟大。正如古诗所言,"梅花香自苦寒来"。

第四,要当得了苦行僧,时刻注重明德修为。曾国藩是近代许多人钦佩学习的楷模,他能有如此大的作为、如此广泛的影响力,与他像苦行僧一样明德修为有直接关系。作为生活在社会中的个体,一定要加强自我修炼,明大德、修公德、严私德。

八、习惯于当甩手掌柜≈自己将成为从舞台中心走向舞台边缘的时代沉淀物

当甩手掌柜是典型的官僚主义。就个人而言,一旦染上这种恶习,不仅做不好工作,还会逐步被边缘化,最终成为团队中的废人。这样的"甩手"容易甩掉自己本来的价值;就团队、组织而言,一旦这种恶习盛行,这个团队或组织也必定被社会所抛弃。

关山远曾写过一篇文章——《欲知为何"撼解放军难",请上井冈山》,侧重讲了朱德的故事,从另一个方面说明身体力行当实干家,必然从舞台边缘走向舞台中心,从"配角"变成"主角"。在南昌起义时朱德并不是核心领导成员,他真正发挥作用,正是南昌起义部队有可能面临失败结局的时候,他凝聚了800人成为中国人民解放军建军的基础。这篇文章有一段文字写得很精彩,也很有哲理。"历史很奇妙,有的人风风火火出场,浓眉大眼亮相,却旋即没了戏份,甚至沦为丑角;有的人在历史帷幕拉开时,并不显眼,无人看中,却在接下来的时光,走进舞台中央,成为改变历史的重要人物。"

犹如朱时茂、陈佩斯演的小品《主角与配角》,小品揭示的道理是,是主角还是配角关键看自己怎么做。每个人的角色是与自己的努力程度、工作业绩联系在一起的,而且是变化的。老想出彩不出力、总想负责不负重是一厢情愿的黄粱梦。时下,在机关工作中有一种不好的现象,有些同志没有把职务、职级看成必须担当的责任、看成必须做的工作来亲力亲为,而是作为

待遇、享受、荣誉，甚至作为推卸责任的令牌，逃避担当的护身符。有些人一旦成为领导干部，就习惯于动动口、挥挥手，再也不愿做基础工作、做具体事务，这也就是各单位争要编制的重要原因。就个人而言，如果不想付出，去当甩手掌柜，长此以往，业务生疏了，情况不明了，脑子迟钝了，不仅当不好掌柜，还可能被下属忽悠，或被下属牵着鼻子走。这就是为什么在有些单位会存在"领导不会当家，当家的不是领导"等现象的原因。

九、似懂非懂≈关键时刻根本不懂，似会非会≈关键时刻根本不会，似能非能≈关键时刻根本无能

参加高考的学子们在考完数、理、化等科目后，可能会对以上的三句话有较强的共鸣。但其实，这三句话对个人的学习、工作、生活，都具有启迪作用。比如有不少人考了驾照，但就是不敢开车上路；再比如很多人会开车，但就是不会驾驶手动挡的车……这里面都有似懂非懂、似会非会、似能非能的问题。所以说，无论学什么，都要学懂弄通、融会贯通；无论做什么，都要做好、做精，做成力作，做成"文物"。

怎样才能做到这一点呢？一是彻底去掉浮躁心态，要有打破砂锅问到底的钻劲。无论学什么，要知其然并知其所以然，不要把学知识、学技能当作装门面的方式，蜻蜓点水、浮光掠影，知道点皮毛就浅尝辄止。要像扫雷一样对待学习中遇到的每个问题，做到学有真得，学有所获，学有多成。二是彻底丢掉粗糙习惯，要有"经手我负全责，出手力求精品"的追求。这也是高质量发展的要求。从点滴小事做起，力争做好做精。三是彻底改掉小猫钓鱼、猴子掰苞谷的毛病，要有咬定青山不放松、不获全胜不收兵的韧劲。要专注专业、精心精进，学则颇有造诣、技达炉火纯青，要能在关键时刻不掉链子，能够担大任、扛大梁。

十、勤学不怠≈自我保鲜和自我升值

以上9组约等式，其实都与学习有关。离开了不断学习、终身学习，在当今社会是很难适应的。比如新支付方式的普及，很多上点年纪的人就不适应。

有资料报道：人类近 30 年产生的知识量相当于过去 2000 多年知识量的总和，而以后每 3 年就增长一倍。预计到 2050 年，现在的知识总量只占那时知识总量的 1%。最直观的还有职业岗位变迁，如驾驶从职业变成现代人的必备从业技能。

随着知识更新的不断加快，以及新科技与生产生活的紧密结合，不是文盲就可以工作、掌握一门手艺就管终身的时代已一去不复返了。这也就是中央为什么反复强调要建设学习型政党、学习型社会的重要原因，也可以说是"学习强国"平台推出的时代之需、发展之要。

第一，要把学习当作开启新生活、新工作之门的钥匙，变成像每天吃饭、睡觉的必需。一代伟人毛泽东同志在生命垂危的最后时刻还在读洪迈的《容斋随笔》。要坚持日日学、月月学、年年学，使自己变成一个勤于学习的人，勤于思考的人，勤于实践的人，勤于创新的人，以不变的学习应对万变的社会。

第二，跟随时代发展步伐，不做"桃花源中人"。一方面，要学政治、学政策，知道大局大势，会说新言新语。另一方面，要顺应时代发展新趋势，熟练掌握新技能。要保持年轻心态，虚心向年轻人学习、请教，既做"老来俏"，也做"老来潮"。

第三，向专业深度掘进，努力使自己成为具有较高专业素养的从业者。党的十九大报告在强调加强干部队伍建设时，特别强调专业素养问题，这对所有从业者都是重要的。要结合自己的职业岗位，当专家半专家式的从业者。

谈以上 10 组约等式，是与大家交流共勉。围棋、相扑等项目中有段位之说，就职场从业者来讲，希望大家修炼出三种境界：一是当您与同事相处相伴时，无论何时干什么工作，领导和同事们都会因为有您而有底气，不慌张；二是无论您处在什么岗位，别人接替您职位后，达到您的水准是难事，超越您的业绩更是难上加难；三是当您退出江湖时，江湖还有您的许多传说。

不忘初心跟党走　青春建功新时代

（2017年11月）

很高兴来到湖北文理学院，与各位老师和同学们一起学习领会党的十九大精神。先请大家看一段视频。

刚才，大家看到的是10月18日上午，习近平总书记在党的第十九次全国代表大会上作报告时，对青年朋友们说的一段话。

党的十九大报告是当代中国青年尤为需要认真学习、深刻领悟的。为什么这样说？这是因为，当代青年的人生黄金时期与实现"两个一百年"奋斗目标的时段是完全吻合的。在座的同学都是20多岁，2020年全面建成小康社会的时间节点，很多人刚走上社会岗位，风华正茂；2035年基本实现社会主义现代化，大家都还是30多岁，正当盛年；到本世纪中叶，我国建成富强民主文明和谐美丽的社会主义现代化国家时，大家也就到了我这个年龄。所以说，当代青年是继往开来的强国一代！你们的使命注定神圣，你们的青春注定不凡。

一代人有一代人的际遇，一代人也有一代人的奋斗。能够赶上这个伟大的时代，是各位青年朋友最大的人生际遇。如何抢抓这一人生际遇，在这个伟大时代绽放自己的青春光彩，最关键的是要认识这个时代，把握这个时代。这就要求我们学习好、领会好党的十九大精神。今天，我到湖北文理学院来，与大家一同学习党的十九大精神，目的就是希望青年朋友观大局、明大势，顺应新时代中国特色社会主义的发展潮流，以党的十九大精神为指引，谱写自己的人生华章。

10月18日，党的十九大胜利开幕。大会主题是"不忘初心，牢记使命，高举中国特色社会主义伟大旗帜，决胜全面建成小康社会，夺取新时代中国特色社会主义伟大胜利，为实现中华民族伟大复兴的中国梦不懈奋斗"。习近平同志作了《决胜全面建成小康社会　夺取新时代中国特色社会主义伟大胜利》的报告。报告共十三个部分，32000多字，总体可分为三大板块。第一板块，是报告的第一部分，回顾过去五年工作和历史性变革，宣示中国特色社会主义进入新时代；第二板块，是第二部分至第四部分，确立新时代中国共产党的历史使命和新时代中国特色社会主义思想；第三板块，是第五部分至第十三部分，提出新时代中国特色社会主义思想指引下的重大部署和任务要求。

在报告中，有一个关键词多次出现，并且迅速吸引全国人民、世界各国的眼光。这个关键词就是"新时代"。"中国特色社会主义进入新时代"，是党的十九大对于我国发展所处历史方位的一个重大科学判断，也是贯穿十九大报告的一条主线。今天，我围绕新时代中国特色社会主义，着重从八个方面和大家交流对党的十九大精神的学习体会。

一、新时代中国特色社会主义的历史方位

党的十九大报告提到："经过长期努力，中国特色社会主义进入了新时代，这是我国发展新的历史方位。"如何理解把握"中国特色社会主义进入了新时代"这个判断？习近平总书记从四个维度进行了论述。

（一）新的历史起点

报告从十个方面概括了十八大以来我们党和国家所取得的历史成就：经济建设取得重大成就；全面深化改革取得重大突破；民主法治建设迈出重大步伐；思想文化建设取得重大进展；人民生活不断改善；生态文明建设成效显著；强军兴军开创新局面；港澳台工作取得新进展；全方位外交布局深入展开；全面从严治党成效卓著。归根到底体现为一句话："五年来的成就是全方位的、开创性的，五年来的变革是深层次的、根本性的。"五年来，我们党解决了许多长期想解决而没有解决的难题，办成了许多过去想办而没有办成的大事，推动党和国家事业发生历史性变革。这些历史性变革，对党和国家事业的发展具有重大而深远的影响。

事非经过不知难。我们都是五年来国家发展变化的亲历者、见证者。五年来，我们亲历了种种变革，眼见了种种变化，享受着种种便捷，获得了种种福祉。在大家看来，"十大成就"的表述是抽象的，但这抽象表述的背后，是一串串形象的数据和实例。比如，我国经济总量由54万亿元增长到80万亿元，稳居世界第二，对世界经济增长贡献率超过30%，中国的贡献率超过美国、欧元区和日本的总和。再具体一点，高铁、支付宝、共享单车和网购被称为当今中国"新四大发明"，其中，2016年我国高铁运营里程超过2.2万公里，占世界总里程60%以上，超过世界上其他所有国家高铁里程的总和，高速公路总里程、港口吞吐量世界第一，200多种产品产量也是世界第一。不光是数量，质量和技术我们也在迅速追赶。大家都知道，中国长期遭受西方发达国家的禁运制裁和技术封锁。如今，我国不仅取得了科技创新的突破，而且开始对无人驾驶航空飞行器、高性能计算机，以及用于造岛填礁的大型挖泥船、吸沙船等产品实施出口管制，更有北斗导航系统、载人空间站等，我们也取得了骄人的成就。

随着祖国的飞速发展，我们的城市、我们的生活也发生了巨大变化。以襄阳为例，过去五年，我市经济总量先后跨越了2000亿元、3000亿元大关，2016年达到3695亿元，在全国城市排名由2012年第64位升至第54位。襄阳还是新能源汽车之都，全国每10辆新能源汽车就有1辆是襄阳造，同学们周末出行乘坐的公交车，大多是宽敞、清洁的纯电动空调公交车，没有噪声，没有尾气排放。襄阳的交通也更加便利，2017年10月29日，襄阳机场新航站楼正式启用，开通了飞往23个国内城市的18条航线，今年旅客吞吐量将近100万人；东津高客站和郑万高铁、西武高铁、呼南高铁正在加快建设，再有两三年的时间，我们就可以在家门口坐上高铁。同时，大家的学习、生活条件得到极大的改善，不仅有先进的教学设施，还创建了一批国家级、省级"众创空间"、创业教育基地、创新创业俱乐部。今年9月，湖北文理学院在全国大学生电子设计竞赛中获得一等奖，这一好成绩充分说明学校为同学们的创新创造提供了很好的环境。襄阳市也将进一步支持湖北文理学院迁建升级，建设国家综合性大学。届时，学校无论是基础设施还是学科建设都将迈上一个新台阶。

所以，无论是宏观的回顾还是微观的感受，我们都深刻感觉到，中国的经济实力、科技实力、国防实力、综合国力进入世界前列，党的面貌、国家的面貌、人民的面貌、军队的面貌、中华民族的面貌发生了前所未有的变化，我国已经站在新的历史起点，这些构成了新时代中国特色社会主义的坚实基础。

（二）新的重大意义

习近平总书记用"三个意味着"阐述了中国特色社会主义进入新时代的重大意义。

第一个"意味着"是，"意味着近代以来久经磨难的中华民族迎来了从站起来、富起来到强起来的伟大飞跃，迎来了实现中华民族伟大复兴的光明前景"。这是从中华人民共和国发展史、中华民族发展史来讲新时代的意义。从 1840 年鸦片战争到 1949 年新中国成立的历史，是一部充满灾难、落后挨打的百年屈辱史。1949 年 10 月 1 日，毛泽东同志在天安门城楼宣告中华人民共和国成立，标志着中国人民从此站起来了！1978 年 12 月，十一届三中全会召开，我国进入改革开放新时期。正如人们所说，毛泽东让"中国人民站起来了"，邓小平让"中国人民富起来了"。当前，中华民族正迎来从站起来、富起来到强起来的伟大飞跃。从这个意义上讲，中国特色社会主义进入了新时代。

第二个"意味着"是，"意味着科学社会主义在二十一世纪的中国焕发出强大生机活力，在世界上高高举起了中国特色社会主义伟大旗帜"。这是从世界社会主义发展史来讲新时代的意义。科学社会主义由马克思、恩格斯于 19 世纪 40 年代创立，到现在有 170 多年时间。中国共产党人坚定不移地高举中国特色社会主义伟大旗帜，一代又一代地推进中国特色社会主义伟大事业，取得了举世瞩目的历史性成就，使中国特色社会主义这面伟大旗帜在世界上高高飘扬。从科学社会主义发展的历史长河中来看，中国特色社会主义进入了新时代。

第三个"意味着"是，"意味着中国特色社会主义道路、理论、制度、文化不断发展，拓展了发展中国家走向现代化的途径，给世界上那些既希望加快发展又希望保持自身独立性的国家和民族提供了全新选择，为解决人类问题贡献了中国智慧和中国方案"。这是从人类发展史上来讲新时代的意义。20 世纪 80 年代，日裔美籍学者弗朗西斯·福山曾经抛出所谓的"历史终结论"，认为"历史的发展只有一条路"，即西方模式。去年 9 月，福山发生了"思想巨变"，他公开肯定"中国模式"的优越性，认为它会受到更多国家的钟情。

我们党开创的中国特色社会主义的道路、理论、制度、文化,以及提供的"中国方案""中国智慧",让西方所谓的"中国崩溃论"不攻自破,同时也为广大发展中国家提供了独具特色的中国经验。所以,从人类社会发展的大背景来看,中国特色社会主义进入了新时代。

(三)新的基本任务

中国特色社会主义进入新时代,将要完成什么样的任务?报告提出,这个新时代,是承前启后、继往开来、在新的历史条件下继续夺取中国特色社会主义伟大胜利的时代,是决胜全面建成小康社会、进而全面建设社会主义现代化强国的时代,是全国各族人民团结奋斗、不断创造美好生活、逐步实现全体人民共同富裕的时代,是全体中华儿女勠力同心、奋力实现中华民族伟大复兴中国梦的时代,是我国日益走近世界舞台中央、不断为人类作出更大贡献的时代。

总书记讲的"五个时代",就是新时代的五个基本任务。我们走近了世界舞台中央,不单要为我们的国家作出贡献,也要为人类作出更大贡献。拿党的十九大本身来看,英国广播公司评价这是一次"站在世界地图前"召开的大会,这句话是我国走近世界舞台中央最有力的证明。管中窥豹,举三个事例。一是党的十九大的记者团队构成。采访党的十九大的记者共3068人,其中境外记者1818人,占59.3%,这在其他任何国家都是少有的。二是党的十九大收到的贺电贺函数量。截至10月30日,共有165个国家454个主要政党发来1340多份贺电贺函。一个政党召开五年一次的全国代表大会,得到世界绝大多数国家和政党的关注、祝贺,这也是少有的。三是党的十九大的理念运用。11月1日,第72届联合国大会负责裁军和国际安全事务第一委员会(联大一委)通过了"防止外空军备竞赛进一步切实措施"和"不首先在外空放置武器"两份安全决议,习近平总书记提出的"构建人类命运共同体"理念都被写入两份决议,我们站在了道义制高点。这些都说明,进入了新时代的中国特色社会主义,不仅要实现自身更加平衡、更加充分的发展,还正在以崭新的姿态屹立于世界的东方。

（四）新的时代特征

中国特色社会主义进入新时代，我国社会主要矛盾已经转化为人民日益增长的美好生活需要和不平衡不充分的发展之间的矛盾。矛盾运动是社会前进的动力，不同时期有不同的矛盾形式。我是1980年进入大学校园的，和那个时候比，现在的大学生活可以说发生了翻天覆地的变化。今天，大家纠结于上哪个平台网购，我们那时没有纠结，因为物质很匮乏，街上能买的东西不多；今天，大家纠结于去食堂还是叫外卖，我们那时没有纠结，因为那时候美味是一种奢望，能吃饱饭就是幸福；今天，大家纠结于买笔记本电脑还是用平板电脑，我们那时没有纠结，因为条件很艰苦，有支好钢笔已经非常难得。你们纠结于选择，我们纠结于没有选择。这种"纠结"的变化，实际上就是一代人比一代人更加幸福的体现，是我国社会主要矛盾转变的具体印证。

以上四个维度的分析说明，中国特色社会主义新时代不是随随便便地就来了，而是我们在长期的发展进程，特别是在改革开放近40年的发展进程中，经过千辛万苦的奋斗，以巨大的代价取得了辉煌的成就才迎来了新时代。

二、新时代中国特色社会主义的历史使命

习近平总书记指出，中国共产党人的初心使命，就是为中国人民谋幸福，为中华民族谋复兴。这是激励我们党不断前进的根本动力。在新的时代条件下，我们要进行伟大斗争、建设伟大工程、推进伟大事业、实现伟大梦想。"四个伟大"内涵深刻、逻辑严密、有机统一，是对中国特色社会主义新时代中国共产党历史使命的高度概括。

（一）实现伟大梦想

这个伟大梦想就是实现中华民族伟大复兴。为什么在梦想前加上"伟大"二字？这里有一个对比。1932年，上海《东方杂志》征集"新年的梦想"时，提出一个问题："你梦想中的未来中国是怎样？"当时很多社会名流参加了这个活动。北京大学教授林语堂说："我的梦想只希望国中有小片的不

打仗、无苛税、换门牌不要钱、人民不用跑入租界而可安居乐业的干净土。"燕京大学教授顾颉刚的梦想："没人吸鸦片、吞红丸，这是最重要的事，这种嗜好延长下去非灭种不可。"上海学者施蛰存的梦想："中国人走到国外去不被轻视，外国人走到中国来，让我们敢骂一声'洋鬼子'。"外交官罗文干的梦想："政府能统一全国，免人说我无组织，内争的勇毅转用来对外。"他们的呼吁、他们的梦想集中在一起就是四个字：民族救亡。中华民族已经到了濒临灭亡的时刻，面临着"被从地球上开除'球籍'的危险"。这样的梦想，是让人揪心的梦想。与80多年前相比，现在的中国梦是中华民族伟大复兴的中国梦，是国家富强、民族振兴、人民幸福。今天，我们比历史上任何时期都更接近中华民族伟大复兴的目标，比历史上任何时期都更有信心、更有能力实现这个目标。这就是"伟大梦想"的意义所在。

（二）进行伟大斗争

伟大梦想不会时到即成，不是敲锣打鼓就会美梦成真，必须进行具有许多新的历史条件特点的伟大斗争。前行的道路并不平坦，不会一帆风顺，还有许多困难和问题等着我们去克服、去解决。伟大斗争主要包括六个方面。一是同错误思想作斗争。对那些有意歪曲、肆意攻击党的理论和理想的错误言论，必须坚持有理有力有节的原则，进行针锋相对的斗争。二是同固化利益作斗争。坚持"刀刃向内"，自我批判、自我革命，敢于向固化的利益藩篱宣战。三是同腐败现象作斗争。以极大的政治智慧和勇气开展反腐败工作，坚决打赢反腐败这场攻坚战和持久战。四是同西方渗透作斗争。西方国家敌对势力千方百计地对中国进行渗透，特别是互联网的兴起，更为这种渗透提供了难以察觉的便利条件。我们必须擦亮眼睛，旗帜鲜明地进行针锋相对的斗争，采取各种途径予以有力驳斥和反击。五是同分裂势力作斗争。采取包括政治、经济、文化、法治和军事等在内的各种手段，严厉打击"港独""疆独""藏独""台独"等分裂势力，促进国家统一。六是同霸权主义作斗争。面对各种企图围堵我国、打压我国的势力，我们要保持战略定力，沉着应对，做好政治、经济、文化、外交和军事领域进行全方位斗争的准备。

（三）建设伟大工程

夺取伟大斗争的胜利，必须深入推进新时代党的建设新的伟大工程。打铁必须自身硬。我们党要始终成为时代先锋、民族脊梁，始终成为马克思主义执政党，自身必须始终过硬。但是，中国共产党也面临着执政考验、改革开放考验、市场经济考验、外部环境考验"四大考验"，存在着精神懈怠危险、能力不足危险、脱离群众危险、消极腐败危险等"四种危险"。经受"四大考验"，克服"四种危险"，我们必须建设伟大工程，勇于直面问题，敢于刮骨疗毒，消除一切损害党的先进性和纯洁性的因素，消除一切侵蚀党的健康肌体的病毒，不断增强党的政治领导力、思想引导力、群众组织力、社会号召力，确保我们党永葆旺盛生命力和强大战斗力。

（四）推进伟大事业

中国特色社会主义是改革开放以来党的全部理论和实践的主题，是党和人民历尽千辛万苦、付出巨大代价取得的根本成就。中国特色社会主义道路是实现社会主义现代化、创造人民美好生活的必由之路，中国特色社会主义理论体系是指导党和人民实现中华民族伟大复兴的正确理论，中国特色社会主义制度是当代中国发展进步的根本制度保证，中国特色社会主义文化是激励全党全国各族人民奋勇前进的强大精神力量。我们要更加自觉地增强道路自信、理论自信、制度自信、文化自信，保持政治定力，坚持实干兴邦，始终坚持和发展中国特色社会主义。

三、新时代中国特色社会主义的行动指南

党的十八大以来，我们党和国家取得了历史性成就和历史性变革。一个根本原因就在于我们党勇于推进实践基础上的理论创新，形成了中国特色社会主义理论体系的最新成果。这个最新理论成果就是习近平新时代中国特色社会主义思想。这是党的十九大的理论创新亮点，是十九大的重要历史贡献，也是十九大的灵魂！学习党的十九大精神，最重要的就是深入学习领会习近平新时代中国特色社会主义思想。具体要做到"三个真懂真信"。

（一）真懂真信习近平新时代中国特色社会主义思想的历史地位

时代是思想之母，实践是理论之源。习近平新时代中国特色社会主义思想，既是全党智慧结晶，又集中体现了习近平总书记的巨大理论勇气、超凡政治智慧、远见卓识和独创思想，这是当代马克思主义中国化的新飞跃，是民族精神和时代精神的精华。其历史地位主要表现在五个方面上。第一，新时代中国特色社会主义思想是对马克思列宁主义、毛泽东思想、邓小平理论、"三个代表"重要思想、科学发展观的继承和发展。第二，新时代中国特色社会主义思想是马克思主义中国化最新成果。第三，新时代中国特色社会主义思想是党和人民实践经验和集体智慧的结晶。第四，新时代中国特色社会主义思想是中国特色社会主义理论体系的重要组成部分。第五，新时代中国特色社会主义思想是全党全国人民为实现中华民族伟大复兴而奋斗的行动指南。

（二）真懂真信习近平新时代中国特色社会主义思想的基本内容

基本内容就是"八个明确"。明确坚持和发展中国特色社会主义，总任务是实现社会主义现代化和中华民族伟大复兴，在全面建成小康社会的基础上，分两步走在本世纪中叶建成富强民主文明和谐美丽的社会主义现代化强国；明确新时代我国社会主要矛盾是人民日益增长的美好生活需要和不平衡不充分的发展之间的矛盾，必须坚持以人民为中心的发展思想，不断促进人的全面发展、全体人民共同富裕；明确中国特色社会主义事业总体布局是"五位一体"、战略布局是"四个全面"，增强坚定道路自信、理论自信、制度自信、文化自信；明确全面深化改革总目标是完善和发展中国特色社会主义制度、推进国家治理体系和治理能力现代化；明确全面推进依法治国总目标是建设中国特色社会主义法治体系、建设社会主义法治国家；明确党在新时代的强军目标是建设一支听党指挥、能打胜仗、作风优良的人民军队，把人民军队建设成为世界一流军队；明确中国特色大国外交要推动构建新型国际关系，推动构建人类命运共同体；明确中国特色社会主义最本质的特征是中国共产党领导，中国特色社会主义制度的最大优势是中国共产党领导，党是最高政治领导力量，提出新时代党的建设总要求，突出政治建设在党的建设中的重要地位。

（三）真懂真信习近平新时代中国特色社会主义思想的基本方略

基本方略就是"十四个坚持"。坚持党对一切工作的领导，坚持以人民为中心，坚持全面深化改革，坚持新发展理念，坚持人民当家作主，坚持全面依法治国，坚持社会主义核心价值体系，坚持在发展中保障和改善民生，坚持人与自然和谐共生，坚持总体国家安全观，坚持党对人民军队的绝对领导，坚持"一国两制"和推进祖国统一，坚持推动构建人类命运共同体，坚持全面从严治党。实现"两个一百年"奋斗目标，决胜全面建成小康社会，开启全面建成社会主义现代化强国新征程，必须落实好十四条基本方略的要求。

四、新时代中国特色社会主义的战略安排

中国共产党是使命型政党，其表现在于两点：第一，有远大而坚定不移的理想；第二，有长远的战略眼光。习近平总书记以世界视野、历史使命，对新时代中国特色社会主义作出了战略安排。理解这个战略安排，首先要搞清楚四个关键词。

第一个关键词："三步走"战略。为了规划中国现代化发展蓝图，邓小平提出了著名的现代化"三步走"战略。这一战略在党的十三大上进一步明确。第一步目标，1981年到1990年实现国民生产总值比1980年翻一番，解决人民的温饱问题；第二步目标，1991年到二十世纪末国民生产总值再翻一番，人民生活达到小康水平；第三步目标，到21世纪中叶人民生活比较富裕，基本实现现代化，人均国民生产总值达到中等发达国家水平，人民过上比较富裕的生活。

第二个关键词："两个一百年"奋斗目标。现在，解决人民温饱问题、人民生活总体上达到小康水平这两个目标已经提前实现。在这个基础上，我们党提出了"两个一百年"奋斗目标。"两个一百年"最初在党的十五大上首次提出，党的十八大重申。第一个一百年，到中国共产党成立100年时（2021年）全面建成小康社会；第二个一百年，到新中国成立100年时（2049年）

建成富强、民主、文明、和谐、美丽的社会主义现代化国家。党的十八大以来，"两个一百年"在习近平总书记历次公开讲话与文章中出现频率超过100次，其重要性非同一般。

第三个关键词："两个关键期"。第一个时期，从现在到2020年，是全面建成小康社会决胜期。要建成得到人民认可、经得起历史检验的全面小康社会。第二个时期，从党的十九大到党的二十大，是"两个一百年"奋斗目标的历史交汇期。既要全面建成小康社会、实现第一个百年奋斗目标，又要乘势而上，开启全面建设社会主义现代化国家新征程，向第二个百年奋斗目标进军。

第四个关键词："两个阶段"的战略安排。习近平总书记对第二个百年奋斗目标进行了战略规划，将全面建设社会主义现代化国家的新征程分为两个阶段来安排。第一个阶段，从2020年到2035年，在全面建成小康社会的基础上，再奋斗15年，基本实现社会主义现代化。第二个阶段，从2035年到本世纪中叶，在基本实现现代化的基础上，再奋斗15年，把我国建成富强民主文明和谐美丽的社会主义现代化强国。

从"三步走"战略到"两个一百年"奋斗目标，再到"两个关键期"的科学判断，再到"两个阶段"的战略安排，体现了我们党和国家事业接续奋斗、代代相传的强大生命力，体现了以习近平同志为核心的党中央坚如磐石的战略定力。特别是全面建设社会主义现代化国家两个阶段的战略安排，是对"三步走"战略既一脉相承又与时俱进的深化和推进，展现出党和国家事业蓬勃发展的光明前景，必将对中国现代化建设的新进程起到巨大的推进和指导作用。

五、新时代中国特色社会主义的重大部署

统筹发展和安全，增强忧患意识，做到居安思危，是我们党治国理政的一个重大原则。基于这一原则，党的十九大统筹推进"五位一体"总体布局、协调推进"四个全面"战略布局，对新时代中国特色社会主义事业进行了一系列重大部署。总体分为三个方面。

第一，"五位一体"总体布局的重大部署。重点从经济建设、政治建设、

文化建设、社会建设、生态文明建设等方面进行了具体安排。在经济建设上，要贯彻新发展理念，建设现代化经济体系，以供给侧结构性改革为主线，不断增强经济创新力和竞争力。在政治建设上，要坚持党的领导、人民当家作主、依法治国有机统一，推进社会主义民主政治制度化、规范化、程序化。在文化建设上，要坚定文化自信，牢牢掌握意识形态工作领导权，培育和践行社会主义核心价值观，推动文化事业和文化产业发展。在社会建设上，要提高保障和改善民生水平，加强和创新社会治理，不断满足人民日益增长的美好生活需要。在生态文明建设上，要践行"绿水青山就是金山银山"的理念，加快生态文明体制改革，建设美丽中国。

第二，国防和军队建设、港澳台工作、外交工作的重大部署。在国防和军队建设上，要坚持走中国特色强军之路，把人民军队建设成为世界一流军队。在港澳台工作上，要全面准确贯彻"一国两制"、"港人治港"、"澳人治澳"、高度自治的方针，坚持"和平统一、一国两制"方针，绝不允许任何人、任何组织、任何政党，在任何时候、以任何形式、把任何一块中国领土从中国分裂出去。在外交工作上，要坚持和平发展道路，构建人类命运共同体，建设持久和平、普遍安全、共同繁荣、开放包容、清洁美丽的世界。

第三，坚定不移全面从严治党的重大部署。中国共产党一个突出的优点是：有能力、有魄力、有办法反对和纠正党内一切脱离人民群众、腐蚀党的健康肌体的消极现象。这是我们党能够保持生机和活力、不断发展壮大的根本原因之一。任何一个政党，像一个人一样，没有不犯错误的。中国共产党也犯过错误，但这些错误都是中国共产党自己纠正的。所以，习近平总书记强调："人民群众反对什么、痛恨什么，我们就要坚决防范和纠正。"

党的十九大在党建方面有一个鲜明特点，就是提出了新时代党的建设总要求：坚持和加强党的全面领导，坚持党要管党、全面从严治党，以加强党的长期执政能力建设、先进性和纯洁性建设为主线，以党的政治建设为统领，以坚定理想信念宗旨为根基，以调动全党积极性、主动性、创造性为着力点，全面推进党的政治建设、思想建设、组织建设、作风建设、纪律建设，把制度建设贯穿其中，深入推进反腐败斗争，不断提高党的建设质量，把党建设成为始终走在时代前列、人民衷心拥护、勇于自我革命、经得起各种风浪考验、朝气蓬勃的马克思主义执政党。围绕这一总要求，党的十九大从党的政治建设、思想建设、干部队伍建设、基层组织建设、作风建设、反腐倡廉建设、党和国家监督体系建设和执政能力建设八个方面，对全面从严治党进行了重大部署。

六、新时代中国特色社会主义的领导核心

我们中国能够从一个长期积弱积贫的状态，到如今以崭新姿态屹立于世界东方，根本在于有中国共产党的领导，在于中国共产党的代际薪火相传，在于一张蓝图绘到底、一代一代接力干。"放眼全球，当其他国家的政党搞'拳击赛'的时候，中国共产党却在一棒接一棒地跑历史的'接力赛'。"有国外学者如此生动比喻中国当今的政治生态。这就是中国共产党成功的秘密，也是中国成功的秘密。

特别是过去五年，我们党取得的历史性成就和变革，充分证明了以习近平同志为核心的党中央有着科学的理论思维、坚韧的历史担当、高超的政治智慧、真挚的为民情怀、雄浑的胆识魄力，充分证明了习近平同志不愧为党的核心、军队统帅、人民领袖。以习近平同志为核心的党中央是深受全党全国各族人民拥护和信赖的领导集体，习近平总书记是全党拥护、人民爱戴、当之无愧的党的领袖！我们必须坚决维护以习近平同志为核心的党中央权威和集中统一领导，坚决维护习近平总书记党中央的核心、全党的核心地位，凝聚全党和全国上下的力量，不断开创中华民族伟大复兴更加光明的前景。

七、新时代中国特色社会主义的襄阳前景

党的十九大吹响了新时代建设中国特色社会主义的战斗号角，开启了中华民族强起来的新征程，也为襄阳提供了新历史机遇。我们将以习近平新时代中国特色社会主义思想为统领，以落实党的十九大精神和湖北省第十一次党代会精神为动力，按照统筹推进"五位一体"总体布局和协调推进"四个全面"战略布局的要求，加快建设汉江流域中心城市和长江经济带重要绿色增长极，把襄阳的发展推向一个更高水平。力争达到"六个更"的目标。

（一）综合实力更强

按照建设现代化经济体系的要求，深入实施创新驱动发展战略，深化供给侧结构性改革，加快推进发展方式转变和产业结构调整，打造全国重要的高端装备制造业基地、全国重要的新能源汽车研发制造基地，努力把襄阳建成产业转型升级样板区、国家现代农业示范区、现代服务业发展先行区、县域经济发展密集区，力争2020年进入全国城市地区生产总值排名50强。

（二）发展方式更绿

我们将认真践行"绿水青山就是金山银山"的发展理念，加快推动形成绿色发展方式和生活方式，以推进资源消耗、污染排放减量化为主线，构建绿色低碳循环发展的经济体系和清洁低碳、安全高效的能源体系，推动形成资源消耗减量化、资源利用循环化、资源产出高效化的绿色发展方式，打造汉江流域乃至长江流域经济带绿色发展的样板城市。

（三）创新活力更足

我们将加快建设湖北自由贸易试验区襄阳片区，着力构建对接国际投资贸易通行规则的制度框架，积极营造便利化、国际化、法治化的营商环境。加强与"一带一路"、长江经济带等战略协同，打造对外开放合作高地。深入推进"大众创新、万众创业"，依托"襄阳云谷"，借助大数据、云计算、"互联网+"，建设一批集融资、税收、创业指导等于一体的创业服务平台，打造一批众创空间、创业基地、创业街区，培育更多小微创新型企业，力争把襄阳建设成为汉江流域乃至中部地区创业服务最优、创业活力最强的城市，为青年大学生创新创业提供更好的环境。

（四）城乡环境更美

我们将立足襄阳深厚的历史底蕴、良好的自然禀赋、独特的区位优势，认真落实"城市让生活更美好"的理念，坚持新区建设与旧城改造协调推进、外在之形与内在之魂协同考虑、地上建筑与地下设施同步进行，促进城市"精明增长""精美成长"。积极推进襄阳古城"降高、减人",使襄阳古城更有文气、秀气、灵气,成为全国著名景区;稳妥推进棚户区改造,使襄阳市民住上条件更好、环境更优的房子;加快推进城市功能完善,使"一心四城"更加宜业宜居宜游;全力保护襄阳的自然生态,使襄阳的天更蓝、水更清、山更绿、环境更美。

(五)人民生活更好

坚决打赢脱贫攻坚战,确保贫困群众如期、全面、稳定脱贫;进一步织密扎牢民生保障网,在幼有所育、学有所教、劳有所得、病有所医、老有所养、住有所居、弱有所扶上不断取得新进展;巩固全国文明城市和"长安杯"创建成果,不断满足人民群众对美好生活的需要。

(六)政治生态更优

树牢"四个意识",深入实施干部能力素质提升工程、基层组织强化工程、作风建设优化工程,把反腐的旗帜举得更高更牢,把管党治党各项工作抓得更实更严,营造风清气正、干事创业的良好政治生态。

青年朋友们,襄阳既是一座文化名城、生态美城,更是一座活力之城、机遇之城、圆梦之城。诚挚欢迎各位青年朋友完成学业以后,继续留在襄阳就业、创业,投身襄阳改革发展的大潮!

八、新时代中国特色社会主义的青年作为

新时代要有新气象,更要有新作为。中国特色社会主义进入新时代,既对青年学生提出了时代要求,也为青年朋友施展才华提供了广阔舞台。作为新时代的生力军和民族复兴的中坚力量,大家要积极拥抱和奋进新时代,在新时代中实现新作为。

(一)要坚定理想信念

青年树立什么样的人生理想,选择什么样的奋斗方向,对于走好一生的路至关重要。广大青年只有在中国共产党领导下,把个人奋斗融入祖国前

途命运和民族复兴伟大梦想,才能最大限度地实现人生价值。习近平新时代中国特色社会主义思想是全党全国人民为实现中华民族伟大复兴而奋斗的行动指南,也是广大青年朋友克服重重困难、突破艰难险阻的"通关宝典",是实现人生理想、不断获得成功的"成功秘籍"。希望大家认真、系统地学习领会习近平新时代中国特色社会主义思想,深刻认识这一重大思想的历史地位、丰富内涵、精神实质和实践要求,深刻领会"八个明确"的关键要义和"十四个坚持"的基本方略,切实增强中国特色社会主义道路自信、理论自信、制度自信、文化自信,勇做担当民族复兴大任的时代新人。

(二)要练就过硬本领

人生的道路虽然漫长,但紧要处常常只有几步,特别是在年轻的时候。实现中华民族伟大复兴,绝不是轻轻松松、敲锣打鼓就能实现的,既要有担当的宽肩膀,还得有成事的真本领。梦想从学习开始,事业靠本领成就。希望同学们珍惜美好的大学时光,像海绵吸水一样吸取各种知识,既学习理论,又投身实践;既钻研专业,又涉猎人文;既术有专攻,又触类旁通;既独立思考,又团队合作。下得苦功夫,求得真学问,切实增强报效祖国、为民服务的本领。

(三)要锻造强健体格

健康是一笔极其宝贵的财富。健康是1,事业、家庭、名誉、财富等都是1后面的0,人生圆满全系于1的稳固,民族昌盛、国家富裕系于1的坚实。青年朋友首先要有健康的身体。青年的脸是红润的,不应该是深夜手机屏幕映照下的苍白;青年的身体是充满活力的,不应该是长期宅在家里的萎靡慵懒。要拒绝"葛优瘫",拒绝当"宅男",热爱运动,加强锻炼,用强健体魄支撑美好生活,把健康底色涂抹在历史的车轮上。青年朋友还要有健康的精神思想。周恩来总理曾立下"为中华之崛起而读书"的远大志向,当代之青年也要志存高远,为中华民族伟大复兴而读书。希望大家保持初生牛犊不怕虎的朝气、敢闯敢试的勇气、坦荡为人的正气,保持积极向上的精气神,引领自己的人生航船乘风破浪、昂扬向前。

（四）要锤炼高尚品格

青年是引风气之先的重要力量，一个民族的文明素养很大程度上体现在青年一代的道德水准和精神风貌上。湖北文理学院有很多优秀青年，扎根偏远山区教育的全国优秀教师叶本翠，打工救母、背母求学的全国孝老爱亲模范提名奖获得者程威，经历坎坷但臂膀坚强的"中国大学生自强之星"孙玉晴，还有"格桑花"志愿援藏支教团队等，都是"时代楷模"。希望大家认真学习身边的先进典型，加强道德修养，注重道德实践，自觉弘扬爱国主义、集体主义、社会主义思想，积极倡导社会公德、职业道德、家庭美德和个人品德，带头倡导良好社会风气，以自己的实际行动促进社会道德进步。

（五）要勇于奋进创造

党的十九大开幕会后，微信朋友圈里流传着这样一组数字：64岁，210分钟，32000字，全程站立无休息……总书记尚且如此，我辈青年何如？历史只会眷顾坚定者、奋进者、搏击者，而不会等待犹豫者、懈怠者、畏难者。青年大学生朋友要勇做奋进者，增强新时代主人翁意识和责任感，以万丈的豪情拥抱新时代，以时不我待、只争朝夕的精神投身新时代，在实施科教兴国、人才强国、创新驱动发展、乡村振兴、区域协调发展、可持续发展、军民融合发展等战略中大显身手，成为新时代当之无愧的优秀建设者和生力军！

青年朋友们，100多年前，一位旧时代诗人曾经发出这样的呼喊："如果能在一个伟大时代里行走，我心向往之，我必将义无反顾。"他在对伟大时代的等待中遗憾离去，而我们却等到了。今天，我们比历史上任何时期都更接近、更有信心和能力实现中华民族伟大复兴的目标。对青年大学生朋友而言，这是一个崭新的时代，这是一个英雄不问出处的时代，这是一个尽情释放和追逐梦想的时代，这是一个人人都有出彩机会的时代，这是一个充满机遇和活力的时代……我们有幸和这个伟大的时代不期而遇，有幸目睹这个伟大时代的变革变迁变化，有幸成为这个伟大时代的一员，有幸能为这个伟大时代挥洒汗水、建功立业，我们每一个人，尤其是当代中国之青年，都应为此热情喝彩，为此倍感无上荣光！希望你们不忘初心、牢记使命、脚踏实地、不负韶华，在新时代中绽放更加绚丽的青春光彩！

谢谢！

重道弃术　知行并举
（2012年3月）

今天，我着重就年轻干部提升思想境界、加强"德"的修养同大家进行交流，重点谈谈"重道弃术，知行并举"的问题。

"德"，是领导干部品行之首、做人之本、成事之基、为官之魂、魅力之源。我们党历来重视干部"德"的建设，鲜明提出"德才兼备、以德为先"的用人标准。胡锦涛总书记在庆祝中国共产党成立90周年大会上的讲话中提出了"五德"的要求，就是"要坚持把干部的德放在首要位置，选拔任用那些政治坚定、有真才实学、实绩突出、群众公认的干部，形成以德修身、以德服众、以德领才、以德润才、德才兼备的用人导向"。"德""才"之间，"德"是起统帅作用的，正如司马光在《资治通鉴》中所说："才者，德之资也；德者，才之帅也。"党的领导干部是否有"德"，不仅决定着其自身才智发挥和权力行使的目的、方向和效果，更关乎国家兴衰、人民福祉。

中国传统文化中有很多关于修身立德的精辟论述，集中体现在"道""术""知""行"这四个方面。所谓"道"，是指事物的本源、本体、本质，天地万物变化的规律、趋势和方向，还有公理、公道、公正之义。"道"，贯穿了中国文化的各个层面，作为中国核心文化的儒释道三家思想处处体现了"道"的理念。孔子论"道"，"志于道，据于德，依于仁，游于艺"，讲的是人生要把道德追求作为最高的理想境界；佛家讲"法"，也是讲"道"，有"得道"之义；老子论"道"，"道可道，非常道"，讲的是道法自然，是对事物规律的遵循。所谓"术"，是指技艺、方法、策略，包括方术、术数、技术、权术等。所谓"知"，在中国传统文化中属于道德范畴，指的是人的道德意识和思想意念，也就是对道德的认知，后逐步扩展为"明理"，指对知识的渴求和才智的积累，所谓"知者，智也"。所谓"行"，在中国传统文化中指的是道德实践，后来延伸为注重实践、身体力行。

加强"德"的修养，首先要正确认识和把握"道"与"术"的关系。在中国传统文化中，关于"道"与"术"的关系有两种思想，一个是强调"道术并举"，再一个是强调"重道轻术"，"轻术"的"轻"就是对行不正当之术的蔑视，也是"弃"的意思。古人讲：术合于道，相得益彰；术背于道，各见其害；轻道重术，则智术滥用；君子有道而小人有术，君子以道经世而小人以术害人；君子以道而杀身成仁，小人以术而杀人成事。谋权，术也；谋权者，小人也。从这个意义上讲，"重道弃术"，就是要遵循客观规律，加强道德修养、党性修养，提升思想境界、精神境界、人生境界，摒弃权谋之术、升官之术、庸俗之术。

其次，要正确认识和把握"知"与"行"的关系。"知"与"行"是一对辩证统一的关系，从本源上讲是关于道德问题在认识和实践领域的探索。明朝心学家王阳明提出"知行合一"思想，强调知是有行，行中有知；知是行的主意，行是知的功夫；知是行之始，行是知之成。意思是说，道德是人行为的指导思想，按照道德的要求去行动，是达到"知"的功夫，符合道德规范要求的行为是"知"的完成。后来，知与行的关系被当代马克思主义哲学用来表述认识与实践的关系。毛泽东同志在《实践论》中，把知和行的关系表述为"知行统一"。强调"知行并举"，就是要求广大干部勤奋学习、勇于探索，学以立德、学以致用，知行合一、德才并进，努力养成高尚的思想品质和良好的道德修养，掌握推动科学发展、服务人民群众的知识和本领，强化创新精神实践能力。

年轻干部要从中国传统文化中汲取营养，弘扬主流价值，根据时代发展的要求、党的执政要求、干部成长进步的要求，在修身立德上下一番苦功夫。

一、"重道"，就是要行大道、讲大德，树立正确的世界观、人生观和价值观

"重道"，对我们党员干部来说，核心是树立正确的世界观、人生观、价

值观，坚守共产党人的科学信仰，坚守共产党人的先进追求，坚守共产党人的高尚道德，坚守共产党人的精神家园。中国传统文化关于"道"的阐释，核心价值就是要胸怀天下，感念苍生，所谓"大道之行也，天下为公"。古代士人的精神和品格就充分体现了这一点：一是一心向道的学术追求和政治理想，二是心忧天下的博大心胸和责任意识，三是高洁自省的人格操守和道德自觉。归结到一点，就是以天下为己任，念念不忘经世济民。"修身、齐家、治国、平天下""为万世开太平"是古代士人的身份标签，也就是把个人志向、价值追求放在国家和民族的层面来实现。这种士人精神对我们现代年轻人修身立德和人格构建也具有重要的积极意义。我们对这种精神进行现代转换，就是要从自我道德完善的狭小天地走出来，培养自强不息的进取拼搏、安贫乐道的人生韧性、舍生取义的道德自守等精神品质，把个人的生命投射到国家和民族生生不息的意义追求和价值遵循之中，树立自己的人生目标。

关于道德境界问题，古代先哲提出了"以出世的精神，做入世的事业"的思想。其中，"出世"在道家思想的范畴里指办事顺应事物，追求"天人合一""无为而治"的精神境界。用现代思维理解，就是顺应事物的本性，尊重并按照自然规律和社会发展规律去办事，不反规律而行。"入世"在儒家思想的范畴里体现的是一种有为的精神，强调的是个人对他人和社会的责任与使命，强调积极面对人生、面对社会、面对事业。《周易》讲："天行健，君子以自强不息；地势坤，君子以厚德载物。"讲的就是人要从天地运行的勃勃生机中修炼精神境界、汲取精神动力，唯自强才能不息，唯厚德才能载物。以出世的精神，做入世的事业，在现代意义上讲，就是要心胸豁达，摆脱世俗功名利禄的束缚，从容地对待世事变化，达观地看待人情世故，冷静地对待得失成败，以入世的情怀、积极向上的人生态度经世致用，为国分忧、为民造福。

我国著名哲学家冯友兰先生曾把人生分为四个境界：一是自然境界，二是功利境界，三是道德境界，四是天地境界（也称哲学境界）。作为党员干部，要努力摆脱自然境界、摒弃功利境界、追求道德境界、崇尚天地境界，把人生的价值追求深深融入为党、为国家、为人民作贡献的崇高使命中去。西方有句名言："如果我们走得太快，要停一停，等待灵魂跟上来。"现在，年轻干部追求进步，都想干一番事业，在从政的道路上有所作为，这是积极的，无可厚非，但问题的关键在于要想清楚为官的根本、为官的目的、为官的意义是什么。"等待灵魂跟上来"，就是希望大家在追求进步、追求个人价值时做到内外兼修，提升精神境界，做社会主义核心价值观的积极践行者和模范实践者。

第一，坚定理想，坚守信仰。"人生如屋，信仰如柱，柱折屋塌，柱坚屋固。"理想信念是人生不可缺少的精神支柱，是促使人们前进和奋斗的精神动力。中国的"保尔·柯察金"吴运铎曾说，革命理想是一个人生命的动力，有了理想就等于有了灵魂。作为党员干部，就是要把理想信念作为动力，作为核心。当代中国共产党人所选择、所确定、所树立、所发展的理想，用最简明的语言来说就是中国特色社会主义，这是当代中国共产党人最鲜明的特征、最核心的信仰。坚定理想，坚守信仰，是保持党的纯洁性在思想建设上的首要任务。习近平同志在今年中央党校春季学期开学典礼上的讲话指出，"信仰纯洁是共产党人最根本的纯洁"；"保持思想纯洁，最重要的是保持对共产主义的坚定信仰、对中国特色社会主义的坚定信念。我们既要脚踏实地地办好今天的事情，又不能忘记远大目标。党员和党的干部有了这样的理想信念，无论从事什么样的工作，都会有一种崇高的使命感和神圣感"。中国共产党 90 多年来的发展历程一再表明，坚定的信仰和为理想而奋斗甚至牺牲生命的崇高精神，永远是激励我们共产党人不断前进的力量源泉，是战胜一切艰难困苦的制胜法宝。坚定理想信念对党员干部是"绝对要求"，也只有在这一"绝对要求"的校准之下，才能在个人利益和公共利益之间做好"选择题"，也才能做好性格、思维和行为等方面的"改错题"，最终在纯洁性的考试上交出一份高分答卷。年轻干部只有始终保持纯洁性，坚定理想，坚守信仰，才能经受"四大考验"，战胜"四种危险"，始终保持清醒，才能在纷繁复杂的生活中不迷惘，在各种思潮的冲击下不动摇，始终保持共产党人的政治本色。

第二，胸怀天下，志存高远。诸葛亮讲"志当存高远"，范仲淹讲"先天下之忧而忧，后天下之乐而乐"。我们党员干部是中国社会的先进分子，应当是社会上有先进追求、高层次追求的人。毛泽东同志就读于长沙师范时,每年都会拿出学费的三分之一买书买报,时刻关注和了解世界和国内大事,立志报国,同学们赞扬他"身无半文,心忧天下"。年轻干部的人生追求是什么,志向是什么,目标是什么?就是要立志做大事,而不是立志做大官,不能把升官发财作为自己的人生追求和目标。中国共产党是胸怀天下、志存高远的党,我们党的奋斗目标就是实现共产主义的远大理想,我们党的执政理念就是"立党为公、执政为民"。个人理想只有与国家的前途相一致,才可能变成现实。这表现在现在这个时代,就是要献身于中国特色社会主义伟大事业,在为实现我们党、我们国家、我们民族的伟大目标而奋斗的过程中实现个人人生价值。具体来说,建设"四个襄阳",向现代化区域中心城市的目标迈进,是我们襄阳这个城市的远大抱负。实现这个远大抱负,需要我们所有的襄阳人为之奋斗,更需要年轻人奋发作为。大家要义无反顾地承担起这个责任,把自己的人生追求融入襄阳的发展事业中去,在襄阳振兴与崛起的宏大事业中建功立业。

第三,遵循规律,健康成长。干部的成长是有规律的。从组织的角度来讲,要从党和国家事业薪火相传的大局出发创造条件,来培养、选拔和使用年轻干部,对年轻干部严格要求、严格教育、严格管理、严格监督,让年轻干部健康成长,成为不负党和人民重托、堪当重任的接班人。从个人的角度看,年轻干部要成长进步,还必须保持积极健康的心态,茁壮心灵,正确对待组织、正确对待他人、正确对待自己。

一是对组织要知恩图报。我们一定要铭记,自己是党的人,是组织的人,如果没有党组织的培养使用,就没有自己的成长进步。对于组织的提拔和重用,不要总认为是凭自己的努力得来的,沾沾自喜、骄傲自满;一时没有得到提拔重用,不能就认为是组织对自己不公、亏欠了自己,怨天尤人、悲观失望,甚至自暴自弃。对待个人成长进步问题,不能把干点成绩、做点工作,作为向组织讨价还价、伸手要官的筹码。

二是要学会正确比较。人与人之间有差距,相互之间比较是很正常的,关键是比什么、怎么比。如果在事业上与先进比,在工作上与典型比,在比较中发现自己的不足,在比较中取人之长,这种比较就是一种积极的、向上的心态,就会转化为前进的内在动力;如果盲目攀比,自己得到的不比,专比自己没得到的，有了房子比职务，有了职务比级别，有了级别比挣钱，有了金钱比清闲，这样的比法就会越比越泄气，越比越浮躁，越比越感到吃亏，结果必然导致心理失衡。年轻干部有年龄优势，但不能把这个优势作为个人升迁的"本钱"，抱有急功近利的幻想。要看到，年龄变化是一个自然的过程，人总是要老的，正确的心态就是要把这个过程变成人生中"德"与"才"的积累，这才是真正的优势、永远的优势。有一本书叫《动态治理》，讲的是新加坡如何通过行政管理体制创新来推动发展的，其中一个重要的管理理念在于建立"检讨制度"，就是政府确定一个规划，实施了一个阶段后会做一个"检讨"，也就是对整个规划制定的正确性和实施的有效性作一个全面评估，找出在实施过程中存在的不足，并立即修正。这种管理理念和制度成为新加坡在国际竞争中长盛不衰的重要因素。一个国家、一个地方的发展需要不断自我反省，对于一个人、一个干部来讲，也应当这样。要有这种理念和勇气，学会正确比较，敢于和善于拿自己的缺点和不足与别人的优点和长处比，以此来找到努力的方向，增强前进的动力，这种胸怀对人的健康成长很重要。

三是要勇于面对挫折。"艰难困苦，玉汝于成。"年轻干部在成长道路上肯定会遇到这样那样的挫折和逆境，要沉住气、稳住神，冷静处之。古往今来，凡成大事者，莫不视挫折为"成功之母"，要善于从挫折中吸取经验，砥砺意志，自强自新。我们年轻干部心里要永远装着"两颗心"。一颗"心"是信心。人生的道路不可能一帆风顺，每个人的前路上都有困难和挫折，有信心在，我们就能继续往前走。一位哲人说过："当一个人有信心，别人就会相信他；当一个人坚持到底，那些怀疑他的人就会反过来帮助他；当一个人勇往直前，别人就会给他让路。"第二颗"心"是平常心。平常心是一种生活态度，持平常心、处平常态，是人生的一种境界。人生在世，不会所有的追求都没有结果，但也不可能一切追求都有结果。在个人成长进步上，大家可能都有很多想法，有的能够实现，有的就可能实现不了，这都很正常，只要我们为党和人民的事业作出了贡献，为社会做了有益的事情，即便个人的愿望得不到实现，我们的人生也没有什么遗憾。年轻干部成长的过程也是一个历练心智的过程，要经得起挫折、经得起摔打。

四是要坚信"天生我材必有用"。现在的一些年轻干部经常因为工作安排不满意而心生"怀才不遇"的思想情绪，不仅不能发挥自己的才能，还会加重个人的苦恼，甚至有可能降低其人格和形象。要知道，成长道路的曲折本身就是规律，而所谓的"怀才不遇"只不过是前进道路上的考验之一。年轻干部只要坚信"天生我材必有用"，路就会在脚下；只要付诸不懈的努力，就一定会从拼搏中奋起。

二、"弃术"，就是要摒弃权术、力戒庸俗，正确对待权、名、利

胡锦涛总书记在十七届中央纪委七次全会上，突出强调了新形势下保持党纯洁性的问题，要求党员领导干部以身作则，带头保持纯洁性，维护党的肌体健康。习近平同志强调，党的领导干部要保持纯洁性，一定要以正确的世界观立身，以正确的权力观用权，以正确的事业观做事，以淡泊之心对待个人名利和权位，以敬畏之心对待肩负的职责和人民的事业，任何情况下都要稳住心神、管住行为、守住清白，做到一尘不染、一身正气，始终保持共产党人的高尚品格和清廉形象。今天，我提出"弃术"这个问题，就是希望年轻干部在成长进步过程中，按照保持纯洁性的要求，端正品行，不走旁门左道，不走歪门邪道，不搞投机取巧，不钻营权谋之术、升官之术，不沾染庸俗之气，正确对待权、名、利，把心思集中到想干事上，把本领体现在干正事上，把目标锁定在干成事上。为此，要做到"六戒六讲"。

第一，戒贪图虚名，讲埋头苦干。要以超然的态度和豁达的胸襟对待名利，用高尚的品德和自律的精神约束名利，不为名所累，不为利所惑，坚决反对和自觉抵制图形式、搞投机、做表面文章等不良风气，坚决摒弃为谋求一官半职而好大喜功、争功诿过、弄虚作假等恶劣习气，带头做到思想实、干事实、为人实，鼓实劲、办实事、求实效，把个人的成长进步建立在实实在在干事创业的基础上。

第二，戒团团伙伙，讲五湖四海。邓小平同志曾经告诫我们："小圈子那个东西害死人呐！很多失误就从这里出来，错误就从这里犯起。"小山头、小宗派、小团伙、小圈子，是封建人身依附关系的产物，本是腐朽文化，可却在一些地方、一些单位大行其道，有些干部盲目效仿，以致形成了纵横交织、错综复杂的不正常、不健康的关系网络，对党风、政风、民风都是一种毒害。

一个单位、一个部门、一个地方，如果小圈子盛行，那么这个单位、这个部门、这个地方就会自由主义泛滥，事业就会受到干扰，群众利益就会受到损害，班子和干部队伍形象也会受到影响。党章明确规定："坚决反对一切派别组织和小集团活动。"这就要求我们党员干部必须保持健康的社会交往，坚决破除拉帮结派的习气，坚持党性，反对派性，讲五湖四海、团结共事。

第三，戒贪图外财，讲清廉自守。领导干部一定要崇尚清费廉取，不能追求奢侈浮华；要把党和人民的利益放在首位，不能总想着当官发财；要珍惜党和国家给我们提供的优厚待遇，不能额外索取。要时刻保持警惕，常怀律己之心，常思贪欲之害，在不法不义的"外财"面前，要勇于拒绝、善于拒绝，绝不能因为不正当利益的索取，断送自己的政治生命，断送人身自由，断送家庭幸福，断送子女前程。

第四，戒庸俗低俗，讲情趣健康。党员干部操守不严、品行不端、生活奢侈、道德败坏等，往往是腐化堕落的开始。大家都要自觉抵制糜烂低俗风气，自觉抵制消极腐败现象，培养健康的生活情趣和爱好，持之有度，行之有节，防止被别人所利用。要净化生活圈、娱乐圈、社交圈，多一些学习，少一些应酬；多一些思考，少一些娱乐；多一些静气，少一些浮躁；多一些健康情趣，少一些低俗媚俗；多一些光明坦荡，少一些"潜规则"，真正把心思用在提高自身修养和能力上，用在为党和人民事业建功立业上。

第五，戒招揽烦事，讲坚持原则。现在有些干部讲所谓的"义气"，把人情看得高于原则，把关系看得重于事业，拉拉扯扯，吹嘘揽事，今天帮别人宴请，明天帮别人办事，今天帮别人托关系，明天帮别人走门子，使一些地方裙带风、说情风、吃喝风、送礼风盛行，败坏了社会风气。这些不良风气于公于私十分有害。因为，考虑烦事的时间多了，考虑工作的时间就少了；你托别人的事情多了，别人找你的事情也就多了；招揽烦事的次数多了，违背原则的概率就大了。所以，领导干部一定要按照党和国家的原则办事，宁可得罪请托人，也不要失去原则，更不能触犯党纪国法。

第六，戒自傲自负，讲低调做人。大家一定要认识到，职务的提升只是一个岗位的改变，并不意味着能力水平就随着职务的提升而提高了。要说提升的话，恰恰是责任的提升、担子的加重，要把职务的提升作为更加努力奋斗的动力。如果不能正确对待，自傲自负，孤芳自赏，趾高气扬，甚至放纵自己，最终会毁掉自己。年轻干部成长较快，很容易自我感觉良好，志得意满，目中无人。但应反思，年轻干部之所以成长快，不仅仅是因为个人努力，更重要的是组织信任、群众认可。所以，年轻干部要时刻保持谦虚谨慎、不骄不躁，学会低调做人。

三、"求知"，就是要勤学善学、博学广闻，打牢干事创业的功底

求知的过程，本身就是修身立德的过程。孔子曰："君子不器。"意思是说，一个人不能像器物一样只限其用，做功利的工具，而是要博学，做知行合一、有德有才的人。从这一点来讲，"求知"不是简单的拥有知识能力和学识素养，也包括通过学习对自我进行改造使自我有所提升，进一步完善。人非生而知之，而是学而知之。学习是求得真知的根本途径，是领导干部加强党性修养、坚定理想信念、提升精神境界的重要途径。

我们党历来重视学习，新时期新阶段，基于对时代发展趋势的深刻认识和对自我使命的清醒把握，适应世情、国情、党情的新变化，我们党明确提出了建设学习型政党、建设学习型社会的重大任务。各级领导干部不仅要从提高自身素质和岗位职责的角度，而且要从社会责任和示范需要的角度来看待学习问题，带头学习，努力掌握和运用一切科学的新思想、新知识、新经验，做善学勤学、博学广闻的表率和典范。根据当前发展的需要，结合年轻干部成长的实际，我就"求知"的问题谈几点想法，主要是以下"五知"。

第一，知大势。就是立足襄阳看世界，放眼全球看襄阳，深入了解和把握世情、国情、党情的深刻变化，熟知襄阳的市情、政情、民情。要树立全球化视野、国际化眼光，培养战略思维能力，把我们的工作放在国际、国内的大趋势中，放在区域竞争发展的大态势中，放在全省科学发展、跨越发展的大格局中，来分析、来研究、来推进。比如，我们编制"产业襄阳"发展规划，就需要从国家宏观政策层面对襄阳未来的产业发展方向进行把握；需要从现有产业基础和资源禀赋出发，以建设区域中心城市为目标，对襄阳未来能够在多大范围内配置资源进行研究；需要在经济全球化背景下，对襄阳参与国际产业分工以及在资源要素配置中应当扮演的角色进行分析，以我们的

比较优势参与世界竞争。中央一再强调，领导干部要有全球视野、世界眼光、战略思维，就是希望各级领导干部能够知大势，统筹考虑国内国际两个大局，来作决策、谋发展、办事情。

第二，知历史。"以史为鉴，可知兴替。"历史是一个民族、一个国家形成发展及其盛衰兴亡的真实记录，是前人各种知识、经验和智慧的总汇。学习历史，借鉴和运用历史经验，有助于我们认识人类社会发展的规律，了解和懂得自古以来中华民族创造的灿烂历史文化，学习和发扬中华民族的优秀传统，吸收和借鉴人类社会创造的一切文明成果，加深对当今世界和当代中国国情的认识，增强民族自信心和自豪感，激发为中华民族伟大复兴而奋斗的精神动力；有助于我们提高文化素养和思想政治修养，提高工作能力和领导水平，提升思想境界，陶冶道德情操，塑造优良品格，培养浩然正气，坚定理想信念。

第三，知职责。马克思曾说过："作为确定的人，现实的人，你就有规定，就有使命，就有任务，至于你是否意识到这一点，那都是无所谓的。这个任务是由于你的需要及其与现存世界的联系而产生的。"也就是说，我们每一个人，无论是在扮演什么样的社会角色，对个人、对家庭、对社会，乃至对国家、对民族都负有任务和责任，只是由于角色的不同，所负的任务和责任不同而已。作为党员干部，就是要通过学习来认清自己在党和国家事业发展中、在推动社会进步中应该承担的责任和使命，知责而为，知责而进。最近市委要求大家读《干部是干出来的》《你在为谁工作》这两本书，就是希望大家更加深刻地认识到工作的意义、生活的真谛乃至生命的价值。市委强调要"以实绩论英雄，凭德才用干部"，就是引导广大干部牢固树立"能力席位"意识，在其位、胜其任、履其职、担其责。

第四，知是非。这里所讲的"是非"，指的是政治上的大是大非。是非明于学习，气节源于党性。只有保持理论上的清醒与坚定，才能保证政治上的清醒和坚定。年轻干部必须把理论学习与党性锻炼相结合，老老实实学点马列主义，认认真真研究中国特色社会主义理论体系，克服对马克思主义理论的"一知半解"，抛弃对西方学说简单的"拿来主义"，切实解决在对待是与非、公与私、真与假、实与虚等方面的问题，做政治上的明白人，做讲政治的表率，在分析形势、部署工作、制定政策、化解矛盾、服务群众上，都要善于从政治上观察问题、分析问题、处理问题，在思想上行动上始终与党中央、省委、市委保持高度一致。

第五，知专业。襄阳的发展事业不仅需要年轻干部，更需要大批专业化的年轻干部。我市现有干部的知识结构远远不适应科学发展、跨越发展要求，各种类型的专业干部都十分缺乏。"出身"不决定专业性，决定专业性的最根本在于学习。为了适应发展需要，我们造就庞大的专业化干部队伍，要靠组织开展大规模的培训，要靠每名干部自身不断加强学习。专业学习无止境，希望大家潜心专注地学习，把学习与自己的人生目标、工作实践结合起来，努力做到干一行、爱一行、钻一行，以用为学、以学为用、学以致用，不断提升自身的专业素养，增强业务能力，成为各个领域的"行家里手"。

四、"力行"，就是要重实干、勇担当、敢负责，努力干出经得起实践、历史和人民检验的业绩

"坐而论道，不如起而行之。"学习的目的全在于应用，唯有学以致用、知行合一，方可成就事业，完善人格。年轻干部既要长于知、长于说，更要长于干、长于身体力行，不空谈、不作秀、不作假，要在建设"四个襄阳"的宏大事业中，点燃干事创业的激情，展示奋发有为的风采，创造无愧于时代的业绩。

第一，饱含激情，充满热忱。一个人成功的因素有很多，而居于这些因素之首的就是激情、热忱。学者阿尔伯特·呼巴德讲："没有一件伟大的事情不是由热情促成的。"激情不是一个空洞的名词，它是一种力量，是取得成功和成就的源泉。你的意志力、追求成功的激情愈强烈，成功的概率就愈大。一个没有激情的干部不可能始终如一且高质量地完成自己的工作，更不可能干出创造性的业绩。如果你失去了激情，那么你很难在事业的潮头中立足和成长，更不可能拥有成功的事业与充实的人生。我们经常讲，襄阳正处在新历史起点上，这个新起点就是建设新襄阳的新使命，就是襄阳创业的新阶段。这样一个特殊的历史时期，没有一种忘我的工作激情，没有一种紧迫感，开创襄阳科学发展、跨越发展的新局面是很难的。年轻干部是推动襄阳发展事业的骨干力量和生力军，要在建设"四个襄阳"中，并在推动这个宏伟目标实现的过程中，立足岗位，对标一流，全身心投入，充满激情地工作。

第二，潜心专注，锲而不舍。马克·吐温说："人的思想是了不起的，只要专注于某一项事业，就一定会做成使自己感到吃惊的成绩。"一个做事潜心专注与锲而不舍的人，会保持高度的自觉性，他会把全身的每一个细胞调动起来，驱使自己完成内心渴望达成的目标。北宋文学家苏轼说得好："古之立大事者，不唯有超世之才，亦有坚忍不拔之志。"成功的人都懂得坚持、专注的重要性。作为正处在人生重要阶段的年轻干部，保持昂扬的斗志、专注的精神、执着的勇气，是其走向成长、成才、成熟、成功的重要因素。这一点必须始终坚守。

第三，崇尚实干，注重落实。毛泽东同志讲，"一件事不做则已，做则必做到底，做到最后胜利"，"什么东西只有抓得很紧，毫不放松，才能抓住。抓而不紧，等于不抓"。我们要建设现代化区域中心城市，关键在于提高执行力，狠抓落实，着力培养和锻炼以下三种能力是关键。一是要有忠实的行动能力。具体地讲，对市委、市政府安排部署的工作，要勇敢地接下来，并专注地贯彻落实，这是一种政治态度。二是要有分析和策划的能力。对市委、市政府提出的目标和要求，要结合各自的工作，根据所处的客观环境，对执行过程中可能出现的各种因素进行比较分析，提出具有创造力的策划方案，把目标要求和工作理念变成可操作的办法和措施。三是要有掌控能力。凡事预则立，确定一项工作方案和政策，在实施过程中要关注每个细节的变化，进而抓实，不出偏差，一桩桩、一件件地向前推进，确保既定目标的实现。这三种能力，概括地讲，就是政治上的坚定、操作上的创意、管理上的可控。

第四，创新创造，拼搏进取。创新的思维、创新的方法，对干好事、干成事，十分重要。建设现代化区域中心城市是我们这个城市的蝶变之路，将会遇到很多困难和矛盾，必须靠解放思想、创新驱动，必须创新发展理念、创新发展思路、创新发展机制、创新发展模式，通过系统的、大规模的改革创新，建立与国际通行规则接轨、与发达城市无差异的体制机制和制度环境，提升襄阳吸纳配置资源的能力。这就需要大家突破经验主义、教条主义、形而上学的框框，不为常态眼光所局限，不为固有经验所桎梏，不为传统路径所约束，彻底抛弃保守、僵化、封闭的思维观念、行为方式和制度模式，破旧立新、创新创造、争先创优。要敢于求新求变，敢于突破常规，把创新作为一种理念融入思想，作为一种动力融入工作，作为一种追求融入人生，凡是有利于发展的，就义无反顾、敢冒风险，毫不犹豫、坚定不移地大胆闯、大胆试。

第五，勇于担当，敢于负责。直面难题、敢抓善管、敢担责任，是检验年轻干部事业品格的一条重要标准。组织考察年轻干部，一个重要方面就是要看敢不敢负责、有没有担当精神，就是要看在难题面前敢不敢抓、在矛盾面前敢不敢管、在风险面前敢不敢闯。省委书记在与省委党校中青年班学员座谈时讲，老于世故，没有锐气，丧失朝气，不敢大刀阔斧、雷厉风行地干事，是年轻干部成长中最大的忌讳。年轻干部干事业就是要"幼稚"一点，要有一股子冲劲，要有一股子闯劲，如果非常"成熟"，"成熟"到风险绝对不沾边、问题绝对不沾身，是不会有所作为的。怎样看待事业上的风险？荀子说："良农不为水旱不耕，良贾不为折阅不市，士君子不为贫困怠乎道。"意思是说，好的农人不会因为水涝干旱的风险就不耕作了，好的商人不会因为有赔钱的风险就不做买卖了，读书人不会因为清贫而丧失志向。建设"四个襄阳"，向现代化区域中心城市迈进，就是要开辟一条过去没有走过的道路，迫切需要我们年轻干部大胆作为、勇于担当、勇挑重担，在完成这个历史使命中体现价值、丰富人生。

第六，珍惜今天，只争朝夕。比尔·盖茨说过这样的话："过去，只有适者能够生存；今天，只有最快处理完事务的人能够生存。"有句名言叫"最佳的工作完成时间是昨天"。

时间能给勤奋的人智慧和力量，能给懒惰的人悔恨和惆怅。襄阳的发展事业等不得、慢不得，大家要惜时如金，摆脱"还有明天"的陷阱，不要有拖延时间的恶习，立足于早、立足于先、立足于快，挤时间学习，抢时间工作，分秒必争，只争朝夕，为早日把襄阳建成现代化区域中心城市争取时间、赢得先机。

一位领导同志讲："从政道德是对执政者特殊要求和约束的政治道德。

共产党人的从政道德本质上是公仆道德。所以,干部从政道德最重要的就是作为社会公仆的道德。从全党来说,要立党为公、执政为民;从干部个人来说,要用权为公、谋利为民。中青年干部都要牢记在心、实践于行。"年轻干部们要践行之。

第十篇
如何写好公务活动致辞

　　致辞是公务活动中使用频率较高的文稿形式，因致辞使用场景多种多样，所以说致辞是较为典型的"在什么山上唱什么歌，见什么人说什么话"的一种文体。就致辞的功能来说，其礼节价值远远高于其实际效用，在许多公务活动中似乎不被重视，但在整个工作实践中却是不可缺少的环节。

　　一般而言，致辞者与活动本身，或与活动举办方有或多或少的联系，但致辞者要么不是活动的具体参与者，要么与听众间没有直接行政隶属关系，而又要体现活动本身很重要、很有意义，或要体现活动极受欢迎、极受重视，就需要在活动开场时，邀请举办活动的双方主要负责人或是活动所在地职级最高的主政者现场致辞。

　　致辞的本质是应酬性的应景之作，只要会迎来送往的人，就会对致辞比较熟悉，而不会有陌生感。鉴于此，写好致辞，不需要鸿篇巨论，只要注意三点就够了。第一是要紧绷政治这根弦，讲政治术语。不管是什么致辞，都要与时代背景相契合，与"国之大者"相联系。第二是要说好与致辞者身份相符的话，说好拉近致辞者与现场听众心理情感距离的话。依致辞场景而定，把欢迎、祝贺、介绍情况、阐明立场、表态立誓、希望祝福等方面的话说得恰到好处。第三是要把文稿篇幅把握好，把致辞时长控制住。通常而言，一篇致辞的文字在 1800 字左右、讲述时间在 8 分钟左右为宜，保证致辞者得体地把想表达的观点表达到、把该表达的礼节表达好，又不过多占用时间，以免干扰活动举办方的中心任务。

致辞的本质特性决定其内容是包罗万象的，体貌却是千姿百态的。根据活动主题和受众对象的不同，可把致辞分为以下几个大类别。

一是接待各类参访团时的致辞。这种场合的致辞主要是表达热情欢迎的礼节，其核心内容是介绍本地历史文化沿革和经济社会发展现状，赞扬客人们具体行程的重要意义，提出双方合作的可行路径和希望要点。2017年7月11日，湖北省委常委、襄阳市委书记在"行走中国·感知五年""一带一路"共建国家华文媒体襄阳行记者见面会上的致辞，几句客套的开场白表明市委欢迎参访团的态度后，从"襄阳是地处汉水中游、湖北省西北部的省域副中心城市，是座文化底蕴深厚、历史名人众多的国家历史文化名城，是座交通便利、百业兴旺的生机勃发之城，是座上下同欲、上下求索的奋进不怠之城"等四个方面，简要生动地介绍了襄阳的辉煌历史、繁盛当下和美好前景，给记者们留下了一个总体的襄阳印象。致辞最后则提供了一个权威的采访向导，为记者们后续深入采访给予引导、作好铺垫，最后希望记者们发挥"铁肩担道义，妙手著华章"的优良传统，借助他们的慧眼、借助他们的神笔、借助他们的平台，深入了解襄阳、生动报道襄阳、广泛宣传襄阳。

二是参加具有行政隶属关系的部门和单位开展专项活动、召开专题会议时的致辞。这类致辞大多因为主题分量局限，或时间太短，或不需要介入太多太深，领导讲话不叫讲话，便以致辞形式出现。撰写这类致辞，与撰写领导讲话近似，大多高屋建瓴地讲出针对这一主题领导讲话应讲的内容，提纲挈领地提出明确要求和具体希望。2017年5月14日，湖北省委常委、襄阳市委书记在全市十八大以来全面从严治党成果展首展式暨《百姓说廉》首发式的致辞可作为典型案例。致辞主要有三段内容：简明扼要地总结襄阳全面从严治党的成绩；明确指出开展这一活动对全面从严治党的重要意义；严肃强调今后持续全面从严治党的重大措施。这时的致辞，是向全社会宣示市委全面从严治党的坚定决心，向全社会传递了市委高度重视、全力支持纪检监察机关工作的强烈信号。再如，2017年7月25日，湖北省委常委、襄阳市委书记在市第六次归侨侨眷代表大会上的致辞，其实就是一个浓缩版领导讲话。侨务工作是党委的重要工作，本次领导致辞主要体现了党委对该项工作的重视和领导，但相关具体事项可放手让部门去办理。致辞中简单总结了全市经济社会发展成绩,并强调这些成绩饱含了全市广大归侨侨眷、海外侨胞和港澳台同胞的积极贡献;充分肯定全市各级侨联的工作成绩,明确指出广大归侨侨眷、海外侨胞和港澳台同胞是加快襄阳跨越发展、实现中华民族伟大复兴中国梦的宝贵资源、巨大优势和重要力量;再分析形势、明确任务,向广大归侨侨眷和海外侨胞提出"在增进民族团结、维护祖国统一上作出新贡献,在服务经济发展、助力转型跨越上作出新贡献,在深化对外交流、提升城市形象上作出新贡献"三点希望;同时要求各级党委、政府以及人大、政协重视侨务工作,支持侨联工作;研判新的形势,勾勒城市未来发展的美好愿景和重点工作任务,对各级侨联提出方向性、原则性工作要求。就致辞内容涉及的要素而言,如果形势需要,丰富扩充这一现场致辞,就是一个领导讲话。

三是参与上级部门、垂直系统在本地区召开专题会议、举办专题活动时的致辞。这种致辞主要是尽东道主之谊,体现出东道主与会议活动举办方的亲密关系。致辞口吻要有"抬头仰望"和交流互鉴之意,要带情况汇报的色彩,要亮与众不同的特色,同时要对深入抓好相关工作表好态。这种致辞的重点内容要包括赞扬会议主题的重大意义,汇报本地相关工作取得的成绩以及与会议主题相连的重大举措,表明深化相关工作的坚定决心等方面内容。2017年9月14日,省人大组织的全省"聚力脱贫攻坚·人大代表在行动"现场督办推进会在襄阳召开,湖北省委常委、襄阳市委书记在会上的致辞就把省人大组织督办推进会这一举动赞扬为"是正确运用人民赋予的权力、精准服务人民的生动实践,是紧扣中心工作、服务发展大局的责任担当,更是坚持以代表为中心做好人大工作、促进代表作用发挥得更常态更充分的创造性探索";紧接着简要谈到襄阳精准脱贫总体情况,重点讲述襄阳充分发挥人大代表的带头作用、监督作用、带动作用,做好精准扶贫的具体工作;最后讲要借本次会议东风,完成好襄阳精准扶贫、精准脱贫任务。

四是双方联谊合作活动中的致辞。诸如政银、政企、政校等合作中,或地方党政考察团与考察对象座谈交流时,双方负责人以致辞的形式,表达自己的立场、兴趣、希望等,赞扬对方的高见、妙招、成就等,拉近彼此距离,增强彼此互信,推动彼此合作。这种致辞重打感情牌,多以回顾过去、分析现状、展望未来的方式去呈现，目的是要争取支持、加强合作、实现共赢。如 2017 年 8 月 2 日，襄阳市政府与湖北省农行签订《"十三五"时期战略合作协议》，在签约仪式上，市政府领导的致辞从襄阳过去五年取得的发展成就中，赞扬农业银行对襄阳的鼎力支持和农行业务在襄阳的巨大发展；从信用基础、工作基础、市场基础等方面分析襄阳的优势及发展潜力，促进对方增强支持襄阳就是拓展业务、紧密合作必能共赢共荣之信心；展望了襄阳未来发展的美好前景，对农行提出加大支持襄阳力度的具体希望。

五是在外地举办与本地有关联的活动时的致辞。这种致辞的自我推介成分要更重一些，因对象制宜，按需求供给，看听众关注什么、希望知道什么，有针对性地推介自己的优势、长项、潜能，目的是要展现自身魅力，让更多的局外人对自己很好奇、感兴趣，主动地了解自己、走近自己。2017 年 7 月 29 日，北京湖北企业商会三届一次会员大会暨襄阳（北京）投资说明会在北京召开，湖北省委常委、襄阳市委书记到现场致辞。因其身份的特殊性，又恰在湖北省十一次党代会刚闭幕不久，致辞中就先简要介绍了全省的情况，以及党代会描绘的湖北奋斗新蓝图，欢迎企业家们积极投身湖北"建成支点、走在前列"的新征程。致辞重点介绍了襄阳的历史人文、区位优势、产业基础、发展潜力、营商环境等，诚挚邀请企业家们关注襄阳、考察襄阳、投资襄阳，全力拉升企业家们到襄阳来便一定能得到喜出望外的投资回报、创造更加辉煌的人生价值的心理期望值。

六是为其他政治组织和社会团体开展活动时助兴壮威、鼓劲加油的致辞。这种致辞多适用于政治组织的重大活动、民主党派和人民团体的会议期间。这里面主要有两种情况：如果是在上级组织举办的活动中致辞，就主要讲如何学习领导、紧跟领导、支持领导，为实现共同目标而奋斗；如果是在同类组织举办活动中致辞，就要讲政治立场，讲相互支持，讲共同奋斗。如，2021 年，时任全国人大常委会副委员长、民革中央主席万鄂湘在中国共产党成立 100 周年大会上的致辞，主线就是"以党为师，永跟党走，努力做中国共产党的好参谋好帮手好同事"，就属第一种情况的致辞。如果在总工会召开换届大会时，安排共青团代表群团部门到会致辞，就属于第二种情况的致辞。

七是在无行政隶属关系、无国别身份差异、无主次地位区分的会议、论坛上的致辞。这种致辞多用于国际会议、国际论坛等，主要是紧扣会议、论坛的主题，阐明立场，发出倡议，提出有利于多方合作、和平发展、互惠共赢的行动方案。注意浏览《人民日报》等中央主流媒体，便可找到许多可参考的范例。

从事文秘服务工作的人，当开始起草致辞时，先想一想属于哪一类致辞，再动手实施，效率会更高，效果肯定会更好，毕竟磨刀不误砍柴工嘛!

例 文

在北京湖北企业商会三届一次会员大会暨 襄阳（北京）投资说明会上的致辞

（2017年7月）

尊敬的湖北老乡，尊敬的企业家朋友，同志们：

大家下午好!

今天在祖国的心脏与北京湖北企业商会以及各位企业家欢聚一堂，感到非常高兴。多年来，北京湖北企业商会充分利用首都独特的优势，大力弘扬楚人先祖"筚路蓝缕、以启山林"的精神，始终保持"九头鸟"的灵动敏捷和热情奔放，网络的发展资源越来越多，服务会员、回馈社会、连接京楚、推动合作的商会功能越来越强，不仅是全国各地楚商组织的佼佼者，而且堪称北京市内全国各省（市、区）商会组织中的实力派。值此之际，我谨代表省委、省政府以及襄阳市委、市政府，预祝北京湖北企业商会三届一次会员大会暨换届大会圆满成功! 向出席今天投资说明会的各位嘉宾表示诚挚的欢迎! 向今天举行项目签约的合作方表示热烈的祝贺! 向长期关心和支持湖北以及我们襄阳发展的各界朋友表示衷心的感谢!

今年6月，湖北省第十一次党代会胜利召开，产生了新一届湖北省委，谋划了湖北今后五年的发展蓝图，强调要高举中国特色社会主义伟大旗帜，牢记习近平总书记 2013 年 7 月视察湖北时"四个着力"的殷切嘱托，坚决完成好全面建成小康社会、转型升级两大任务，力争五年后全省生产总值从 2016 年的 3.2 万亿元增加到 5 万亿元，人均生产总值从 2016 年的 5.5 万元增加到 8.5 万元，科技进步对经济增长贡献率达到 60% 以上，服务业增加值占比达到 50% 以上，城镇居民年收入从 2016 年的 2.93 万元提高到 4.5 万元，农民可支配年收入从 2016 年的 1.27 万元提高到 2 万元，奋力开启湖北"建成支点、走在前列"新征程。省委确定了振奋人心的新蓝图，一定能为北京湖北企业商会支持家乡、建设家乡提供更多的机遇，拓展更大的空间，希望朋友们应时顺势，积极作为，不负家乡父老厚望。

襄阳是地处汉水中游、湖北省西北部的省域副中心城市，辖 3 县 3 市 3 区，有 2 个国家级开发区和 1 个省级开发区，全市总面积 1.97 万平方公里，户籍人口 593 万。襄阳历史上名气很大，现实中活力很强。"千古一智圣，孟米两襄阳"，可谓是襄阳厚重历史文化的标识之一。120 回《三国演义》，有 30 多回的故事发生在襄阳。《唐诗 300 首》中，有 27 首或是襄阳诗人创作，或因襄阳景物而生。韩国的汉江、岘山、襄阳郡等，皆因湖北襄阳而名。任何一个爱读金庸武侠小说的读者，不知襄阳是不可能的。因"南船北马，七省通衢"的地利，而有"汉晋以来，代为重镇"之说，所以千百年来，襄阳既是兵家必争之地，也是商贾云集之区。新中国成立以后，特别是改革开放以来，襄阳与四川绵阳、陕西宝鸡一道，已发展成全国军工企事业单位三大重要集聚区。去年，经国务院批准，襄阳成为湖北自由贸易试验区的三大片区之一。目前，我们有 3 个千亿级产业，形成了以"一个龙头、六大支柱"为支撑的现代工业体系，成为具有百亿斤粮食产能的国家现代农业示范区，是国家重点规划建设的重要综合交通枢纽之一。同时，我们还致力于建设"中国新能源汽车之都"，依托"襄阳云谷"，大力推进"四新"经济发展。2016 年，在全国城市生产总值的排名中，襄阳居第 54 位。今年上半年，实现地区生产总值 1762.4 亿元，同比增长 7.9%；全市规模以上工业增加值增长 9%；固定资产投资增长 16.2%；社会消费品零售总额增长 12.4%；地方公共财政预算收入同比增长 3.4%。面向未来，我们正按照省第十一次党代会对襄阳提出的要求,加快建设汉江流域中心城市,精心打造长江经济带重要绿色增长极。

春江水暖鸭先知,群雄逐鹿事已滞。企业家,是洞察经济走向的大师,是布局战略投资的高手。欢迎今天到会的企业家,并邀上你们的朋友,考察襄阳、投资襄阳。我们将坚持用精诚周到的服务,使你们得到喜出望外的投资回报,让你们创造出更加辉煌的人生价值。

北京湖北企业商会,是展示荆楚文化的窗,是驻京楚商的家,是连接政府与企业的桥。希望商会多了解家乡转型升级的实践,多网罗各类投资信息和社会资源,把商会的基本功能完善好,把商会的重要作用发挥好,积极做助力湖北开启"建成支点、走在前列"新征程的参与者、建设者、推动者!

最后,祝大家事业宏达、身体健康、万事如意!

在"隆中对·创新与人才"论坛上的致辞
(2012年9月)

尊敬的各位领导、各位嘉宾:

上午好!

金秋的襄阳,洋溢着丰收的喜悦,孕育着无限的希望。由湖北省人民政府、科技部、中国科协、中国工程院、中国科学院联合举办的"隆中对·创新与人才"论坛,今天在历史文化名城——襄阳隆重开幕了!作为承办城市,我们深感无上光荣。我代表600万襄阳人民,向莅临襄阳的各位领导、院士专家、企业家和新闻界的朋友们,表示最热烈的欢迎!

1800多年前,27岁的青年才俊诸葛亮从襄阳出山,以三分天下之策影响了中国近百年的历史进程。智慧之神造就了智慧之城,也使得尊贤重才成为襄阳礼敬传承的政风民俗。今天,群贤毕至,共聚襄阳,以创新与人才为主题,再赋知识经济时代的"隆中对"。这既是贯彻全国科技创新大会精神的务实之举,也是落实省委、省政府建设"创新湖北"战略部署的创新之策。

回眸襄阳现代城市发展史，每一次蝶变与跨越，无不与创新和人才密切相关。20世纪70年代中期，改革开放春潮涌动的前夜，襄阳以敢为天下先的胆识，撞裂了计划经济体制下人事制度的坚冰，用比黄金还贵重的"商品粮户口"，吸引了北京、上海、西安等地近千名科技人才落户襄阳，为襄阳经济社会发展创下80多个"全国第一"，使襄阳一跃为"全国十大工业明星城市"。80年代，襄阳人勇敢应对"孔雀东南飞"之挑战，抢抓"东风"出山和"军转民"的战略机遇，再造人才竞争的新优势，开创了襄阳现代工业文明的崭新局面。进入新世纪，襄阳以实施"隆中人才支持计划"和"双千人才引进计划"为抓手，以更开阔的视野，以更具吸引力的政策，面向全球引人才，面向全国招干部，不断谱写创新与人才发展的新篇章。

登高望远，湖北省委、省政府为襄阳未来发展描绘了建设"两个中心、四个襄阳"的宏伟蓝图。面对新形势、新任务、新目标，我们清楚地认识到，实现经济腾飞、文化繁荣、城市蝶变，必须要更加充分地发挥开放、创新、人才的重大作用。同时，我们也对创新与人才所具有的时代特征和内涵要求有了更加深刻的感悟。

创新就是超越旧我、超越自我。就现代化城市发展而言，创新就是要超越固有经验，打破地域局限，摒弃惯性思维，以国际化视野、全球化眼光、战略性思维，积极在世界城市体系中找位置，在未来发展格局中找方向，在区域合作中创特色，淡化"资源禀赋决定论""区域条件决定论""发展基础决定论"，强化环境决定成败的意识、人才决定成败的意识、创新决定成败的意识，以体制机制的创新，广聚人才"第一资源"，放大创新"第一驱动力"，最大限度地解放和发展"第一生产力"；以科技成果的运用，使城市在国际分工中，由产业链的末端走向前端，由价值链的低端走向高端；以人才团队的引进，使惯性思维下没有可能的事情变成可能，传统发展模式中难以实现的目标变成现实。

创新就是持续学习、精进致远。建设创新型城市，必须具有现代化城市胸怀和远大抱负。这就要求我们持续不断地学习新知识、接受新思想、吸收新理念、借鉴新经验、创造新实践，始终追赶世界变化的新时尚，始终走在科技发展的最前沿。通过学习提升，不断提高领导核心层的决策和引领能力，使干部团队牢固树立全国争先、中部领先、全省率先的站位意识,始终保持干在实处、走在前列的硬朗作风;使企业家团队充满勇气、豪气和锐气,放眼世界,勇闯天下,自强不息,力争第一;使市民团队拥有大都市的文化素养,紧跟时代前进步伐,形成城市最根本、最持久、最难替代的竞争优势。

创新就是聚集要素、合作共赢。历史的进程昭示我们,文化的创造、制度的创新、科技的进步,是推动社会发展的三大力量。创新,就是要通过政府的有效组织,把包括财税支持、融资担保、知识产权、技术标准、品牌培育、政府采购、人才培养等在内的政策支撑体系建立起来;把面向社会、差异化的创新创业服务体系建立起来;把符合本地产业发展和创业需求、资源共享的公共服务平台建立起来;把鼓励创新、宽容失败的发展文化建立起来,用环境的软实力激活发展要素的大市场,以更高的平台,在更宽的领域,用更新的方法,引天下英才为襄阳所用,聚天下资源助襄阳发展。

创新驱动发展,人才造就未来。我们将借这次论坛的强劲东风,以建设国家创新型城市为目标,大力弘扬襄阳尊贤重才、鼓励创新的优良传统,把襄阳建设成为创新高地、人才高地、创业之城、宜居之城,努力走在"创新湖北"的最前列。

——着力把襄阳打造成全国创新与人才发展环境最优的城市。大力培育"敢为人先、宽容失败"的创新创业文化,加快构建以人为本、人才辈出、人尽其才、才尽其用的体制机制,健全完善支持创新创业创造的政策体系,对各类人才提供创业资助、风险激励等扶持政策,健全生活补贴、住房保障等制度,提供拎包入住、"保姆式"料理等生活条件,彻底解除人才的后顾之忧,保障各类人才在襄阳集中精力干事业、干成事业。

——着力把襄阳打造成全国创新与人才体制机制最活的城市。坚持以人为本,以创新为要,创造公开平等、竞争择优的制度环境,探索多层次、全方位、宽领域的招才引智办法,建立科技成果交流新平台,探索科技成果运用新途径。在襄阳这片热土上,使敢想敢干的创新创业人才脱颖而出,超越前人的创新创造之举不断涌现,领先世界的创新创造成果层出不穷。

——着力把襄阳打造成全国科技成果转化效率最高的城市。全面推动校地、院地合作共建公共技术服务平台,积极支持校企、院企合作共建院士专家工作站、工程技术中心等技术推广示范基地，鼓励一切愿意与襄阳携手的法人、自然人，全方位参与襄阳的规划、建设、管理、运营。把知识产权当成"活资本""硬通货"，对创新创业团队不设禁区、不限合作方式，并给予积极的扶持政策和优惠，努力使襄阳成为科技成果转化、创新成果生成最便捷、最高效的城市。

——着力把襄阳打造成全国创新与人才团队最值得投资的城市。坚持把创新与人才作为创造财富的核心价值，作为城市发展比较优势的核心竞争力。作为省域副中心城市和现代化区域中心城市，襄阳将在"十二五"末建成200平方公里、200万人口的现代化魅力大都会，经济总量将占湖北1/6左右。城市的扩张、经济的跃升，孕育着无限机遇。我们将进一步完善有利于人才创新创业的利益分配机制，将"尊重劳动、尊重知识、尊重人才、尊重创造"具体化、制度化，使各类人才在襄阳这座智慧之城，创造财富，受到尊重，实现理想。

今年3月，襄阳入选"中国新兴城市50强"。这并非仲量联行对襄阳的独具慧眼。无独有偶，"中国魅力城市""中国内陆适宜开办工厂的城市""中国大陆最佳商业城市"等殊荣，无不昭示着市场和社会对襄阳的信心，无不反映出市场和社会对省委、省政府大力推动"一主两副"战略的信赖。我们坚信，这次论坛的成功举办，必将为襄阳这座历史文化底蕴深厚的城市带来新理念，必将为襄阳这座生机勃发的城市带来新动力，必将为襄阳这座气场强劲的城市带来新的机遇！

祝"隆中对·创新与人才"论坛圆满成功！祝智慧襄阳与天下英才共同成长！祝各位嘉宾事业蓬勃、再攀高峰！

第十一篇
如何写好公务信函

公务信函是公务活动中的重要文稿形式，是沟通信函发送方与信函接收方的媒介。在公务活动中，单位与单位之间、单位与重要事件中某些个人之间、单位主要负责人之间，经常通过公务信函传递信息，以达到问候、求援、感谢、祝贺之目的。一般而言，公务信函主要包括慰问信、感谢信、贺信等，信函的发送者、接收者可以是个人，也可以是集体。公务信函谈的是公务，自然有别于私人信函，但以信函形式出现，自然又与私人信函有许多相通之处。从写作实践讲，写好公务信函需特别注意以下几点。

一、充分体现信函站位的政治性

这是很多做文秘服务工作的同志容易忽视的，但又是非常重要的一点。公务性与政治性是紧密相连的。无论起草什么内容的公务信函，都要带着政治头脑去对待具体内容，保证公务信函政治正确、品位不俗、时代感强烈。简而言之，要用一两句话把起草信函的时代背景交代清楚，用鲜明简要的语言把信函内容与"国之大者"联系起来，绝不能就事论事，把具体事情讲得很清楚，而把"政治"忘得一干二净。信函内容一般都较为简短，少则几十个字，多则几百个字，体现政治性，点到为止即可，不是为政治而政治、让政治正确的大话虚话占用信函大量篇幅。如果为体现政治性而牺牲信函的真实目的，那就是顾此失彼、本末倒置，最后也就得不偿失了。

二、充分体现信函内容的互动性

既要了解信函接收方的所思所想、所作所为，也要清楚明白自己的目标和期盼，在对方关注事项与己方关注事项中找到双方共鸣的连接点，以此为基础开展对话、深入沟通，达到友好合作、共进共赢之目的。信函要慰问什么，感谢什么，祝贺什么……其指向内容要很集中、很精准，使用的语言要很专业、很贴切。如发出慰问，要能使受慰问者感到很温暖；表达感谢，感谢的内容要的确是对方最有价值的付出；提出希望，要正是对方未来奋斗的新目标新方向。通过信函发送，让信函接收方一下子明白信函发送方真实意图的同时，又深感发送方是与己方有共识、好沟通的对话者和合作者，力戒说不到点子上反而让人不明其义，更要防止说外行话而贻笑大方。

三、充分体现信函语言的亲和力

信函有别于其他文稿的一个重要特点，就是像面对面交流那样，可以承载更多的感情色彩。除信函主体内容之外，要尽可能以亲切的口吻、诚挚的心情，附带出致谢、邀请、祝福等很具人情味的元素，使浓浓情谊跃然纸上，让美好印象永驻心间，令公务信函发挥出最大效用。

例 文

三封感谢信

感谢信（一）

尊敬的翠柳村客舍全体员工：

十分感谢你们为我们聚精会神地开好会议创造的良好工作条件和舒适

生活环境！你们这种"围绕中心、服务大局"的政治自觉，宾客至上、质量至上的价值追求，专业精致、有序高效的管理方式，非常值得我们学习。

你们和我们，虽职责不同，但奋斗目标一致。襄阳作为省委、省政府确定的省域副中心城市，国家确定的汉江流域中心城市，在实施"一芯两带三区"战略中，找准定位、谋求作为、贡献力量，是我们的重大政治责任和光荣使命担当。我们将把本次会议精神带回去，把你们的好作风、好经验学到手，坚持以习近平新时代中国特色社会主义思想为指导，按照省委、省政府的要求，当好抓住用好战略机遇期的排头兵、高质量发展的排头兵、引领区域协调发展的排头兵、创造性推动落实的排头兵，真正成为"一芯之心、两带之极、三区之柱"，奋力谱写"一极两中心"建设新篇章！

美好时光短暂易逝，革命友谊地久天长。诚挚邀请贵宾馆的领导和同志们，常到襄阳传经送宝、走亲访友、游览观光。

省十三届人大二次会议襄阳代表团
2019 年 1 月 18 日

感谢信（二）

尊敬的翠柳村客舍领导及员工：

一年一度再相逢，我们倍感亲切。你们一言一行讲政治、精业务、善保障、暖人心，为我们专心履职、开心生活营造了宾至如归的优质环境。我们甚为感动、非常感谢！

奋进新时代，有你们和我们一致的铿锵步调；践行新理念，有你们和我们共同的担当作为。我们将高举习近平新时代中国特色社会主义思想伟大旗帜，秉承襄阳在全省发展大局中的特殊地位、特殊责任、特殊使命，只争朝夕、不负韶华，虚心向你们学习，实心行襄阳实政，认真贯彻落实本次会议精神，圆满收官"十三五"，科学谋划"十四五"，决战决胜全面建成小康社会，奋力争当湖北高质量发展和中部地区崛起的排头兵，在具有重要里程碑意义的 2020 年，经济总量突破 5000 亿元，创造百尺竿头、更进一步的新业绩。

欢聚沙漏疾，往来情意深。衷心希望贵宾馆领导和同志们时时关注襄阳、常常莅临襄阳、多多支持襄阳。衷心祝福贵宾馆的领导和同志们新春愉快、身体健康、福安常乐！

省十三届人大三次会议襄阳代表团
2020年1月17日

感谢信（三）

尊敬的翠柳村客舍领导及员工：

我们三年四次入住贵宾馆履职，真有家的温馨！特别是你们这次把精准防疫与精诚服务统筹推进，保障了代表们更加专心致志地履职尽责。我们甚为感动感激！

面对立足新发展阶段、贯彻新发展理念、构建新发展格局的新形势，"建成支点、走在前列、谱写新篇"是你们和我们共同的责任担当。我们将深入贯彻落实党的十九届五中全会精神，以"更加求进、更有作为"为目标追求，全力以赴抓好"强产业、强功能、优环境、优治理"等重点工作，全面展示"一极两中心"高质量发展新形象，以精彩的"十四五"开局起步和丰硕的改革发展业绩，向中国共产党成立100周年献礼！

欢聚时光短，往来情意长！衷心希望贵宾馆领导和同志们关心支持襄阳发展，与襄阳常来常往。衷心祝福贵宾馆领导和同志们新春愉快，万事如意！

省十三届人大五次会议襄阳代表团
2021年1月27日

致全市县、乡、村三级党组织书记的一封信

（2011年8月）

各位书记：

大家好！

今天，我们迎来了全省发展壮大村级集体经济工作推进会在我市保康

县的隆重召开，这是省委、省政府和省委组织部对我市党的基层组织建设工作的肯定和鼓舞，也是对我市今后工作的期望和鞭策。希望大家进一步坚定信心、提振精神、突出重点、强化措施，继续深入推进"五个基本""七个体系"建设，大力推广农村基层组织建设"三三制"模式，在新的起点上推动全市党的基层组织建设工作再上新的台阶，再创新的辉煌！

服务农民群众是农村基层党组织的重要使命。农村党员群众服务中心是基层党组织联系服务群众、组织动员群众、宣传教育群众的重要平台。当前，要把建好用好党员群众服务中心作为加强农村基层组织建设的重要任务和推进社会主义新农村建设的龙头工程来抓，以村级组织办公活动场所为依托，加大投入，整合资源，采取新建一批、改建一批、扩建一批、迁转一批的办法，加快推进农村党员群众服务中心规范化建设。市、县、乡"城乡互联共建"活动工作队要把结对村的党员群众服务中心建设作为重要任务，加大帮扶力度。要按照强化党务、规范政务、优化服务、拓展商务、协调事务"五务合一"的要求，尽一切可能把党委、政府相关部门服务群众生产生活的项目整合进党员群众服务中心，真正把党员群众服务中心打造成服务基层、服务群众的综合性平台。

村级集体经济是强基固本、强村富民的重要支柱和有力保障。发展是第一要务，尤其是全省推进会在襄阳召开以后，我们怎么办？希望大家冷静思考、自我加压，认真贯彻落实好全省推进会精神，学习借鉴各地经验，再加措施，再加力度，全面提升村级集体经济发展水平。要坚持因地制宜、一村一策，丰富思路、拓展路径，积极探索有效发展模式。要积极引导，依法依章组建集体经济组织和社会服务组织，提高村级集体经济的组织化程度。到今年年底，必须实现集体经济组织或社会服务组织建制村全覆盖，必须全部消灭"空壳村"，必须确保实现80%以上的村集体经济年纯收入达到5万元以上的目标要求。

农村"两委"换届事关农村改革发展，事关基层政权巩固，事关农民群众福祉。要按照中央和省委统一部署要求，统筹谋划，加强指导，坚持党的领导，充分发挥民主和严格依法办事原则，确保换届工作有序推进。要树立正确用人导向，切实选好配强村级班子，真正把思想政治素质好、带头致富能力强、群众工作能力强的干部选拔上来。要积极推进领导班子成员交叉任职，力争通过换届使80%以上的村形成"三位一体"的组织构架。组织强不强，关键在班长。要高度重视带头人队伍建设，村党组织书记人选一定要公道正直、发展有方、敢于承诺、乐于服务、党员信服、群众拥护。要拓宽选人视野，采取从现任村党组织书记中择优"留"、从外出务工经商能人中择优"引"、从市县乡退休和退居二线的干部中择优"请"、从大学生村干部中择优"选"、从本村能人中择优"推"、从县乡机关和事业单位党员干部中择优"派"等办法，选优配强村党组织书记。换届是一个统一群众思想、凝聚群众智慧、谋划发展思路的过程，要通过发扬民主，把全体党员群众的思想统一到思发展、谋发展、促发展上来，通过"组织创产业、党员创事业、群众创家业"，确保未来三年农村有较大的发展。

创先争优是共产党员的特征和追求，也是我们党的一贯要求。按照中央关于创先争优活动的总体安排，从今年7月开始，着重围绕迎接党的十八大开展创先争优，引导基层党组织和广大党员以昂扬向上的精神面貌，更加出色的工作业绩，向党献礼。要坚持把创先争优作为推动科学发展、转变发展方式和实施"十二五"规划的经常性动力，贯穿日常工作生活之中，引导广大党员干部在立足本职岗位、完成重点任务、破解发展难题上创先进、争优秀。要扩大市委"五个一百"评选表彰影响，通过党内创先争优带动全社会创先争优，在全市形成学先进、赶先进、超先进的浓厚氛围。各基层党组织和党员要结合工作职能和岗位职责作出共性承诺、岗位承诺和实事承诺，定期组织领导点评和群众评议，推动创先争优活动向纵深发展。

管党治党是各级党组织书记的重大政治责任，要把抓基层党建工作当成第一职责，切实做到责任明确、措施到位、领导有力。市委将继续加大对县、乡、村党组织书记和市、县直部门党组织书记履行管党职责情况的考核力度，把基层党建工作纳入各级领导班子综合考评体系，严格考评，强化责任。今年集中换届的任务很重，希望大家科学谋划，统筹安排，同步推进党的基层组织建设工作，为加快建设产业襄阳、都市襄阳、文化襄阳、绿色襄阳提供强有力的组织保障。

我坚信，在大家的共同努力和奋力拼搏下，襄阳的明天一定会更加美好！襄阳人民一定能够过上更加幸福美满的生活！最后祝大家工作顺利、生活顺心、身体健康、万事如意！

第十二篇
如何写好评论文章

评论文章，是指围绕党委政府的中心工作、配合重要会议、针对经济社会发展中的重大事件、落实主要负责人主要意图而刊发在党报党刊和政府网站上的重要言论。这里所说的，不是文学评论或其他专业性评论。这种言论是代表党委和政府亮明的鲜明立场、发出的洪亮声音、吹响的奋进号角，必须起到引导舆论、指明方向、鼓动激励、裁判是非等重要作用。

粗略分类的话，这类评论文章可分为常规和非常规的两类：常规的评论文章主要指在重大节庆和召开重要会议时刊发的社论等，如五一国际劳动节、十一国庆节等重大节庆，各大报刊和网站都会发表庆贺社论，如每年的各地各级两会、各地各级党代会、多数党委全会等重大会议之后，各地各级党报党刊和政府网站也要发表相关社论；非常规的评论文章主要指针对某些重要事件，党报党刊和政府网站刊发的社论、评论等，如湖北省委常委、襄阳市委书记的《访欧手记》于2012年4月23日至4月26日在《襄阳日报》连载时同步配发的系列评论员文章。

一般而言，评论文章讲究的是短小精悍，有时可能只有几句话、几十个字，点到为止，起到画龙点睛、导航定向的作用，写得长一点，也往往不超过1500字，力图以最洗练的文字传达最丰富的信息。评论文章曾被称为"报眼""刊魂"，说明其意义非凡，标识了传统报刊和现代网站品质的高度。然而，文章越短越难写，是所有文字工作者之共识。那么，怎样才能处理好短小精悍与意义非凡之间的关系呢？简言之，怎样才能写好评论文章呢？

一、开门见山亮立场

写评论文章绝不能像推理小说那样绕弯子，含糊其词、闪烁其词，一定要在文章标题和开头导语中开门见山地亮立场，旗帜鲜明地明态度，让读者扫一眼标题和导语，就知道评论文章在支持什么、反对什么、倡导什么、批判什么、擘画什么、巩固什么。至于说能否达到目的，能否揭示出现象背后的本质、事物发展的趋势，提出的立场观点、目标任务、措施路径能否为读者所接受认同，是否能让读者读后有认知上的升华，对相关事件的认识能否从混沌中清醒、从犹豫中坚定、从徘徊中奋进、从蹉跎中珍惜，等等，要看文章写得如何。但亮明观点立场是必须的、首要的、直白的，尤其是事关某项专题性工作、领导命题的评论文章，更该如此。否则，就可能写成"以其昏昏，使人昭昭"的垃圾评论。新中国成立前夕，解放战争进入关键时期，美国政府发表《美国与中国的关系》白皮书，试图掩盖美国侵华政策的实质，国内一部分资产阶级知识分子表现出亲美、崇美、恐美、媚美的倾向，掀起一波误导民众的错误思潮，极有可能使来之不易的新民主主义革命胜利功亏一篑。为利用白皮书揭露帝国主义的阴谋，毛泽东同志在短短30余天里，亲自为新华社撰写了《丢掉幻想，准备斗争》《别了，司徒雷登》《为什么要讨论白皮书？》《"友谊"，还是侵略？》《唯心历史观的破产》等五篇评论文章，既大张旗鼓地宣示了中国共产党的坚定立场，风吹残云般地消除了精神软骨病和错误思潮的严重影响，也为建立新中国、解放全中国创造了更好舆论环境，争取了更多可争取的社会力量。2011年年底至2013年5月，襄阳日报社曾就建设"四个襄阳"（产业襄阳、都市襄阳、文化襄阳、绿色襄阳）战略大主题，以"龙仲平"的名义在《襄阳日报》上发表了数组系列评论文章，都较好地体现了亮立场、明观点、吹号角、擂战鼓的鲜明特点。

二、善于说理传情

在现实生活中，特别是在文化多元、信息多变、诉求多样的当下，对经济社会发展中的某些事情，人们有时会出现认识误区，对政策误解、对事实真相误读、对发展形势误判等现象，这主要是因为有些人习惯主观臆测，而对这些事情其中的是非曲直、本真本质、规律机理不了解、不清楚。主流媒体刊发评论文章的重要目的之一，就是帮助社会公众避免和减少误区、误解、误读和误判。不管是哪一类的评论文章，都要拨云驱雾地把道理讲清楚，以心换心地把情感传达到，使读者读后是非观更清、荣辱观更强、价值观更正，对该爱之事爱得炽烈，对该恨之事恨之入骨，对该行之举从善如流，对该定之策从心底里赞成，对该做之事全身心投入。在"四个襄阳"战略实施之初，不少人对省委、省政府提出的"文化襄阳是特色，绿色襄阳是灵魂"理解不了、争议较大，时不时发问："襄阳历史文化底蕴这么深厚，怎么仅是特色？襄阳山清水秀、绿满大地已是地域底色，怎么是灵魂？"为帮助大家理解，统一社会共识，《襄阳日报》专门撰写并刊发了相关评论文章，讲清了襄阳文化的厚重感、独特性才是特色；讲清了这里的"绿色"不仅指大地之绿，更是要求转型发展、绿色发展、科学发展，后者才是灵魂。在评论文章中，要把理讲好、情传到，一是要善于摆事实去说理传情。尽可能罗列众人熟知的实事材料，充分运用透过现象看本质的分析方法，顺理成章地得出令人信服的正确结论，使读者自然而然地接受所陈述的观点。二是要善于讲故事去说理传情。以鲜活的故事去佐证想表达的观点，以故事的哲理印证文章中的道理，用通俗易懂的语言把大道理讲好讲透，真正达到"动之以情、晓之以理"的效果。如，用诺贝尔奖获得者讲"自己最特别之处是在幼儿园时期养成了好习惯"的故事，说明"把优秀变成习惯"是多么的重要，也会使读者对"把优秀变成习惯"的观点从善如流。读者既好理解，也会相信，还将实践。三是要善于用社会公序良俗去说理传情。根据文章主题和具体观点，引用人们熟知的相关公德、名言、谚语等，说明道理，表达情感，引导读者对文中提出的立场、观点、任务、措施等，增强认同感。

三、要成能够自圆其说的完整体系

评论文章虽短，但也要简短而成体系，即围绕文章主题，讲清楚为什么确定这一主题，讲清楚主题的方向、目标是什么，讲清楚实现主题任务的措施办法，总之自己对文章主题要能够自圆其说，让读者读后有大体的印象，明白怎么看、怎么传、怎么办，绝不能因为篇幅有限、容量不够，而把评论文章写得残缺不全，给人一种碎片化感觉。在自圆其说的过程中，一是要把形势分析透。讲成绩要讲得鼓舞人心，讲优势要讲得高瞻远瞩，讲挑战要讲得一针见血，引导读者深化对文章主题的认同，促进读者坚信文章主题不仅正确而且及时。二是要把目标弄明确。围绕文章主题，提出振奋人心的战略目标，擘画出令人向往的美好愿景，绘制向目标奋进的时间表、施工图，动员和激励广大干部群众把意志和行动统一到目标任务上来，把智慧和汗水凝聚到创新创造中去。三是要把措施定具体。紧盯目标任务，提出切实可行的实现路径，拿出高效过硬的推进措施，提供科学管用的方式方法，凝聚社会各方面力量，围绕发展蓝图，沿着正确方向，百舸争流，千帆竞发，为实现对美好生活的向往而奋斗。这些在写有关节庆和会议的评论文章时体现得尤为明显。如，写国庆节社论时，要总结新中国成立多年来取得的伟大成就，提出特有时代背景下的美好愿景，号召全社会继续奋斗，把宏伟蓝图变成生活现实。又如，写有关党代会的评论文章时，一定要把党代会报告中的成绩总结、形势研判、指导思想、目标任务、工作要求等粗线条清单式地呈现出来，使评论文章干货满满、气势恢宏，促进具体工作有条不紊、落实落地。

四、从读者视角去发声

评论文章要谨防以居高临下的姿态和口吻去教训、教导读者，换位思考，要从读者视角去阐发立场、发表议论，让读者感到亲切，没有心理距离，愿意读、喜欢读评论文章，使读者在阅读中受感染、受教育，有启迪、有提高。总结成绩应尽量从老百姓的身边事说起，从寻常人家的衣食住行、业教保医说起，让人觉得是看得见、摸得着的成绩，是有质感、有获得感的变化，真实而不虚假，是众口一词而不是见仁见智；擘画愿景既要让老百姓精神振奋，也要让老百姓感到不是遥不可及的，既是宏观大局的质变跃迁，也与老百姓居家生活息息相关，是一个个跳起来可以摘到的"桃子"，是一筐筐人人可共享的成果。评论文章提出的战略举措和行动倡议,要符合客观规律、科学规律,符合常人思维、常情常理,便于常人参与其中,便于常人身体力行。这样,评论文章所涉及的主题才易于成为众人的话题,所希望达到的目的才会变成众人的言行,上下同欲,集腋成裘,最终取得集众志、聚众力、合众望的理想结果。

例 文

把优秀变成习惯

行为心理学研究发现,一个人一天95%左右的行为都是习惯性的按部就班。这足以说明"习惯"的强大力量。正如英国诗人德莱敦所说:"首先我们养成习惯,随后习惯养成了我们。"把优秀变成习惯,我们就能变得更加优秀。

其实,每个人都不乏优秀的基因、优秀的内在素质、优秀的瞬间表现。就不少人来讲,唯一缺乏的是把优秀变成习惯、变成生活常态的意识和意志,没有用优秀的习惯养成优秀的自我。许多单位、许多部门、许多城市也是一样,不缺优秀元素,只差把优秀变成习惯。少男少女谈情说爱时,都把自己最优秀的一面展示给对方,爱情因此甚为甜蜜;居家过日子时,当各自随意地把不好的习惯带进家庭生活时,你长我短就开始了。有些地方、有些部门为迎接上级检查,做"花瓶"、修"盆景",从对待整体工作的态度来看,是全社会深恶痛绝的形式主义,但就"花瓶""盆景"本身而言,就是这个地区、这个部门优秀的工作个案、优秀的工作局部、优秀的工作片段。

把优秀变成习惯,甚难也甚易。说其难,常言道"江山易改,禀性难移"。毛泽东同志也曾讲,一个人做点好事并不难,难的是一辈子做好事。说其易,是因为把优秀变成习惯,举手投足间就可完成,无需额外加班加点,更不需花费多少投资和其他什么代价。

把优秀变成习惯，利己、利人、利家庭、利社会。习惯优秀的人让人钦佩，习惯优秀的城市令人景仰。习惯具有惯性。一旦优秀变成习惯，就像从坚固面延展向上的扶梯，蕴涵在习惯中的巨大推动力，就能把追逐梦想的人和城市不断送往一级级向上的台阶，直至成功的高地。对人也好，对城市也罢，优秀变成习惯后，结晶出来的是人生的精彩，凝聚起来的是城市的辉煌。纵观成功者的人生轨迹，总是聚沙成塔般把一个个单一的、细微的优秀元素，一点点汇集起来变成习惯，不断丰富自己的精神羽翼和主体实践，随之表现出良好得体的言行举止。成功进入太空翱翔的人类第一人——加加林，有特别尊重别人劳动的优秀习惯。据说50多年前，苏联遴选宇航员时，20个跃跃欲试而又实力相当的候选人中，只有加加林一人脱鞋进舱。设计师们看到他们付出全部心血精心打造的飞船受到如此虔诚的尊重和悉心的爱护，非常感动，结果不言而喻。1988年，多位诺贝尔奖获得者在巴黎聚会，一位年轻记者采访一位白发苍苍的诺贝尔奖获得者："您在哪所大学、哪个实验室学到了您认为最重要的东西呢？"这位老科学家回答道："是在幼儿园。"是人生成长过程中从小就形成的那些终身受用的良好习惯，成就了一位优秀的科学家。"优秀点"连成"优秀线"、"优秀线"铺陈"优秀面"、"优秀面"构建"优秀体"的过程，就是优秀变成习惯的过程，也是全面提升文明水准的过程。

推进现代化建设，需要物的现代化，更需要人的现代化；需要先进科学技术作支撑，更需要每个人进入更高的文明境界。实现率先全面建成小康社会目标，加快"两个中心、四个襄阳"建设，尤其需要每个地区、每个部门、每个市民把优秀变成习惯，始终如一地把优秀的传统、优秀的文化、优秀的潜能内化于心，外化于行，见诸于功，成形于物。

把优秀变成习惯的首要前提是要有志存高远的目标追求。拿破仑有一句名言：不想当将军的士兵不是好士兵。如果没有高远的目标追求，就没有向往优秀的内在冲动，这样空泛地强调把优秀变成习惯，无异于无本之木、无源之水。因为向往优秀、把优秀变成习惯、成就优秀三者构成了前后接续的三部曲，有内在的必然联系，是统一的有机整体。智慧之城的先贤们，曾为当代襄阳人作出了榜样。诸葛亮自比管仲、乐毅，遂宁静致远，专注学习，修身养德，成就大业；释道安为使印传佛教中国化，执勤就劳，笃性精进，专心弘法，终成正果……智慧之城的每个市民、每个单位、每个地区，应大力弘扬精进致远的人文精神，对标一流，不甘人后，追求卓越，跨越赶超，先把优秀变成习惯，后使自己成为别人学习的标杆。面对国家优化国土空间开发格局的战略机遇，应对周边城市咄咄逼人争抢建设"区域性中心城市"的严峻挑战，襄阳既有建设现代化区域中心城市得天独厚的条件，更有不容推卸的社会责任和时代使命。我们一定要把建设现代化区域中心城市当作智慧之城的"第一追求"，当成590万襄阳人民坚不可摧的共同意志，通过一项项城市功能的完善，加速城市能级的提升；集精品建筑、精品功能区、精品街区之大成，提升城市品质和形象，汇集城市的精彩点滴，成就襄阳新的辉煌。

把优秀变成习惯，具体地讲，就是要一方面与时俱进地学习新知识，增强新本领，创造新经验，形成新模式，另一方面，要义无反顾地把所有不优秀的行为动作、生活方式、社会风尚等，从固有习惯中剔除掉，从生活常态中驱逐开。每个市民特别是党员干部要勤奋学习、创新创造，不墨守成规、贪图享乐；要增强战略思维、更加开放包容，不坐井观天、狭隘苛责；要起而行之、真抓实干，不坐而论道、无事生非；要遵规守法、忠于职守，不敷衍塞责、我行我素；要统筹兼顾、谋远大气，不短视小气、顾此失彼；要科学理性、精益求精，不盲目浮躁、粗枝大叶，善于从社会表象、群体意志和现行政策中积极寻找正确的路径和可行的办法，以非凡之胆略、非凡之干劲，建立非凡之功业。

能不能把优秀变成习惯，定力、毅力是决定因素。人生就仿佛一场好习惯与坏习惯的拉锯战，此消彼长。优秀的习惯来之不易，需要历久修炼。古罗马哲学家西刘斯曾说过，想要达到最高处，必须从最低处开始。把优秀变成习惯，就是从细小习惯里日积月累地逐步塑造自己的优秀品质，从点点滴滴的细节入手，关注自己，规范自己，严格要求自己，理智掌控自己的意志和心态，随时随地表现自己的优秀潜质，让优秀品质稳固下来，变成我们的第二天性，源源不断地生发正能量，让我们可以激情饱满、一步一个脚印地去干事创业。

群体优秀有赖于个体优秀，城市优秀有赖于市民优秀。建设"两个中心、四个襄阳",靠我优秀,靠你优秀,靠他优秀,靠我们大家都优秀。让我们迅速行动起来,努力把优秀变成习惯,为推动襄阳科学发展、跨越发展,率先全面建成小康社会,提供强大的动力、活力和创造力!

2012 年 12 月 1 日发表于《襄阳日报》

坐而论道不如起而行之

中国是一个务实的国度,改革开放以来创造的"中国奇迹""中国活力""中国精神",等等,无一是靠坐而论道"论"出来的,无一不是靠起而行之"奋斗"出来的。"空谈误国,实干兴邦""敏于行,讷于言"等古训,都反复告诫我们要实干而不要清谈。在未来"黄金十年",面对"两个中心、四个襄阳"建设的繁重任务和率先全面建成小康社会的崭新目标,面对周边城市对"区域性中心城市"之争的咄咄逼人态势,更需要我们远离、杜绝坐而论道,人人迅即起而行之。唯此,襄阳才能跨越赶超,城市才能蝶变崛起。

但是,无论历史上还是现实生活中,不务实事、夸夸其谈的坐而论道者大有人在,而且时常觉得自己是"天下真理第一人""举世无双智慧者"。两个蜀僧立誓下南海的故事可见一斑,一个已从南海回川了,一个还在起点"论"道不已。君不见,单位开展集体活动时,不管活动方案怎么兼顾难调的众口,总有个别人会提一大堆意见,甚至全盘否定活动方案,但真要提意见者重新做方案时,这一类人却常常力所不及、一推了之;有的人对本职工作一窍不通,岗位职责履行得一塌糊涂,可总是口无遮拦、大言不惭,没有不敢批评之事,没有不敢鄙薄之人,从不觉自己无知可笑,只逞讥笑、贬损他人和他事之能。坐而论道者因为脱离实际,远离实践,不尊重别人的劳动和创造,所论之"道"不是事物发展之道,常常是主观臆想的胡说八道;现实中拿不出一鳞半爪解决问题、推动发展的好主意、好办法,只会泼泼散斗志的"败兴汤"。

古往今来的国人对只坐而论道而不起而行之的人从来都是不屑的,甚至是鄙视的。但为什么总是有人不坐而论道,就心发躁、周身不自在呢?仔细分析不难找出答案:一是坐而论道太容易,嘴一张就行了,信口开河不需要付出任何艰辛的智力和体力;二是坐而论道无责任而言,信口雌黄之下只顾自己的嘴巴很快活、心里很满足,哪管不负责任的言论给自己的家人、周围同事带来的伤害,对社会和谐、对事业发展造成的损害;三是坐而论道可以掩盖自己的低能、无能,对无本事干事但攫名谋利之心强烈的人来说,在成事不足败事有余的搅混中,弄不好还能捞得个"有点思想""敢于直言"的虚名、美名;四是坐而论道可以打发日子,虚度光阴,有的人生活没方向、人生没理想、工作没追求、时间太富裕,不瞎说闷得慌,所以以乱说敢侃来表明自己的存在。

起而行之,体现的是责任,衡量的是品质,检验的是能力。从哲学的观点来看,"论"属意识层面,"行"属物质层面;仅"论"永远是"四大皆空",行动起来一切皆有可能。投资家巴菲特曾说过,书中有许多成功的案例、赚钱的方法,但只读书不实践并不能保证致富;行动起来,任何时候都有赚钱的机会。党的十八大为党和国家事业发展指明了前进方向,"两个中心、四个襄阳"建设的宏伟蓝图任务明确、路径清晰,只要我们起而行之,矢志不渝,美好的梦想就会变成美好的现实;只有人人力行,众志成城,宏伟蓝图才能具象化到襄阳城乡大地上。

起而行之,就要少争论、少议论、少评论。邓小平同志曾把不搞争论作为他的一个"发明",这对我们今天的发展仍具有特别重要的意义。襄州区用40天时间,完成征迁1226户,拆除建筑物36万多立方米,奋战在征迁一线的广大干部,用心贴心的真情、公而忘私的劳动、超乎寻常的付出,真正做到了平衡征迁、安全征迁、和谐征迁、文明征迁,创造了"这里征迁静悄悄"的奇迹,为东津新区5平方公里核心区建设提供了重要前提条件。在率先全面建成小康社会的新征程中,加快推进"四个襄阳"规划项目书、路线图的实施,每个部门都是建设主体,每个市民都是发展环境,人人都要争当"运动员",不当旁观者,少做"评论员",把全部精力、时间投入到干事创业上,把所有聪明才智转化成家庭收入、物质成果、社会财富。要把保持优秀、勇争一流作为一种习惯,把对标管理、比学赶超作为一种常态,形成鼓励创新、宽容失误的良好社会氛围,让"干的不如说的,说的不如戳的"等恶习无空间、没市场,使奋战在改革开放第一线、经济建设主战场上的勇士们视听不受干扰、行动不受束缚、创造性不受压制,干出火红的场面,干成火红的事业。

起而行之,就要勇担当、抓落实、敢兜底。建设"两个中心、四个襄阳"的宏伟事业,是590万襄阳人的共同福祉,需要点滴积累,需要人人努力。每个从业者,不论从事什么工作,都要有舍我其谁的担当精神,并把这种精神体现到爱岗敬业上,实践到忠于职守中,把岗位当"饭碗",把职责当使命,强化精工意识,提高精工本领,抓实每一个事项,做好每一天工作,在平凡的岗位上建功立业,在平凡的岁月里塑造人格的崇高。党员领导干部要始终保持干在实处、走在前列的硬朗作风,坚决摒弃"官气",多接"地气",广聚人气,勤政善政,恪尽职守,彻底改变少数部门和单位那种"一把手"责任推给副职承担,领导干部的工作给一般干部去做的不良习气;要抓具体、抓深入,在工作一线发现问题、解决问题,通过督办落实推动工作、促进发展,在自己带头干、带领群众干的过程中,干出个"干部"模样来,干出"领导干部"的好形象;要有兜底的精神和气概,为自己所负责的工作兜底,为解决群众的困难兜底,为敢作敢为、忘我工作的干部兜底,为广大干部群众干事创业、勇往直前当好坚强的后盾。

起而行之,就要敢闯、敢拼、敢冒。发展中的问题不比不发展的问题少,这是事物发展的辩证法。"两个中心、四个襄阳"建设推进过程中,不可避免地会遇到这样或那样的困难、瓶颈。要"敢"字当头,豁得出去,拼得上去,敢为人先,敢于打破陈规陋习,敢于挑战习惯势力,多一点主观能动性和创新创造精神,争做第一个吃螃蟹的人,学习新知识,涉足新领域,开启新思路,形成新模式,创造新业绩。要以"勇"制胜,坚韧不拔。"狭路相逢勇者胜。"不管遇到什么挑战、风险和困难,都要不畏难、不言难,不徘徊、不退缩,有定力、有恒心,迎难而上,攻坚克难,"咬定青山不放松",一张蓝图绘到底,不获全胜不收兵。起而行之是理念,更是力量。汇聚起每个市民、每个单位、每个地方起而行之的力量,推动襄阳科学发展、跨越发展,"两个中心、四个襄阳"建设的步伐一定会更加铿锵有力，率先全面建成小康社会的目标一定能早日实现。

2012 年 11 月 21 日发表于《襄阳日报》

国际化：襄阳后发赶超的镜鉴和引擎

国际化如同明亮的"镜鉴"，通过与发达国家和地区比较，可以清楚地看到襄阳城市化、工业化、农业现代化的发展水平和现实差距，找准我们急追快赶的方向和路径；国际化就是强劲的"引擎"，通过学习借鉴发达国家和地区的成功经验，引进先进企业、尖端装备、高端人才，开拓新的市场空间，利用我们没有的资源，襄阳可在鄂豫陕渝毗邻地区的后发赶超中，当龙头，当中心，当支点，当先锋。

《访欧手记》连载后，广大干部群众争相阅读热议，城市话题高度聚焦，连载手记使《襄阳日报》一时"洛阳纸贵"。这犹如催促我们加快垒五色寸土、筑开放高地的"攻坚令"，推进襄阳国际化的"集结号"，引爆了襄阳人大开放的万丈豪情，必将催生出襄阳加速城市国际化的新浪潮。

推进襄阳国际化，大家都要积极行动起来。国际化是城市脱胎换骨式的转型升级过程，是一项宏大繁杂的系统工程。首要的是企业的国际化，也需要科研院所、学校医院等事业单位的国际化；经济领域要国际化，文化发展、社会建设等方面也要国际化；中心城区要走在前、带好头，各县（市、区）也要有动作、快跟上；需要有众多的国际化行为主体，也需要有有利于国际化的完备服务体系和良好人文环境；"推手是政府"，好帮手就是广大市民。城市的每位主人、每个细胞都要动起来、忙起来，襄阳国际化的动力才更大，步伐才更快，水平才更高。

推进襄阳国际化，必须理性地求真经。敢于正视自身与先行者的差距，以"知耻近乎勇"的精神，奋起直追，迎头赶上。审时度势，顺势而为，借势发力，乘势而上，把世界上最先进的发展水平作为追赶目标，像德国制造业那样发展襄阳的制造业，做大做强实体经济，推动"产业襄阳"建设，挺起"城市脊梁"；像欧洲、美国、新加坡那样，规划建设管理我们的城市，完善城市功能，美化城市建筑，发展城市社区，靓丽"都市襄阳"建设幸福城市；复兴襄阳文化，建设"文化襄阳"，使"襄阳好风日"品牌更加博大迷人、影响深远；像欧美发达国家和亚洲日、韩等国那样，以科技创新引领经济社会发展，推进"绿色襄阳"建设，进入发展新境界。政府各部门、各市场主体、各事业单位都要置身其中，以"跳起来摘桃子"的精神和干劲，立标学习，对标管理，验标考核，达标升级，齐心协力聚天下之资，为襄阳所用；播寅年之"种"，增卯年之产；驱"三驾马车"，提跨越之速。

推进襄阳国际化，必须勇猛地豁出去。内陆城市推进国际化，基础相对薄弱，困难更多。一定要豁出去闯，大胆涉足从未涉足过的领域，努力干好没有干过的事情，横下心来吃"第一只螃蟹"；一定要豁出去争，抢先机，抓机遇，聚资源，引人才，长技能，先当市场中的"快鱼"，多吃速壮，再当市场中的"大鱼"；一定要豁出去拼，不管竞争对手多么强大，都要善合作、敢竞争，"棋逢高手下"，长见识，增实力，强体魄。不管遇到什么困难，都要咬紧牙关，有韧性，坚持住，挺过去。

推进襄阳国际化，必须奋力地追上去。要大开放，全开放，真开放，善开放，既要向欧美发达国家和地区开放，也要到非洲等不发达国家和地区去"淘金"。要转化再造，吐故纳新，注重消化吸收再创新，广泛合作集成创新，站到"巨人肩上"，夯实发展基础，提升城市能级，使襄阳成为中部地区产业发展的重要聚集区，自主创新能力提升的"蓄能站"，加快经济发展方式转变的高产优质"样板田"。

2012年4月23日发表于《襄阳日报》

第十三篇
如何写好小品文

这里所说的小品文,是指偶得随想、记事抒情、杂事杂议等方面的小文章。怎样才能把小品文写得有趣、有吸引力、有实践价值呢?不妨注意以下几点。

一、胸怀大格局

小品文虽小,其格局绝不能小,一定要是"国之大者"中的小主题、小切口,是时代大潮中小浪花、小水滴,是生产生活中的小麻烦、小问题,是社会大众关注的小热点、小焦点。作为公务人员,撰写小品文,仅停留在闲情逸致上是远远不够的,要有较高的政治站位、开阔的宏观视野、深邃的洞察能力,观察丰富多彩的社会生活,感知奔腾不息的时代大势,思考千奇百怪的客观问题,捕捉耐人寻味的细小话题,用短小文字答时代之问,解当局者之惑,聚社会发展之力。撰写时事政治方面的小品文,不仅需要文辞练达,而且需要在政策理论、知识见识、素材原料等方面的储备上下足功夫,对党和国家的大政方针烂熟于心,对时下的鸿篇巨论融会贯通,对相关的精神实质领悟深透,对丰富的社情民意了如指掌,驾轻就熟地展示到文稿之中。如,《建设生态文明需在"四选"时慎之又慎》,就是讲在两难选择、多项选择、自然选择、别无选择时,应该怎样取舍,怎样矢志不渝地建设生态文明。这"四选"都是实践中最易出现的偏差,也是在建设人与自然和谐共生的现代化中最难做好的多难选择。

二、精选小触点

小品文虽篇幅有限,但俗话说,滴水可以见太阳。只要小触点选得好,小品文也能"搅动一池春水",掀起未有的波澜,彰显出应有的价值。所记、所议之事,最好是人们司空见惯却一叶障目之事,也是人们熟视无睹却休戚相关之事,从小事中议出大道理,从细节中揭示大趋势,从点滴中呈现大棋局,从而,使人们对某些事情由曾经的习以为常变得耳目一新,由曾经的不屑一顾变得聚精会神,由曾经的漫不经心变得小心谨慎。关不紧的水龙头、建不平的窨井盖,在大江南北、长城内外的大小城市和乡村比比皆是,都是大家见怪不怪的顽瘴痼疾,似乎不足挂齿,但把这些"芥菜籽事""芝麻点活"与质量强国建设、高质量发展联系起来议论,就会触动很多人的心灵,影响不少人的习惯和行为。襄阳古城城墙西北角夫人城处的滨江大道上曾有几个窨井盖低于路面三四厘米,在市政建设与维护方面的人看过小品文《"芝麻活"与高质量》并被触动后,就积极行动起来了,现在整个滨江路上的窨井盖都改建得非常平整。

三、变换新视角

很多具体事物,都有"横看成岭侧成峰,远近高低各不同"的特性,所以在构思拟文时,要努力以全新的视角去审视、思考,尽力站在前人的肩膀上,长出"第三只眼睛""第三双耳朵""第三个鼻子",看到别人尚未看到的物象,听到别人尚没听到的声音,嗅到别人尚没嗅到的气味,把老话题写出新意境,尽力为其他人提供使其眼前一亮、豁然开朗的东西,呈现别有洞天、焕然一新之景象,千万不要人云亦云炒现饭,更不能移花接木当"抄袭客"。即便是参阅前人的资料,借用别人的成果,也要力求推陈出新、继往开来。襄阳是国务院公布的第二批国家历史文化名城,具有深厚的历史文化底蕴。研究襄阳历史文化的人很多,撰写的学术专著和文章也很多,但有不少是重复劳动,学术成果大同小异。2019年笔者应中央党校《学习时报》邀约撰写相关稿件时,一方面作了大量专题阅读,另一方面深入思考了怎样才能别出心裁写好此文,而力争达到别开生面的效果,最终写成《襄阳为何在中华文化中功能独特？》,以全新的视角展示了襄阳的历史文化,文章发表后,引起了许多读者的兴趣,有些文史专家不仅给予了很高评价,还发出感慨:这样研究襄阳历史文化,才有深度、厚度,才有新鲜感、可读性,人力物力财力的投入产出才有价值。武汉东湖是著名的风景名胜区,写东湖的文章甚多,但根据笔者的观察和思考,感性地觉得不够过瘾、不够尽兴,好像是缺了点什么,便写了《东湖之魂》一文。文中写到:何谓东湖之魂？就是东湖与国运国力紧密相连、与领袖伟人紧密相连、与国计民生紧密相连、与国策演进紧密相连、与国际形势紧密相连。换言之,东湖不仅是一个地域之名,更是系列国是发生之地、系统国史记录之源。单从这种意义上讲,在中国各个地方恐怕再难找到第二个可与东湖媲美的胜地；世界各国景区繁多,也很难找到几个像东湖这样拥有如此独特灵魂的地方。此文一出,引发了许多读者的热议。

四、潜心载大道

"文以载道"是写小品文务必遵循的重要原则。载道之文,既能有益当下,也可百世流芳；无道之文,无异于没有灵魂的文字垃圾。像刘禹锡的《陋室铭》、周敦颐的《爱莲说》、王安石的《读孟尝君传》等,短小精悍,耐人寻味,皆以载道而成为千古佳作,都是我们学习的楷模。文章无论长短,都要力求做到文以言志、文以明理、文以载道、文以致用,循循善诱地揭示社会发展的客观真理,上下求索地探索客观事物的发展规律,理直气壮地歌颂真、善、美,毫不留情地鞭挞假、恶、丑,用动人的故事感染人,用透彻的道理引导人,用励志的精神鼓舞人,用沉痛的教训警示人,力争给读者以启迪、以思考、以教化、以回味。独生子女政策曾作为中国20世纪70年代至本世纪前15年的基本国策,为中国摆脱贫困、加快发展、赶上时代发展步伐起到了重要作用,但也伴生了一些社会问题,一些独生子女存在一定的性格问题,笔者曾创作《应当反思和警戒的社会现象》一文,对这些问题进行具体剖析。通过该文,希望起到警示作用,希望全社会高度关注、重视教育,引导这近两代人认真践行社会主义核心价值观,真正成为民族复兴、国家强盛的脊梁和栋梁。《往事如镜》是一篇怀念母亲的文章,虽记录的是许多过往生活琐事,但透过其中,反映了以笔者母亲为代表的一代人所具有的崇尚文明、相信科学、注重教育、勤俭持家、亲和邻里、扶弱济困等特点,以小见大,歌颂了中华民族的传统优秀品德。

例 文

新时代提升人大工作质量的几点思考

（2020 年 11 月）

奋进新时代、创造新业绩,这是各种行业都应有的目标追求。新形势下,地方各级人大及其常委会要坚持以习近平新时代中国特色社会主义思想为指导,特别是要认真学懂弄通做实习近平总书记关于坚持和完善人民代表大会制度的重要思想,结合实际情况,去创新性思维、创造性工作。

一、要悟透"围绕中心、服务大局"之真谛

这是新时代提升人大工作质量的重要前提。"围绕中心、服务大局"这八个字好说不好做。大量实践证明,各地人大工作做得如何,与对这八个字的理解、实践有着直接关系。念好八个字容易,实践八个字较难。有的工作人员或对党委、政府实施的经济社会发展战略,以及不同时段主抓的重点工作了解不够、知之不多;或把注意力全部集中于本职本岗,对本地区改革发展稳定的大事要事关心不够、关注不到;或对党委、政府寄予人大职能发挥的期待理解不准确、领悟不到位。等等这些致使一些人大工作人员在谋划、推动人大具体工作时,要么忙忙碌碌地自说自话、闭门造车,要么不知所措地跟风吆喝、手忙脚乱。提升人大工作质量,必须改变这种状态,真正做到

围绕中心抓得住、服务大局跟得紧。

以党委决策为方向，以"一府一委两院"工作为主线，确定人大工作思路。一年一度的人民代表大会，怎样确定新一年的工作任务，怎样形成新一年的工作要点和监督计划，是考验人大工作者"围绕中心、服务大局"能力和水平的试金石。经党委审核把关、人民代表大会审议通过的《政府工作报告》等"一府一委两院"文件，可以说是党的主张与人民意志的统一体，其中确定的新一年工作任务，就是一个地区一年要干的大事要事，也是人大要推动落实的年度目标任务。所以说，人大的工作要点和行动方案，就是结合人大的法定职能和工作力量，从"一府一委两院"等的工作安排中，择其精要，抓住要领，形成促进"一府一委两院"完成年度任务的人大工作部署。换言之，谋划、推动人大工作，不是自己关起门来苦思冥想地干工作，而是对"一府一委两院"等的工作安排进行集成，履行人大职能，行使人大职权，监督、促进"一府一委两院"干好经党委审定、经人大代表表决的各项工作。

攥紧拳头、小口切入，做好做精具体文章。人大常委会作为"四大家"领导机构之一，其机关人力有限、精力有限，"围绕中心、服务大局"，既要依据内部分工做好单项工作，更要聚焦重点、握指成拳，善打攻坚战、歼灭战，力所能及地干成一两件通堵点、疏痛点、解难点的漂亮事，带动人大监督水平和质量全面提高，促进"一府一委两院"工作全面落实、全面进步，切忌眉毛胡子一把抓，更不能全线出击、面面俱到。要善抓主要矛盾，优选、精选事关全局、最能"四两拨千斤"的事情去做；要坚持以人民为中心，优选、精选人民群众和市场主体最关注的事情去做；要注重换位思考，优选、精选"一府一委两院"最需要助力推动的事情去做。真正把劲使到党委期待、"一府一委两院"期望、社会各界期盼的工作上，做出人大自身的成就感，做成人民群众的点赞声。要立足大视野，寻求小切口，以看似简单的具体事项为抓手，做出工作的大动作，去争取改革发展的大成效。无论做哪一方面的工作，都要力求从本地区经济社会高质量发展上落细落小、开刀着力，万万不可动辄戴个大帽子、立个大招牌，搞一些不切实际的大手笔，但具体工作中不着边际、劳民伤财，工作过后有花无果、空空如也。

严格程序，依法依规行事。要把坚持党的领导付诸实践，凡涉及全局性工作，都要做好工作方案，报经党委同意后实施，不要心血来潮、想干就干，更不能我行我素、为所欲为。对决定要抓的事项，要在学懂弄通相关法律法规的基础上，加强与"一府一委两院"的沟通，知晓其希望人大从哪个角度切入，他们怎么与人大互动共振，增强同向推进工作的最大合力，既不扰乱其他系统、部门正常工作的程序和节奏，也真正做到帮忙不添乱、代言不代办。要力戒形式主义、官僚主义，多组织代表、人大常委会组成人员、专委会委员，以明察暗访等形式到工地、到社区、到现场去发现问题、研究问题，多以灵活方式办理解决"一府一委两院"交办事项、提醒事项，多向社会公开承诺的工作责任主体按时结账、跟踪要账，借众人之眼求无所不睹，借众人之耳求无所不闻，借众人之智求无题不破，借众人之力求无坚不摧，坚决克服只讲派头、虚张声势、不求实效等不良现象。

二、要把监督权作为法定职权的重中之重

有从事人大工作的同志说，人大工作紧不得、松不得，快不得、慢不得，特别是多不得、少不得。紧了、快了、多了，有越俎代庖之嫌，松了、慢了、少了，有无所作为之忧。这些偏差既有对人大职能、职责理解上的偏差，也有松口气、歇歇脚的借口，这些都是影响人大工作质量和水平提升的重要因素。面对新时代新要求，这些想法必须纠正。

要科学认识中国特色社会主义制度体系中的权力架构。宪法规定，国家行政机关、监察机关、审判机关、检察机关都由人民代表大会产生，对它负责，受它监督。人大必须全天候、全时段、全领域、全过程地对这些机关实施监督，代表人民、组织人民监督人民公仆，监督公权力运行，正如"窑洞对"所说的那样，促进所有掌握运用公权力的机构和人员不敢懈怠、不敢谋私、不敢渎职。从这个意义上讲，其一，人大工作与"一府一委两院"工作的具体内容、行事方式方法是不同的；其二，人大工作应和"一府一委两院"的工作一样忙、责任一样大，决无一线二线可言，更无责多责少、权大权小之分，关键是要在坚持党的领导、人民当家作主、依法治国有机统一的丰富实践中，人大工作不越位、不错位，但又时时刻刻不缺位，各项工作做到位。

要从监督的角度去审视、行使宪法和法律赋予地方人大的神圣职权。根据宪法和法律规定，地方各级人民代表大会通常而言拥有决定、监督、任免等法定职权。考虑到立法权运用的特定性，决定权运用的慎重性，任免权运用的时限性，最能让地方人大常态化使用、创造性使用的法定职权，就是监督权。即使在各项法定职权之中，监督也是其他职权的本质特征。就立法权而言，除民族自治地区外，监督权是设区的市人大在城乡建设与管理、环境保护、历史文化保护等方面为行政工作划定具体行政路径和行权边界，监督行政权力更加规范地运行，促进公权力更好地造福民众、推动改革发展、提升运行效率。就决定权而言，监督权是地方人大根据党委决定的大事要事，勾画出清晰具体的工作思路，监督"一府一委两院"、倡导社会各界在相关工作中，方向明、路子对、合力强、效率高。就人事任免而言，监督权是地方人大坚持党管干部原则，确认任免对象的德能勤绩廉，监督"一府一委两院"工作状态，监督相关工作人员履职尽责情况。四项权力是有机统一的，监督作为一条红线贯穿其中。

要在创造性开展监督工作上大显身手。要在监督二字上动脑筋、下功夫、做文章。要明确监督目的。人大作为产生"一府一委两院"的权力机关，其进行监督的目的就是要促进行政、监察、审判、检察机关更好地履职尽责，全心全意为人民服务，推动经济社会各项事业高质量发展，绝不能把监督当作权力机关的威风和狠气，使监督成为掣肘，使监督成博弈或"对手戏"。要聚焦监督重点。善于透过现象看本质，善于抓住地方经济社会发展中的主要矛盾和矛盾的主要方面，善于瞄准抓住监督对象的短板弱项，坚持问题导向、民意导向、质量导向，督促"一府一委两院"不断改进作风、改进方式方法，不断把各项工作往实里做、往深里做。要打好监督方式运用的组合拳。充分运用法律法规规定的各种监督方式，通过专题调研、现场质询、约谈相关部门负责人等方式，促进监督对象及时修正错误、认真整改问题、不断改进工作，实现监督的初衷和目的。

三、发挥代表作用要常态化、多样化、集成化

人大代表是人大工作的主体。各级人大在发挥代表作用工作中创造了不少有益实践。但总体而言，在市县乡仍有"人大代表"即"年会代表"的社会印象，而且越往基层，这种现象越发明显。充分发挥人大代表作用，可以说是新时代提升人大工作质量的重要内容和举措。

抓实主题实践活动，把人大代表组织起来、作用集成起来。要通过主题实践活动，把代表在人民代表大会闭会期间的履职尽责与参会之前的调查研究结合起来，把人大组织的集体行权与人大代表的个体行为结合起来，发挥代表作用，彰显人大作为。确定主题实践活动，要聚焦党中央的重大决策部署和省委的工作安排，聚焦本地区改革发展稳定中的重大课题，聚焦人民群众和市场主体特别关注的热点难点问题，让主题"接天线、通地气"，有针对性、有实效性。开展主题实践活动，要细化代表活动方式、活动时间、工作任务等，加强代表培训，提升实践能力，让所有代表在闭会期间知道做什么、怎么做，而且能做好。这样，就可以最广泛地动员代表参与，最大限度地汇聚推动工作的合力。

激发人大代表发挥专长，多角度、全方位发挥人大代表作用。人大代表分布在各行各业，有专家学者、公众人物、企业家等，是各类社会群体中的先进分子。要采用切合实际的途径、方式，把代表的各方面专长变成服务发展、服务人民的丰富资源。就当前而言，要紧扣高质量发展、乡村振兴战略实施、三大攻坚战、"一带一路"建设、践行社会主义核心价值观等重大工作，组织人大代表积极投身其中，作出表率、带动群众，以己之长、倾囊付出，努力使人大代表成为推动各项重大工作的骨干和先锋，为"四个伟大"实践加油助力。

建立监督激励机制，激发人大代表履职尽责的积极性、主动性、创造性。利用各类媒体，宣传报道人大代表履职尽责情况，展示代表风采，树立代表榜样，激发所有代表跟着学、照着做，不断增强代表履职尽责的使命感、荣誉感、成就感。支持原选举单位加强对代表的监督，建立代表履职档案，询问代表出席会议、参加活动、发挥作用等情况，评价代表履职尽责状态，强化代表身份意识和主动接受原选举单位监督的意识，把当好人大代表作为参与国家事务管理的"第一义务""第一责任"，以日常生活中模范代表作用的发挥，兑现"人民选我当代表，我当代表为人民"的庄严承诺。

四、在人大常委会机关支撑平台建设上创造性作为

人大常委会机关是人大及其常委会履职尽责的服务队、施工队和保障平台。推进人大"两个机关"建设,既是提升人大工作质量的重要内容,更是提升人大工作质量的重要条件。

要增强"一线"意识。党委、人大、政府、政协的职责分工不同,但都处在改革发展稳定的工作一线。因为基本没有直面矛盾的火急火燎的事项,人大的工作节奏相比党委、政府有较大差距,致使部分人大常委会机关干部养成了按部就班、四平八稳的习惯,在长年累月中少了激情、少了紧迫感。提升工作质量,首先就要增强"一线"意识,人大常委会机关的所有工作人员都要以火热的激情对待工作,以战斗的姿态对待任务,把追求提起来,把节奏提起来,把标准提起来,把效率提起来,不误工作、不负韶华,不失成长、不渎职责。

要提升专业素质。每个工作人员在坚持用习近平新时代中国特色社会主义思想武装头脑的基础上,都要加强对经济、法律、科技、文学、历史、哲学等方方面面专业知识的学习钻研,力求专业上有深度,知识上有广度,成为自己心不虚、别人瞧得起的行家里手。努力做到谋划工作提得出真知灼见,调研视察摸得清情况,研究问题时深入得进去,开展工作抓得到点子上,推动工作帮得到关键处。做到这些,相信所有人大工作人员无论是办文办会,还是谋事办事,都能成为高手;在落实人大及其常委会决定的各项工作中,人人都能成为执行力强、创造力强的操盘手、施工员,在完成党委、政府力推的中心工作时,人大常委会机关能够成为同一个地区部门工作的佼佼者。

要优化服务项目。改进常规性服务,做到服务精准化。无论对人大常委会负责人,还是对基层人大代表,要按照服务对象的需求调整服务项目,改进服务方式,全方位提升精准化服务水平。创新点对点服务,做到服务个性化。注重摸清各类服务对象特点,细分服务种类,把线上服务与线下服务有机结合起来,力求做到个性化定制服务,以服务水平提升促进人大工作质效提升。寓支持于监督之中,做到服务实效化。监督是一种制约,又是一种支持和促进。人大及其常委会要把支持促进"一府一委两院"工作作为人

大监督的出发点和落脚点,贯穿于监督工作全过程,做到在监督中支持,在支持中监督,实现监督与支持的有机统一。与监督对象换位思考,与"一府一委两院"开展经常化沟通,在沟通中提升监督实效。

要强化统筹协调。一方面加强人大常委会机关内部的统筹协调,合理调配人力、物力、时空等资源,支持人大各专门委员会和人大常委会各工作委员会做好工作、多收实效。另一方面,加强与党委、政府部门的沟通协调,加强与市场主体、社会组织的交流联系,加强与新闻媒体的合作互动,努力为人大工作质量提升、影响扩大来优化环境。

襄阳为何在中华文化中功能独特?

(2020 年 8 月)

中华文化源远流长,博大精深。中华优秀传统文化是人类文明史上的瑰宝,也是中国人乃至全球华人"文化自信"的底气所在。湖北省襄阳市作为国务院第二批公布的 62 座历史文化名城之一,既得到中华文化持续、全面地滋养,也为中华文化的丰富发展贡献着自己的力量,在中华优秀传统文化中,襄阳文化元素繁多,地位功能独特。

悠久历史滋养的襄阳元素。早在西周时期,今襄阳地区就分布着众多的方国和部族,如谷国、唐国、邓国、卢国等。早期的众多方国奠定了襄阳行政区划的基础。春秋战国时期,今襄阳地区纳入楚国统治。楚国在这一地区设立县级政区,如权县、邓县、卢县等。西汉时期,设立襄阳县。东汉时期,今襄阳辖区内的县级行政区有所增加。公元 190 年,刘表主政荆州,把荆州治所从湖南常德地区迁至襄阳,奠定了襄阳在三国及以后历史中的重要地位。西晋的开国元勋羊祜向朝廷推荐杜预镇守襄阳,拉开了三国归晋的序幕,加之诸葛亮向刘备献《隆中对》,很多学者既把襄阳看作三国开始的地方,也看作三国结束之地。说起从东汉到三国这一段重要时期,就不得不提及历史上著名的一个人和一件事。"一个人"就是东汉开国皇帝——光武帝刘秀,

《后汉书·光武帝纪》说,"世祖光武皇帝讳秀,字文叔,南阳蔡阳人,高祖九世之孙也"。《后汉书》中对刘秀家族在其祖父一代迁至白水乡的事情亦有记载。据有关部门考证,南阳蔡阳是今天的湖北省襄阳市枣阳市吴店镇,西汉末年,枣阳版图内设有四县,即北有湖阳县,西北有棘阳县,东有复阳县,西南有蔡阳县。唐代李贤为《后汉书》作注道:"光武旧宅在今随州枣阳县东南,宅南二里有白水焉。"这些史料是证实光武帝为襄阳人的有力证据。另外的"一件事"指的是三顾茅庐的故事。三国时期,水镜先生司马徽向刘备举荐人才,刘备三顾茅庐请诸葛亮出山,遂有了三足鼎立之功业。发生在襄阳(一说在河南南阳)的三顾茅庐的故事,或许是中国历史上世人最熟悉的"尊重知识,尊重人才"的大事件。尽管学界对光武帝的出生地、对三顾茅庐的发生地都存在不同看法,但在客观上、在襄阳人的心里,光武帝和三顾茅庐已与襄阳的历史文化密不可分了。光武帝的雄才大略和传奇人生也给襄阳带来了生动传奇的色彩,三顾茅庐这种重贤才、引贤才、尚谋略的政风民俗,也被本区域深深认可并薪火相传,且对中华文化的相关领域产生了重大影响。

诗书文人中的襄阳元素。中国文学的两大源头《楚辞》《诗经》均发源或与汉江流域有所交集。襄阳作为汉水文化的核心区,对两大文学诗篇的形成发展发挥了重要作用,宋玉是《楚辞》的主要作者,解佩渚(襄阳城老龙堤北面汉江里的一大片林木葱茏、莽莽苍苍的沙洲)则相传是《诗经·汉广》中描写的汉水女神故事的发生地。唐诗是中华文化的一座高峰,襄阳也是这座高峰中的抢眼看点。有资料统计,全唐诗近5万首,襄阳籍诗人所作或因襄阳而生的唐诗达4000多首,约占10%,这已被清代蘅塘退士所选编、流传较广的《唐诗三百首》所印证。此书有27首或为孟浩然等襄阳人所写,或为王维等诗人写襄阳而作。李白、杜甫、白居易等驰名天下的诗人都来到过襄阳,于是似乎形成了一个有趣的现象:在唐代诗人中,如果既没有到过襄阳,也没有写过襄阳,完全跟襄阳没有沾上边的诗人,便不可能是大诗人。在这一点上,中国数百个城市中,除西安、洛阳外,鲜有城市可以比肩襄阳,享有这份殊荣。《昭明文选》为中国文学分类史上的奠基之作,唐宋以前有"文选烂,秀才半"之说。襄阳古城内的昭明台,就是襄阳人为怀念昭明太子网人才、编文选的功德而修建的纪念性建筑。诸多诗书、文人与襄阳联系之紧，使襄阳美名远播，这也是今天的人们了解襄阳、走进襄阳、游历襄阳的重要途径。

封建社会朝代更迭中的襄阳元素。纵观中国古代数千年的封建社会发展历程，襄阳总是在朝代更迭过程中扮演着地标性、预示性角色，得失襄阳成为一个政权兴衰的前兆。正如刻于南宋时期的《李曾伯纪功铭》铭文所言："壮哉岘，脊南北；繄墆墼，几陵谷；乾能夬，剥斯复；千万年，屏吾国。"元朝与南宋两大统治集团为了争取襄阳城的归属，打了持续六年的大战，成为世界战争史上少有的持续时间如此之长的局部战役。襄阳保，南宋存；襄阳失，南宋亡。与此同时，世界兵器史上还留下了少有的以地名命名的兵器——"襄阳炮"。明末，闯王李自成起义，初期在陕豫鄂毗邻地区四处转战，被明朝政府追杀得东躲西藏，后来起义军在襄阳誓师，得以积聚力量，一路北上，攻克了紫禁城，灭掉了明王朝。金庸先生或许是看到襄阳具有"脊南北""屏吾国"的地理特征，塑造了郭靖、黄蓉镇守襄阳等系列故事，让读者对襄阳丰富的胜景及军事重镇的神秘心生向往。襄阳虽仅为鄂豫陕渝毗邻地区的一座城市，却在冷兵器时代成为中国四大"兵家必争之地"之一，几乎与中国历史进程中的每个重大转折点都联系在一起。

城池文化中的襄阳元素。襄阳自"汉晋以来，代为重镇"，在方圆130平方公里范围内，既拥有2800多年建城史的樊城、襄阳城，还拥有3000多年建城史的西周邓城遗址。一个城市内有三座独立建城的古城，全国少有，成为中国城池文化的一种独特现象。在冷兵器时代，中国城池修建极其重视防御功能，多用人工修筑厚墙高墙，或是充分利用山水资源，使其变为防御屏障。2.5平方公里的襄阳古城将两点发挥到极致，古城北部以汉江天堑作护卫屏障，东、南、西三面挖掘了历史文化名城中最宽的护城河，最宽处在180多米，被誉为"华夏第一城池"，千百年来，因襄阳易守难攻，遂留下"铁打的襄阳"之美誉。

开放包容社会心态中的襄阳元素。襄阳在中国地理空间中的重要性，古人曾用一句话作了高度概括："天下之腰膂，襄阳实握之。"处于这一地理坐标的襄阳人，千百年来开放而包容，民谚道："无论天南海北客，来了便是襄阳人。"襄阳虽是天生的战略要地，多有战争波及，但也有阶段性的安稳太平之年。东汉初平元年（190年），刘表将荆州治所从常德迁至襄阳。东汉末年，北方战乱，刘表治下的荆州成为一座安宁祥和的世外桃源，数以千计的士人纷纷来到襄阳，诸葛亮、司马徽、徐庶、崔钧等一大批谋略精英，经学家宋忠、"建安七子"之一的王粲、书法家梁鹄、音乐才子杜夔等一大批杰出人士齐聚襄阳，使襄阳一时成为中国的学术中心。南北朝时期，由于长安一带战乱不止，雍州治所侨立于襄阳，领郡十七。以汉江为交通轴线，中央政权连接、管控中国南部的广大地区，襄阳占"南船北马，七省通衢"之便利，樯桅如林，万商云集，至今留有山陕会馆、抚州会馆等20多家会馆遗址，官厅码头等30多个码头遗址。襄阳人、东晋史学家习凿齿邀请高僧释道安住襄阳15年，研究佛学，讲经弘法，统一佛教门徒姓释，首创中国僧制，编撰中国第一部佛经目录，对中国文化儒释道格局的形成具有极大的影响。全国各地的文化习俗、生活习惯在襄阳都能得到包容。

创新创造文化中的襄阳元素。在中华民族的"伟大创造精神"中，襄阳亦有精彩表现。楚人先祖熊绎被封荆山脚下，经过"筚路蓝缕，以启山林"的艰苦奋斗，发展成春秋五霸、战国七雄。襄阳处于荆山楚源，千百年来艰苦奋斗的精神如同襄阳人的基因，在不同的时代都表现出极强的创新创造力。楚国革故鼎新的传统也源于襄阳。宋代大画家米芾也是襄阳奇人，书画自成一家，创立了"米点山水"画派，点墨画法自此起源。

正统史学观中的襄阳元素。所谓正统史学观指历代史学研究者对历史事件所持有的一种共同的认识和观点，在我国古代，表现为维护国家和民族统一和平的史学观。正是由于国人对这种史学观、世界观的赓续和弘扬，数千年来，封建王朝更迭不断，割据和统一交替发生，但中国向往大一统的意识始终占据着主导地位，实现大一统的时间也居多数。史学家习凿齿对这种正统史学观的坚守和光大，发挥了极为重要的作用。他著有《汉晋春秋》等著作并认为国家和民族统一才算真正的朝代，三国时期属于东汉末期乱世；以仁爱治天下才是王道，暴政驭民非治国理政之道；三国时期，刘备在道统上具有合法性，虽然在军事实力上蜀弱，但蜀汉政权为"劲蜀"；治国理政要"尽人事听天命"，要始终保持主动进取精神。习凿齿的这种史学观对后世的影响很大，宋元明清诸多学者，包括朱熹等大学问家，都沿袭了他的正统论观点来著述史学著作。

"芝麻活"与高质量
（2020年5月）

推动高质量发展，既是一项宏大的系统工程，更需要落细落小、落实落地。只要每个劳动者、建设者把自己所做的每一件事做好，高质量发展就会水到渠成、瓜熟蒂落。回顾我们日常生活，高质量发展不妨从一些"芝麻活"开始。

一是固牢水龙头。这虽然是件不需要任何高科技和现代化装备就可以做好的小事情，但在现实生活中做不好的情况比比皆是，做不好的惯性也年复一年。无论是城市中的公共卫生间，还是高速公路上的服务区，连一些上了档次的餐馆、宾馆、剧场，甚至一些支线机场的候机楼，都有相当比例的水龙头"摇头晃脑"、任性滴水。究其原因，要么是安装时就没固定好，要么是破损后没及时更换维修。三四线城市普遍存在这些现象，一二线城市也屡见不鲜。除公共场所外，这些事情在产权清晰的私人住宅里也时有发生。尽管单个水龙头看似极不起眼，但安不牢的共性既碍眼，更抢眼。迅速改变对水龙头安不好、固不牢不以为然的态度，从固牢每一个水龙头做起，或许对所有劳动者、管理者强化高质量发展的意识是有帮助的。

二是砌平窨井盖。城市道路（包括机动车道、非机动车道和人行道）上很多窨井盖总比路面高或低几厘米的现象甚为普遍，人们有抱怨、有期待，但更多的是见怪不怪、无可奈何。长城内外、大江南北，无论是大中城市，还是乡村集镇，无论是老旧城区，还是新建的开发区，很难找到几条所有窨井盖与路面齐平的道路。这无论是对全国数千个县城、数百个地级市，还是对国际化大都市，不能不说是一种遗憾；对加速推进的新型城镇化，不得不说是一项重大实践课题。其实，砌平窨井盖也不是一件技术含量有多高的事情，只要有精工精神、规范标准，加上严格管理，都是完全可以做好的事情。但愿在推进高质量发展进程中，城市道路中类似的顽瘴痼疾早日无影无踪。

三是拆掉小区围墙。中央城市工作会议明确要求，原则上不再建设封闭住宅小区，已建成的住宅小区和单位大院也要逐步打开，实现内部道路公共化。无论是东部沿海，还是中西部地区，落实这一要求、推进这一工作的效果人人皆知，其难度由此可以想见。说其难，不是难在技术上，而是难在观念上。在不少人的思维中，几千年的城郭观念、土围子观念根深蒂固，开放意识、共享意识相对薄弱，不少人宁愿花钱买料筑墙，也不愿花钱植树增绿；宁愿"我的地盘我做主"，也不愿资源共享大家欢。这就导致旧围墙没减少，新围墙在增加，与相关要求背道而驰，与城市"精明增长"和高质量发展更是格格不入。当前，许多城市正在推进拆墙透绿，但愿以此起步，早日实现城中无围墙、畅行无阻碍的目标。

四是增设公共卫生间。数年前，上海一出租车司机把中心城区的公共厕所标注出来，火了一把，成了当时极其吸引眼球的新闻；也出现过某城市一居民在某营业场所内急，便在厅堂盆景上方方便的闹剧。这些现象的发生足以引发人们的深度思考：精神文明建设需要物质文明支撑，行为文明需要设施配套保障。经过近些年的发展，各个城市管理者都把增设公共卫生间作为改善民生的大事来抓，市民、游客如厕难问题得到较大缓解。但这一工作远远不够，甚至一线国际大都市在中心城区也存在数公里内公厕难寻的现象，加之众多营业面积颇大的商业、服务业场所，很大比例没配备公共卫生间，民众如厕需求与社会供给还有一定差距。这种状况要加快改善，一方面，城市管理者需从城市地理空间上合理布局公厕等公共设施；另一方面，城市管理者要强化指导和监管，督促现有一定营业面积的市场主体增设公共卫生设施。

五是消除屋顶渗漏。修补屋顶，在每个城市都是一个不小的产业。由此看来，城市中屋顶渗漏是极为普遍的现象。关于屋顶渗漏的问题，在城市中的老旧建筑可以说是见怪不怪，新建的高楼大厦也偶有所闻。古代没有现代工程技术，没有众多新型的建筑材料，却能解决这个问题，现如今，在各方面条件都如此成熟的情况下,效果却今非昔比。个人认为,是设计理念、施工管理等方面的原因,使得屋顶渗漏成为久治不愈的"城市病"。而恰恰是这个极易被建筑行业忽视、施工企业敷衍的小细节,却是直接影响居住环境、城市品质的大问题。港珠澳大桥在那么复杂的海洋环境中,都能保证海底隧道百年无渗漏。相比之下,消除屋顶渗漏完全是"小儿科"了,也是完全可以做到的。

列举上述五件"芝麻活",带有相当的普遍性,貌似微不足道,却能具体反映践行新发展理念的成果;做好这些可能不是高质量发展的重点事项,也肯定是高质量发展的应有之义。这些"芝麻活",没有"天宫""蛟龙"的科技含量,也无需管理者、从业者拥有高不可及的专业素养,只要真正懂得"细节决定成败"的含义,就会重视之;只要真正发扬工匠精神,就能改进之。德国作为质量强国,他们的做法很值得我们学习借鉴,"德国制造"成为高质量、好信誉、大品牌的代名词,是从认真对待一颗颗螺丝钉的几道螺纹开始的,是每一名从业者、管理者始终较真换来的。普通劳动者、各类管理者如果齐心协力把"芝麻活"做好了,高质量发展的理念就渗透到血液骨髓中了,质量变革、效率变革、动力变革的群众基础就能够更加雄厚,社会氛围就能够更加浓厚,高质量发展就会更加铿锵有力!

东湖之魂

(2020 年 1 月)

33 平方公里水域的东湖,名列中国乃至世界城中湖面积之前茅,连同汉江与长江交汇而造就的武昌、汉口、汉阳三镇雄踞,使大江大湖大武汉名副其实、豪气冲天。

赏东湖之景,有听涛、落雁、磨山、楚城等众多景区的多姿多彩;品东湖之韵,聚珞珈山上百年名校武汉大学,以及星罗棋布的祝融台、行吟阁、苍柏园、先月亭、朱碑亭、鲁迅广场、海光农圃、寓言公园、屈原纪念馆等景观的气象万千。天然山水与人工设施浑然天成，历史遗迹与现代气息交相辉映，鸟语花香与湖光山色相映成趣，白昼风貌与夜晚风情相得益彰，的确使东湖美轮美奂、百看不厌。尽管这美景足以让人或心向往之，或流连忘返，但也仅仅是与其他城市里的一些景区没有本质差异的各美其美罢了！

其实，东湖美、东湖珍、东湖特、东湖贵，也更在于东湖之魂。这才是最能让武汉人引以为傲的，也是最该令域外人虔诚景仰的。

何为东湖之魂？就是东湖与国运国力紧密相连、与领袖伟人紧密相连、与国计民生紧密相连、与国策演进紧密相连、与国际形势紧密相连。换言之，东湖不仅是一个地域之名，而且是系列国是发生之地、系统国史记录之源。单从这种意义上讲，在中国各个地方恐怕再难找到第二个可与东湖媲美的胜地；世界各国景区繁多，也很难找到几个像东湖这样拥有如此独特灵魂的地方。1950年，新生的人民政权刚刚立足，武汉和全国其他地方一样百废待兴。中南局负责人邓子恢、李雪峰为建招待所，在东湖边梅岭南山的荒坡上建起了一座凹型青砖瓦房，后定名为南山甲所。以此为起点，扩建的东湖宾馆成为党和国家领导人入住武汉，以及官方接待国内外重要客人来汉的下榻居所。由此看来，是新中国的成立，才让昔日的荒湖野坡声名鹊起、卓尔不群，从此以后，东湖便深深嵌入中国革命、建设、改革的光辉历程。

东湖梅岭曾是人民领袖的重要办公地。从1953年至1974年的21年间，共和国的缔造者毛泽东同志48次下榻东湖宾馆，每年至少1次住在这里读书学习、批阅文件、召开会议、接待外宾、处理党政军要务，偶尔还畅游东湖、在湖边闲庭信步。其中居住时间最长的一次达178天，占一年365天的48.77%。制订"一五"计划、布局156个重点项目，研究和推动合作化运动，决定"三线建设"，决策炮击金门，提出"南水北调"设想等，很多事关国计民生的重大战略决策，以及中国影响世界格局变化的大事要事，都与东湖发生了或多或少的联系。修建"万里长江第一桥"武汉长江大桥、构想三峡大坝等国家重点工程，也得益于毛泽东同志用他那浪漫豪迈的诗句，"一桥飞架南北，天堑变通途""更立西江石壁，截断巫山云雨，高峡出平湖"，在东湖梅岭擘画出来的。开辟中国特色社会主义道路，也得益于毛泽东在东湖以战略家眼光作出重要人事安排的前期铺垫。1974年10月4日下午，毛泽东同志让秘书电告北京，提议邓小平担任中共中央副主席、国务院第一副总理、中央军委副主席兼中国人民解放军总参谋长。这为邓小平成为改革开放总设计师奠定了重要基础。

"人事有代谢，往来成古今。"而东湖持续不断见证着重大事件的酝酿发生，始终与中国改革开放步伐同频共振。邓小平、江泽民、胡锦涛等都曾下榻东湖宾馆，谋划和部署管党治党、富国强国、造福于民的重大方略。

沐浴着新时代春风，东湖更为高调地聚焦着全球目光。2013 年 7 月，习近平总书记下榻东湖宾馆，系统研究部署中国特色社会主义进入新时代后改革开放再出发这一重大国策，为党的十八届三中全会召开，调查研究、集思广益、把舵定向。在长江发展的关键时刻，习近平总书记再次莅临东湖，主持召开深入推动长江经济带发展座谈会，确定"共抓大保护、不搞大开发"等战略举措。2018 年 4 月 27 至 4 月 28 日，习近平主席与印度总理莫迪在武汉进行非正式会晤，漫步东湖岸边畅谈，东方两个文明古国、世界上两个人口过 10 亿的发展中国家领导人，高瞻远瞩、友好商议着合作共赢的重大议题。所以许多人说，东湖是中国新一轮改革开放的重要基地，是创新、协调、绿色、开放、共享的新发展理念实践的重要誓师地，也是推动建设人类命运共同体的重要见证地。

70 多年来，东湖的发展是中华民族从站起来、富起来到强起来伟大飞跃的缩影，同时东湖又在这一艰辛而辉煌的历程中扮演了不可或缺、举足轻重的非凡角色。

或许因东湖之魂如此伟岸，又如此神圣，常常使人不敢提及；或许因东湖有过于迷人的景色、过于优雅的韵味，武汉居民和外地游客无暇顾及东湖之魂。但不管怎样，如果只谈避开了东湖之魂的东湖、只观缺少了东湖之魂的东湖、只建忽视了东湖之魂的东湖，统统是天大的遗憾！

往事如镜

今年农历七月初九,是母亲——肖先芝过世的周年忌日。

自母亲去世后,只要我们兄弟姊妹聚会,自然不自然地都要聊到母亲。母亲是一个极为普通的山区妇女,但她为人处世的态度、理家教子的方式,犹如深山中的翡翠,缀连着她那81个春夏秋冬。

我们家的故乡——榆树林村,在郧县县城西郊的汉江边。母亲娘家是毗邻榆树林村的肖家湾村。兴许在母亲孩童时期,她到县城见识过一些城市文明景象,随之便天真幼稚地模仿起城市文明新时尚。20世纪20年代,城市女童已不再缠脚,而农村女童仍普遍裹足。母亲却成为那个时代农村女童中罕见的例外,保持了一双健康的大脚。正是因为她有一双大脚,方便了她一生的劳作,帮她踏平了生活中的坎坷。在她对文明的肤浅理解和她坚韧不拔的性格驱使下,她引领儿女们大步流星地追寻着梦想,耕耘着希望。母亲的憧憬,浓缩在她的身躯里;母亲的劳作,压弯了她的腰背。母亲年轻时身板笔直,足有一米六以上,随着我们兄弟姊妹长大成人,她的腰弯了、背驼了,个儿也变矮了。母亲晚年最爱扒着窗台观雨景,她的孙辈们不解地问她为什么喜欢看下雨。她就轻声细语地絮叨许多:住茅屋时就想啥时候能住上不漏雨的房子就好了;没饭吃的时候就想啥时候能不缺吃的就好了;看到街头巷尾的告示就想自己的儿女们也能看懂就好了。风雨过后有彩虹啊!母亲老了,但梦依然是那样的多。

母亲下意识地崇尚现代科学,对山区农村许多玄虚、神秘的习俗心存疑惑。20世纪50年代初的一个夏日夜晚,10岁左右的大哥被野狼叼咬后奄奄一息,父亲和其他长辈中的多数人都准备请邻村的四姥爷,一边施些法术镇定惊魂,一边进行中医药治疗。母亲却力排众议,坚决要求把大哥送到县城里的医院治疗,最后使大哥很快转危为安。

在缺医少药的山区农村,癞痢头等疾病是小孩易患难治的流行病。为了让我们躲过那些疾病的侵袭,给我们榨鱼腥草汁、拌薄荷叶菜、沏车前草茶，就成了母亲的家常便饭。有一年夏天，村里蔓延起"红眼病"，近七成的人家都未能幸免，面对来势凶猛的病情，母亲上山挖柴胡、刨苍术，给我们熬药汤清热解毒；带我们刌塘泥、捏泥碗儿，让我们敷眼眶降温祛火……正是母亲的草根土方，才使得我们兄弟姊妹在历次流行病泛滥横行时都能安然无恙。

母亲总是清晨扫庭院，时常煮碗筷，还把保持衣被无污垢、灶台无油渍等活计，作为必需的家务料理。也正是这个原因，在20世纪70年代的十年间，我们家成了村里唯一的县、公社驻村干部的老房东。1975年春，驻村的公社妇联主任小产了，母亲餐餐给她吃细粮，顿顿为她开小灶。母亲的和善、体贴总让驻村干部有家的感觉，他们离开时总恋恋不舍，许多驻村干部多年以后还像亲戚似的与我们家保持着联系。

母亲不识字，根本懂不得"教育改变命运，知识成就未来"的含义，从来也没奢望到书中寻求"黄金屋"，但她对"上学识字"却有着宗教般的狂热：只要家庭能基本生存，无论儿子还是姑娘，都送进学堂念书；当基本生存难以为继的时候，就举家迁徙到能改善生计、让子女们继续学业的陌生地。1963年秋，家庭经济拮据，等交完大哥大姐的学杂费后，再也挤不出一分钱为二姐交学费，母亲一边请求学校宽限数日，一边加快筹钱的步伐。她和父亲一道，冒着生命危险从汉江中捞木柴，不知疲倦地在田边地头挖虫草，一趟一趟地挑着柴草到集市上叫卖，一分一角地积攒着一元三角钱的学费杂。二姐终于没有辍学，但紧巴巴的日子，导致二姐是我们兄弟姊妹中读书最少的。这成了母亲终身的心病，在她弥留之际，还因遗憾难补而愧疚自责。

在1980年之前的30年间，我们家迁徙十多次，为的是不断摆脱我们兄弟姊妹学业可能中断的危机。1966年，我们家住寺沟，距村小学足有10多里地。为解决三哥三姐上学寄宿的难题，母亲恳求住在小学旁、有女无儿的曾姓人家，把三哥给他们作干儿子。父母亲供哥哥姐姐们上学，哥哥姐姐带弟弟妹妹上学，大的供小的，一茬儿供一茬儿，使我们兄弟姊妹八人全部接受了初等以上的教育，其中五人接受了高等教育，母亲的子女陆续从农村走向城市谋生立足，寻求发展。母亲崇尚文化知识，深深地影响着他的子孙们。

因为我们家大口阔，母亲的劳作就更加艰辛，维持生计就更显艰难。在汉江中驾船、上堵河放排、磨红薯作粉条等等，似乎只能是男人们干的活，母亲都干过，而且干得还是那样娴熟！20世纪50年代有一个冬天，父母亲带着大哥从叶滩放排，行至皮狐滩附近，木排被湍急的江水猛推向礁石，眨眼间被撕成了两瓣儿，帮着撑篙的大哥旋即被卷入江中。说时迟，那时快，父亲纵身跳入刺骨的江水，母亲拼命地搅动竹篙，终于把大哥拖上残剩的木排，母亲紧紧搂着衣裤湿透的大哥，号啕大哭。据母亲讲，她曾在江汉中捡回了她自己和哥姐们的五六次生命。母亲固守"人勤地不懒""人灵活、天长眼"的信条。1960年前后，全国饥荒肆虐，四岁左右的三哥端着苦涩的野菜汤不肯下咽，哭闹不止，父亲气极无奈，把三哥摔到门前的藕塘边，而已会走路的三姐，也饿得又不会走路了。看着饥荒正严峻地威胁着她儿女们的生命，母亲心如刀绞。在惊恐之余，她急中生智，抱着一线希望陪着父亲日夜兼程，走了80多里山路，到人烟稀少的桂花公社黄畈村，幸运地从几个远房亲戚家索借了一担玉米和一担红薯干。正是父母亲东奔西走，投亲靠友寻粮觅食，起早贪黑地上山下河挖野菜、捞鱼虾，守护着他们全部儿女的生命，我们一家才挺过了那段最艰难的岁月。

1965年春，我们举家从城郊搬到地处深山的大堰公社罐沟村。小妹还没到记事的年龄，父亲就因病离开了我们。从此，养家糊口的重担全压在母亲瘦弱的肩头。为克服家中劳力少、学生多的困难，弥补粮食的短缺，母亲就在菜园里打主意，勤耕苦作培植地力，精巧安排瓜果蔬菜，使我们家的几分自留地像蔬菜世界的"小联合国"，时令品种应有尽有，数量之丰极大地缓解了家庭口粮的不足。左邻右舍先是羡慕，后是效仿。虽然罐沟村离最近的集镇有40多里，但那里的村民从此有了些城郊菜农的影子。

最小的堂兄仅1岁多，伯母就病逝了。母亲将小堂兄及其他堂兄堂姐视如己出，和我们兄弟姊妹一样予以关爱。20世纪60年代，因丹江口筑坝，伯父一家迁至武汉市汉南区。每到春节，堂哥们不惧千里旅程之劳顿，都举家聚至母亲身边，近距离感受几天母爱的温暖。有一年，小堂兄学木工手艺在师傅家过年，那个春节，母亲像掉了魂儿似的寝食难安，她手里不停地忙这忙那，口中不时地喃喃自语："今儿都腊月二十几啦，全儿（小堂兄乳名）咋还不回来？"偶尔还对着我们兄弟或其他堂兄弟喊小堂兄的乳名。

母亲有一颗仁慈宽厚的心,她常说:"做好事别问前程,帮别人莫图回报。"她常让家里人吃着粗茶淡饭,而借来细米白面去招待客人;即使她自己生活窘迫,当看到更需要接济的人时,也会毫不犹豫地把仅有的东西分与他人。20世纪80年代初,已经成家的哥哥姐姐们家境还并不宽裕。有一年春节前夕,大姐和二姐一道给母亲置办了几件新衣服。没过几天,一位罐沟村的邻居大婶进城到我家做客,母亲看到她在数九寒冬里衣衫更显单薄,不假思索地从身上脱下新毛衣,让那位大婶穿上。顷刻间,那位大婶眼眶湿润,半天回不过神儿来。

人们常说婆媳关系很难处。可母亲不仅为失明的奶奶养老送终,而且还和她自己的儿媳、侄儿媳情同母女。即使哪个儿媳有时言语不中听、做事欠妥当,母亲也默默不语,不去计较。

无论是我们家住过的众多迁徙地,还是母亲晚年随儿女们同住的居住地,母亲与邻里的关系总是那么融洽,那么和睦,让很多与她相处过的人不时会想到她、念到她。2006年元旦后,母亲的病情突然加重,住进了医院。在她曾经接济帮助过的乡里乡亲,接待服务过的驻村干部和下乡知青,款待帮助过的我们兄弟姊妹的同学、战友中,隔三岔五地总有人去探望母亲。为她治疗的医生护士都很纳闷儿:"这老太太的亲戚真多,人缘真好!"这年春节,所有兄弟姊妹和堂哥堂姐们,还有一些亲戚,不约而同地汇聚到母亲身边,强颜欢笑,陪着母亲欢度她一生中的最后一个春节。

母亲的故事还有很多很多,在今后的日子里,我们兄弟姊妹依旧会时常谈起我们的母亲。

(任兴亮、宋惠英夫妇写于2007年7月)